ADAC Reiseführer

Schweden

von Peter Mertz

Intro

Unterwegs

Östliches Südschweden – Natur wie aus dem Bilderbuch 77

Mittelschweden – Und ewig singen die Wälder 99

Nordschweden – Mitternachtssonne am Polarkreis 115

Schweden Kaleidoskop

Karten und Pläne

Service

Leserforum

Die Meinung unserer Leserinnen und Leser ist wichtig, daher freuen wir uns von Ihnen zu hören. Wenn Ihnen dieser Reiseführer gefällt, wenn Sie Hinweise zu den Inhalten haben – Ergänzungs- und Verbesserungsvorschläge, Tipps und Korrekturen – dann kontaktieren Sie uns bitte:

Redaktion ADAC Reiseführer
ADAC Verlag GmbH
Am Westpark 8, 81365 München
Tel. 089/76 76 41 59
verlag@adac.de
www.adac.de/reisefuehrer

Blaugelbes Märchenland zwischen Meer und Mitternachtssonne

Weite nordische Tundra, einsame Wälder und schäumende Wasserfälle, vielgestaltige Schärenküsten, kleine blitzblanke Höfe neben geduckten Landkirchen, dazu Mücken, Elche, Knäckebrot und die charakteristisch rotbraun gefärbten Holzhäuschen – dies sind Bilder, die man mit Schweden verbindet, selbst wenn man das **skandinavische Königreich** noch nie besucht hat. Als »Ein Land der schönsten Stellen« beschrieb es Kurt Tucholsky (1890–1935), der als politisch Verfolgter seit 1929 im schwedischen Exil lebte. Und für die Literaturnobelpreisträgerin Selma Lagerlöf (1858–1940) war ihre Heimat »ein Land, in dem sich Lichtes und Lächelndes, Dunkles und Ernstes einfach wundervoll vermischen«.

Das große gewürfelte Tuch

Das fünftgrößte Land Europas umfasst knapp 450 000 km² im Osten der skandinavischen Halbinsel. Die breiteste Stelle von der norwegischen Grenze bis zur Schärenküste vor Stockholm misst 430 km, doch der Länge nach erstreckt sich Schweden über 1600 km vom Öresund, der Meerenge zu Dänemark, im Süden bis zum tiefblauen Bergsee *Torneträsk* beim *Abisko Nationalpark* in den unzugänglichen Weiten des Nordens.

Dazwischen liegt ein vielfältiges **Urlaubsland**, dessen 24 Bezirke bzw. 21 *Läns* (Provinzen), vollkommen unterschiedliche Landschaftsformen aufweisen können. Die Berge und Wälder des Nordens machen fast ein Viertel des Staatsgebietes aus, im Süden hingegen findet man eine bunte Mischung aus Feldern, Wiesen und Seen. Dem kleinen *Nils Holgersson*, der mit den Wildgänsen reiste, der berühmten Romanfigur von Selma Lagerlöf, erschien seine Heimat aus luftiger Höhe wie ein ›gewürfeltes Tuch‹ – und der Vergleich trifft noch heute zu.

Entsprechend verschieden sind die Besucher, die in Schweden ihr ideales Reiseziel finden. Familien werden begeistert sein von *Astrid Lindgrens Värld* in **Vimmerby**, der Heimat der erfolgreichen schwedischen Kinderbuchautorin, in der Pippi Langstrumpf und Michel von Lön-

Oben: *Festlich geschmückt und mit Blumen bekränzt – die junge Tänzerin freut sich auf das Mittsommerfest in Rättvik*
Rechts oben: *Die typischen Rundtürme kennzeichnen Gripsholms Slott am Mälarsee als Vasa-Schloss*
Rechts: *Friedlich und ruhig geht ein Tag in der abgelegenen Bezirk Härjedalen im Norden Schwedens zu Ende*

neberga junge und ältere Gäste begrüßen. Bergwanderer hingegen finden auf den einsamen, vegetationsarmen *Fjälls* des bis zu 2123 m hohen lappländischen **Kebnekaise-Massivs** ihr Glück oder in den Wäldern **Härjedalens**. Manch einen zieht es auch weiter in den Norden, wo man in den scheinbar unendlichen Weiten **Lapplands** im Herbst mit einheimischen Sami auf *Elchjagd* gehen kann. Oder man bevorzugt das Angeln und hat dann die Qual der Wahl zwischen den Lachsflüssen des Nordens wie dem **Kalixälv** oder den fischreichen Seen und

Küsten des Südens von der zerklüfteten **Westküste** bis zum lieblichen **Hjälmaren-See**. Skilangläufer mögen von der Teilnahme am **Vasaloppet** träumen, einem Rennen über 90 km von Sälen nach Mora, während für Segler und Kanuten die **Schärengärten** vor Südschwedens Küsten ein wahres Paradies darstellen. Das flache **Skåne** bietet sich für Fahrradausflüge an, **Åre** und andere Skiregionen des Nordens laden zu Abfahrten im Pulverschnee ein und eine Schifffahrt auf dem romantischen **Göta Kanal** zwischen Motala und Berg bleibt allen Teilnehmern unvergessen. Kurzum, in Schweden kann jeder Urlauber nach seiner Fasson glücklich werden.

Vergangenheit zum Anfassen

Allenthalben stößt man in Schweden auf steinerne Zeugen der Vergangenheit. Nur wenige Kilometer von der Hauptstadt Stockholm erinnert die um das Jahr 800 auf einer Insel im Mälaren-See gegründete Wikingersiedlung **Birka** an die einst so mächtigen Nordleute. Im 9. und 10. Jh. entstanden auch die meisten der **Runensteine** mit ihren geheimnisvollen Bild- und Schriftbändern. Besonders prächtig ist die sog. *Sigurdritzung* 10 km nordöstlich von Eskilstuna. Bedeutend älter sind die um 500 v. Chr. zusammengetragene schiffsförmige Steinsetzung von **Ales Stenar** bei Ystad oder die **Bautasteine**, ge-

Links oben: *Himmelsfarben wie aus einer anderen Welt – über dem Polarkreis zaubert sie das Nordlicht ans Firmament*
Oben: *Markant kündigen sich in den Weiten des Sånfjällets Nationalparks bereits die Hochgebirge des Nordens an*
Links unten: *Der mächtige Dom von Lund ruht buchstäblich auf den Säulen seiner Vorgängerbauten, wie man in der Krypta sieht*
Rechts unten: *Königliche Prachtentfaltung in den Repräsentationsräumen des Kungliga Slottet in Stockholm*

waltige Findlinge, die Menschen zu kultischen Zwecken aufrecht stellten.

Besonders viele dieser ›Zeitzeugen‹ findet man auf der sonnenverwöhnten Insel **Gotland**. Zu einem ›Bummel durch das Mittelalter‹ lädt die reizende Inselhauptstadt **Visby** mit ihrem vollständig erhaltenen Stadtmauerring ein. Die bizarren Felsformationen der **Raukare** auf Fårö sind dagegen ein Kunstwerk der Natur. Und an den Stränden von **Öland** kann man sommerliche Badefreuden genießen.

Kulturelle Attraktionen

Apropos Kunst: Auch hier hat Schweden einiges zu bieten. Die großen Städte des Landes – **Stockholm**, **Göteborg** oder **Malmö** – können mit zahlreichen Galerien und Museen aufwarten, die neben internationalen Meisterwerken auch die Arbeiten einheimischer Künstler vom Bildhauer Carl Milles bis zum Filmregisseur Ingmar Bergman vorstellen.

Viele der kulturellen Aktivitäten konzentrieren sich im belebten Süden des Landes. **Stockholm** zum Beispiel vereint in ihrer brückenreichen Altstadt sowohl mittelalterliche Gebäude als auch prächtige Jugendstilbauten. In der Hauptstadt bieten mehr als 30 Museen von Architektur bis Zoologie jeweils das Beste des Landes. Eine Touristenattraktion ist auch **Drottningholms Slott** am Ufer des Mälaren-Sees, Sommersitz der schwedischen königlichen Familie. Auch das angenehme **Göteborg** an der Westküste, Schwedens ›Nummer 2‹, die alte Universitätsstadt **Uppsala** oder der multikulturelle Fährhafen **Malmö** lohnen einen längeren Aufenthalt.

Im Süden konzentrieren sich auch die zahlreichen geschichtsträchtigen Herrenhäuser und Schlösser, von der ehem. königlichen Sommerresidenz **Sofiero Slott** bei Helsingborg aus dem 19. Jh. über das weiße Barockschloss **Läckö** auf einer Insel vor Kållandsö am Vänern bis zum prächtigen Renaissancebau des **Kalmar Slott**, in dem mit Unterzeichnung der Kalmarer Union im 15. Jh. skandinavische Geschichte geschrieben wurde. Besuchenswert ist auch das barock umgebaute **Gripsholms Slott**, dessen rundturmbewehrte Ziegelmauern Kurt Tucholsky in seinem Roman ›Schloss Gripsholm‹ weltberühmt machte.

High-Tech- und Industrienation

Seit Mitte des 20. Jh. gilt Schweden als **Wohlfahrtsstaat** par excellence, denn wenngleich auch hier gespart werden muss, genießen doch die rund 8,9 Mio. Schweden einen hohen Lebensstandard und können sich auf ein dicht geknüpftes Netz sozialer Absicherungen verlassen. Kostenfreie Kindergärten und Schulen, medizinische Versorgung, ein ausgezeichnetes Ausbildungssystem und staatliche Hilfe in Notlagen zählen zu den Errungenschaften, auf die die Schweden stolz sein können. Das ist freilich nur durch prozentual hohe Abgaben und Steuern finanzierbar, so dass man zu Recht sagt, in Schweden könne man kaum arm, jedoch auch nicht wirklich reich werden.

Vorteilhaft ist dabei, dass die **Wirtschaft** des Landes floriert. Schweden ist eine moderne Industrienation, deren Exportartikel von Ikea-Möbeln über Husquarna-Nähmaschinen bis zu Fahrzeugen der Marken Saab und Volvo in aller Welt geschätzt werden. Von größter Bedeutung sind **Eisenerzförderung** und -verarbeitung sowie **Stromerzeugung** an den vielen gefällereichen Flüssen und Strömen des Landes. Das dritte ökonomische Standbein sind die ausgedehnten Wälder, in denen die **Holzwirtschaft** zur

Links oben: *Traditionell mit geometrischen Motiven geschmückte Hauseingänge sieht man am Siljan-See noch häufig*
Links Mitte: *Für Langläufer ist Schweden ein wahr gewordenes Wintermärchen*
Links unten: *Der Fluss Klarälven, der sich malerisch durch die Landschaft windet, war bis vor kurzem auch wichtiger Transportweg für Holz aus dem Norden Richtung Küste*
Rechts oben: *Auf dem Sonnendeck macht Sightseeing in Stockholm besonders Spaß*
Oben: *Aus Schwedens Wäldern frisch auf den Markt – Beeren und Pilze gehören zum täglichen Angebot*

Papier- oder Möbelherstellung, für Zündhölzer ebenso wie für Blockhäuser Rohstoff in Hülle und Fülle findet.

Lebendige Traditionen

Die Sommer im Norden sind kurz, werden aber umso intensiver genossen. Spätestens am 21. Juni, dem Tag der **Sonnenwende**, bezieht der durchschnittliche schwedische Stadtmensch bis Mitte August seine Sommerresidenz, die Stuga. Meist handelt es sich um eine der typisch erzroten Holzhütten, die bevorzugt an einem der 100 000 Seen, auf einer der 40 000 Schären oder an einem der unzähligen Flüsse dieses schönen Landes stehen. Höhepunkt dieser Idylle der Ländlichkeit ist **Midsommarafton**, das beschwingte *Mittsommerfest*, bei dem ausgelassen mit Musik und Tanz gefeiert wird.

Auch beim **Luciafest** spielt das Licht eine wichtige Rolle. In der Nacht vom 12. auf den 13. Dezember tragen junge Mädchen in Stadt und Land einen Kranz aus grünen Zweigen, in dem brennende Kerzen stecken, auf dem Kopf. Dies symbolisierte in vorchristlicher Zeit die bevorstehende Ankunft der Lichtgöttin, heute feiert man mit diesem Brauch den Namenstag der hl. Lucia.

Der Reiseführer

Dieser Band stellt die Landschaften und Städte Schwedens in **fünf Kapiteln** vor. Die **Top Tipps** verweisen auf besondere Highlights bei Sehenswürdigkeiten, Museen oder Nationalparks. Detaillierte Übersichtskarten und Stadtpläne helfen bei der Orientierung. Den Besichtigungspunkten sind Tourismusbüros, Hotels, Restaurants und Cafés zugeordnet. Das **Schweden Kaleidoskop** mit unterhaltsamen Kurzessays präsentiert Originelles und Wissenswertes. **Schweden aktuell A bis Z** hält schließlich eine Fülle praktischer Informationen bereit, von Anreise über Essen und Trinken, Feste und Feiern oder Sport und Unterkunft bis zu Verkehrsmittel im Land. Den Abschluss bildet ein **Sprachführer** mit einer Auswahl an schwedischen Wörtern und Redewendungen, die das Reisen in Schweden erleichtern.

Geschichte, Kunst, Kultur im Überblick

Von Rentierjägern und Wikingern, von Kriegen, Frieden und Unionen und einem modernen Industriestaat

vor 13 000 Jahren Die eiszeitlichen Gletscher im Norden Europas schmelzen großteils ab.

vor 10 000 Jahren Über das heutige Dänemark wandern nomadisierende Rentierjäger aus Zentral- und Osteuropa nach Skandinavien ein.

um 3000 v. Chr. Steinzeitliche Ackerbauern siedeln im Gebiet des heutigen Schweden. In Västergötland errichten sie erste Megalithgräber.

1800–500 v. Chr. Während der Bronzezeit entstehen die Felsritzungen von Vitlycke, Fossum und Tanum in der Region Bohuslän.

500 v. Chr. – Christi Geburt Aus der Eisenzeit stammen mehr als 3000 Runensteine sowie ausgedehnte Grabfelder in Form von Steinsetzungen in Rund- und Schiffsform.

400–800 n. Chr. Schweden ist in Stammesfürsten- und Kleinkönigtümer aufgeteilt. Die einheimische Bevölkerung wird zunehmend von Germanen aus dem Süden verdrängt, den Vorfahren der späteren Wikinger.

Die kunstvoll gearbeitete Goldscheibe schmückte einst einen reichen Wikinger

um 800 Auf der Insel Björkö im Mälaren-See entsteht die reiche, befestigte Wikingerstadt Birka (ca. 1000 Einw.) mit Hafen und Fliehburg.

800–1050 n. Chr. Wikinger besiedeln ganz Skandinavien und organisieren sich in kleinen Fürsten- und Königstümern. Dank ihrer wendigen schnellen Langboote beherrschen sie bald den ganzen Ostseeraum. Sie sind als Händler und Kaufleute ebenso erfolgreich wie als brandschatzende Piraten. Schwedische Wikinger, Waräger, kreuzen auf den großen russischen Flüssen und erreichen sogar Konstantinopel. Auf Björkö gefundene Grabbeigaben wie chinesische Seidentücher, arabische Münzen und fränkisches Glas bezeugen die ausgedehnten Handelsbeziehungen der Waräger. Zu ihren kulturellen Leistungen zählen hoch entwickeltes Kunsthandwerk und anspruchsvolle Literatur. Ihr kompliziertes Schriftsystem ist u. a. auf dem Runenstein von Rök erhalten.

900 Waräger gründen die Stadt Kiew als Handelsniederlassung.

1008 Olof Skötkonung, König des kleinen Reiches Svealand, lässt sich im västergötländischen Husaby von dem angelsächsischen Missionar Sigfrid taufen. Damit beginnt die Christianisierung in Schweden.

11. Jh. Häuptlinge und Kleinkönige der südschwedischen Gebiete versuchen, das Land zu einen, sei es in Kämpfen oder durch Wahlen auf einem Thing, der Volks- und Gerichtsversammlung.

ab 1130 Die Geschlechter Sverkers und Eriks machen sich ein gutes Jahrhundert lang gegenseitig die Königswürde streitig. Der bekannteste ist Erik IX. der Heilige (reg. 1156–60), der als

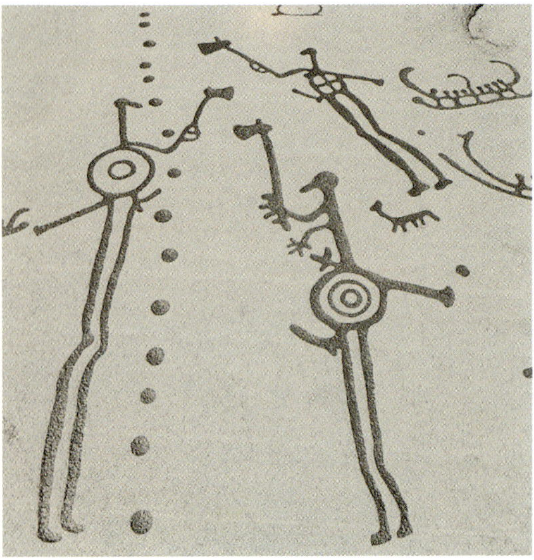

◁ In Tanum ist auch die schmale Linie zwischen Gut und Böse in Granit geritzt

Nationalpatron Schwedens verehrt wird. Nach dem König die mächtigste Rolle im Land spielt ein Jarl, eine Art Reichsverweser.

1161 Auf Gotland entsteht die ›Genossenschaft der Gotland besuchenden Kaufleute‹ mit Sitz in Visby, der florierenden Inselhauptstadt.

1248–66 Regentschaft von Jarl Birger aus dem Folkunger-Geschlecht. Er gilt als der eigentliche Gründer eines schwedischen Reiches. Als Vormund des Königs, seines Sohnes Valdemar Birgersson, erobert er Finnland. Aus wirtschaftlichen Überlegungen fördert er die Ansiedlung deutscher Kaufleute, Handwerker, Verwaltungsspezialisten und Ingenieure in Schweden.

1252 Jarl Birger gründet die Hafenstadt Stockholm.

1319 Magnus Eriksson erbt den norwegischen und den schwedischen Thron. Unter ihm besitzt das schwedische Reich seine größte Ausdehnung: von der Ostsee bis zur Newa-Mündung und von den norwegischen Fjorden bis zum Skagerrak. 1350 ersetzt er die alten Landesgesetze durch ein einheitliches Reichsgesetz

1360 Dänemark besetzt die südschwedische Provinz Skåne.

1361 Die Dänen erobern Gotland. Der schwedische König Magnus Eriksson muss abdanken. Sein Neffe und Nachfolger, Herzog Albrecht von Mecklenburg, ist arrogant und skrupellos.

1389 Der schwedische Adel verbündet sich mit Königin Margrete von Dänemark, die Albrecht von Mecklenburg angreift und in der Schlacht bei Åsle in Västergötland besiegt.

1397 Die drei nordischen Reiche Dänemark, Norwegen und Schweden schließen sich in dem südschwedischen Ort Kalmar trotz oft divergierender Interessen auf Initiative Margretes zur Kalmarer Union zusammen. Der Bund hat Bestand bis 1523.

Unbeliebt: dän. König Christian II. (1481–1559)

Unbesiegt: König Gustav I. Vasa (ca. 1496–1560)

Unbescheiden: König Gustav III. (1746–92)

1412–34 Erich von Pommern wird Nachfolger Margretes. Er setzt entgegen den vertraglichen Vereinbarungen der Kalmarer Union immer wieder dänische Vögte in Schweden ein und destabilisiert dadurch das Bündnis.

1434 Ein schwedischer Aufstand unter Engelbrekt Engelbrektsson führt zur Absetzung Erichs von Pommern.

1477 In Uppsala wird die erste Universität Schwedens gegründet.

15./16 Jh. Langwierige Machtkämpfe und politische Manöver des schwedischen Adels bringen abwechselnd Schweden und Dänen auf den Thron.

1520 Der dänische König Christian II. befiehlt das ›Stockholmer Blutbad‹, in dem er 82 schwedische Oppositionelle am Stockholmer Stortorget hinrichten lässt. Von der Provinz Dalarna aus organisiert der Adlige Gustav Vasa den Widerstand gegen den verhassten Landesherrn.

1523 Christian II. muss als schwedischer König abdanken, die Kalmarer Union ist zerbrochen. Gustav Vasa wird zum König von Schweden gewählt.

1523–60 Während seiner Regentschaft formt Gustav Vasa eine Zentralverwaltung, die seinem Land den Aufstieg zur Großmacht ermöglicht. Er modernisiert Bergwerke und Anlagen zur Erzverhüttung, lässt eine Handelsflotte bauen und stärkt so die Wirtschaft. Die katholischen Klöster des Landes wandelt er in königliche Lehen um. Seit 1527 ist der König ein Anhänger der lutherischen Reformation.

1544 Gustav I. Vasa setzt die Erbmonarchie durch.

1611 Gustav II. Adolf wird König und formt Schweden zu einem Militärstaat.

1630 Das protestantische Schweden tritt in den Dreißigjährigen Krieg (1618–48) ein.

1632 In der Schlacht von Lützen gegen den Feldherrn Albrecht Wallenstein fällt Gustav II. Adolf. Axel Oxenstierna (1583–1654), seit 1612

Reichskanzler, übernimmt als Vormund der sechsjährigen Thronfolgerin Kristina die Regentschaft.
1645 Schweden und Dänemark beenden mit dem Frieden von Brömsebro untereinander den Dreißigjährigen Krieg. Härjedalen, Jämtland sowie Gotland und Ösel fallen an Schweden.
1648 Mit dem Westfälischen Frieden endet allgemein der Dreißigjährige Krieg. Schweden werden große Ländereien in Mecklenburg und Vorpommern zugesprochen.
1658 Der vorzeitig geschlossene Friede von Roskilde während des Schwedisch-polnisch-dänischen Krieges (1655–60) sichert Schweden neben Trondheim und Bornholm die Bezirke Skåne, Halland, Blekinge sowie Bohuslän und damit den Zutritt zur Nordsee.
1697–1718 Regentschaft von Karl XII., der in Kriegen gegen Russland, Sachsen-Polen, Dänemark und Preußen den Großteil seiner Besitzungen in Norddeutschland verliert.
1719/20 Im Zuge der europäischen Aufklärung setzt der Reichstag gegen eine schwache Krone einen frühen Parlamentarismus in Form eines Stände-Parlaments durch. Er soll Volk und Adel gleichstellen und für alle ein Leben in Freiheit gewährleisten. Damit beginnt die so genannte ›Freiheitszeit‹.
1721 Im Frieden von Nystad am Ende des Großen Nordischen Krieges (1700–21) fallen das Baltikum und Finnisch-Karelien an Russland.
1771–92 König Gustav III. beschränkt die Befugnisse des Reichstags und führt den Absolutismus ein, die ›Gustavianische Alleinherrschaft‹. Gleichzeitig fördert er Künstler, Bildhauer, Sänger, Literaten und Maler und gründet auf Anregung des Naturforschers Carl von Linné die Schwedische Akademie für Sprache und Literatur. Wirtschaft, Wissenschaft und Kultur blühen.
1809 Gustav IV. Adolf (reg. 1795–1809) tritt in die Napoleonischen Kriege ein und verliert im Frieden von Fredrikshamn Pommern sowie die Åland-Inseln und Finnland. Das bedeutet das Ende des schwedisch-finnischen Großreichs. Gustav IV. Adolf geht in die Schweiz ins Exil.
1810 Der schwedische Reichstag wählt den französischen Marschall Jean Baptiste Bernadotte als König Karl XIV. Johan zum Thronfolger.
1814 Nach den Freiheitskriegen gegen Napoleon sieht sich Dänemark auf dem Wiener Kongress gezwungen, Norwegen an Schweden abzutreten. Norwegen behält eine gewisse Selbstständigkeit, zum Beispiel eine eigene Verfassung. Diese Union hat bis 1905 Bestand.
1832 Der Göta Kanal wird eröffnet, der von Ingenieur Baltzar von Platen geplante Wasserweg zwischen Göteborg und Stockholm.
1840–70 In der Regierungszeit der Könige Oskar I. und Karl XV. Johan setzt die liberale bürgerlich-demokratische Opposition Gewerbefreiheit (1846), reformiertes Strafgesetz (1855), Freihandel (1857) und kommunale Selbstverwaltung (1862) durch.
1867 Der Chemiker Alfred Nobel (1833–1896) erfindet das Dynamit.
ab 1880 Die Bedeutung der Landwirtschaft schwindet, und mehr als 900 000 Schweden, vor allem Kleinbauern aus Gotland und Småland, wandern in die USA aus, weil sie auf ihrem Land kein Auskommen mehr finden. In Schweden wird nach der industriellen Revolution die Maschinenbauindustrie zum wichtigsten Exportfaktor.
1889 Hjalmar Branting gründet die Sozialdemokratische Arbeiterpartei.
1901 Erstmals werden in Stockholm die Nobelpreise für Physik, Chemie, Medizin und Physiologie, Literatur und für die Erhaltung des Friedens verliehen.
1905 Norwegen erklärt seine Selbstständigkeit, König und Parlament von Schweden erkennen sie an.
1912 In Stockholm finden die V. Olympischen Sommerspiele der Neuzeit statt.

Alfred Nobel erfindet 1867 das Dynamit – und stiftet den Friedensnobelpreis ▷

Königliches Familienfoto: Kronprinzessin Victoria, Madeleine, König Carl XVI. Gustaf, Königin Silvia, Carl-Philip (v. l. n. r.) ▷

1918 Eine von König Gustav V. (reg. 1907–50) unterstützte Verfassungsreform wandelt Schweden in eine parlamentarische Demokratie.

ab 1928 Die aus Sozialdemokraten und Bauernbund gebildete Regierung fördert umfassende staatliche Fürsorge, doch dafür werden die Steuern immer höher. Gleichzeitig gewinnt Schweden als Industriestaat internationales Ansehen.

1932 Staatsminister Per Albin Hansson prägt den Begriff der Volksheimpolitik, die Bürgerinnen und Bürger ›als Mitglieder ein und derselben Familie begreift, die sich gegenseitig unterstützen und in diese Familie fügen müssen‹.

1938–45 Wie schon im Ersten Weltkrieg bleibt Schweden auch im Zweiten Weltkrieg neutral, bietet jedoch vielen Flüchtlingen und Emigranten Schutz.

1953 Die Vollversammlung der Vereinten Nationen wählt den schwedischen Staatsmann Dag Hammarskjöld zum Generalsekretär.

1960 Schweden ist Gründungsmitglied der Europäischen Freihandelszone EFTA.

1969–76 Unter dem sozialdemokratischen Staatsminister Sven Olof Palme genießen die Schweden den höchsten Lebensstandard in Europa, ihr Land wird zum Muster eines kapitalistischen Sozialismus. Doch die Ölkrise der 1970er-Jahre erschüttert auch die schwedische Wirtschaft. Bürgerliche Parteien stellen 1976 erstmals seit 1932 die Regierung.

1973 Carl XVI. Gustaf wird König.

1974 Eine Parlamentsreform beschränkt u. a. die Monarchie auf repräsentative Aufgaben.

1976 König Carl XVI. Gustaf und die Deutsche Silvia Sommerlath heiraten.

1981 Die Schweden beschließen in einer Volksabstimmung, bis zum Jahr 2010 aus der Kernenergie auszusteigen.

1982 Die bürgerliche Koalition ist gescheitert. Olof Palme wird erneut Staatsminister und engagiert sich vehement für Gerechtigkeit; z. B. wendet er sich gegen die Apartheid in Südafrika.

28. Februar 1986 Olof Palme wird in Stockholm auf offener Straße erschossen.

1. Januar 1995 Zusammen mit Österreich und Finnland tritt Schweden der Europäischen Union bei. Dafür hatten sich 52,7 % der Schweden bei einer Volksabstimmung im Jahr zuvor entschieden.

1997 Die sozialdemokratische Regierung unter Staatsminister Göran Persson beschließt, nicht an der Währungsunion der Europäischen Union teilzunehmen.

2000 Nach siebenjähriger Bauzeit wird die Öresundbrücke zwischen Schweden und Dänemark eröffnet.

2002 Die Schriftstellerin Astrid Lindgren (1907–2002) stirbt im Januar im Alter von 94 Jahren in Stockholm. – Bei den Parlamentswahlen werden die Sozialdemokraten stärkste Partei. Es bildet sich eine Minderheitsregierung, Göran Persson wird als Staatsminister bestätigt.

2003 Die Mehrheit der Bevölkerung ist nach wie vor gegen den Anschluss an die Euro-Zone, die Schwedische Krone bleibt Zahlungsmittel. – Im September wird die Außenministerin Anna Lindh in einem Kaufhaus ermordet.

2004 Stockholm feiert 750 Jahre Stadtgründung.

2005 Zum 100. Jahrestag der Auflösung des Staatenunion wird die 700 m lange Svinesundbrücke über den Idefjord zwischen Schweden und Norwegen feierlich eröffnet.

2006 Bei den Reichstagswahlen gewinnt die aus vier bürgerlichen Parteien bestehende ›Allianz für Schweden‹. Ministerpräsident Göran Persson tritt zurück. Neuer Amtsinhaber wird Fredrik Reinfeldt.

2007 Der 300. Geburtstag des berühmten schwedischen Naturforschers Carl von Linné (1707–1778) wird im ganzen Land gefeiert (www.linnaeus2007.se).

2009 Im Juni eröffnet in Stockholm das neue und weltweit einmalige ABBA the Museum.

Große kleine Insel – Riddarholmen ist repräsentativer Teil der Altstadt von Stockholm

Unterwegs

Stockholm und Mälaren-See – im Zeichen des Wassermanns

Bereits vor mehr als 1000 Jahren, zur Zeit der Wikinger, und in den späteren Jahrhunderten, als die Gotenkönige regierten, gehörte die Region rund um den **Mälaren-See** zum Kernland des alten schwedischen Reiches. Hier liegt **Birka**, die älteste Siedlung des Landes (um 800), und ab dem 14. Jh. entwickelte sich ganz in ihrer Nähe **Stockholm** zur strahlenden Hauptstadt des nordischen Königreichs. Den Großteil ihres Charmes bezieht die Metropole aus ihrer Lage am Übergang vom Mälaren-See zur Ostsee. Auf 14 Inseln verteilen sich die älteren Stadtviertel, charakterisiert durch zahllose historische Gebäude mit Kupferdächern und goldüberzogenen Turmhauben, sowie die von moderner Architektur geprägten Außenbezirke.

Im Westen grenzt der weite Mälaren-See unmittelbar an Stockholms Stadtzentrum, noch heute wichtiger Wasserweg und Naherholungsgebiet in einem. Nach Osten schließt sich die wunderbare Landschaft des **Skärgården** an, des Schärengartens, der aus nicht weniger als 24 000 Eilanden, weiten Sunden, tiefblauen Meeresstraßen und engen Kanälen besteht.

Eingebettet in üppige Felder und Wiesen entlang der stark gegliederten Ostseeküste befinden sich zahlreiche eindrucksvolle Schlossanlagen wie **Drottningholm**, **Gripsholm** oder **Skokloster**. Landeinwärts liegt mit **Sigtuna** die älteste durchgehend bewohnte Stadt des Landes, deren Gründung auf das Jahr 980 zurück reicht.

Im Norden bietet die alte Universitätsstadt **Uppsala** den berühmten Dom, ein wuchtiges Vasa-Schloss sowie das wissenschaftliche Vermächtnis des hier verstorbenen Botanikers Carl von Linné (1707–1778). Auch der dazugehörige Bezirk **Uppland** lohnt dank lieblicher Landschaft und dem vorgelagerten Schärengarten einen Besuch.

1 Stockholm

Plan Seite 22/23

Schwedens strahlende Hauptstadt ist Regierungssitz, Residenz und eine Metropole der Kunst und Kultur.

Die schwedische Literaturnobelpreisträgerin Selma Lagerlöf (1858–1940) bezeichnete Stockholm einst als ›schwimmende Stadt‹ und zu Recht gilt die von Kanälen, Brücken und Parks geprägte Hauptstadt Schwedens (800 000 Einw.) als eine der schönsten Metropolen der Welt. Das **Zentrum** mit der Altstadt *Gamla Stan* aus dem 17. Jh. liegt auf **14 Inseln** zwischen dem Mälaren-See im Westen und der Ostsee. Allein hier überspannen nicht weniger als 52 Brücken die zahlreichen großen und kleinen Wasserwege, die Stockholm den Beinamen ›Venedig des Nordens‹ einbrachten. Das wunderbar klare **skandinavische Licht** verleiht den prachtvollen Renaissancepalästen und den zahlreichen, oft mit patinagrünen Dächern versehenen Kirchen der Innenstadt gleichermaßen Frische und Eleganz, lässt das helle Orange, das gedämpfte Ziegelrot und das vornehme Goldbeige der Fassaden warm aufleuchten. Zwar umgibt auch Stockholm an der **Peripherie** ein Gürtel aus Hochhausburgen und Industriegebieten – immerhin leben im Großraum heute 1,8 Mio. Menschen – doch selbst hier wirkt die Atmosphäre weltmännisch und offen.

Auch Stockholms vielfältige **Kulturszene** hält dem internationalen Vergleich stand. Dabei findet man Kunst nicht nur in musealen Vorzeigebauten wie dem

Am südlichen Ende der Flaniermeile Kungsträdgårdsgatan warten vor dem kubischen Bau der Oper Ausflugsboote auf Besucher, die ihren Stadtbummel auf dem Wasser fortsetzen

modernen *Vasamuseet*. Sie nimmt vielmehr einen festen Platz im Alltagsleben ein, z. B. in den U-Bahnhöfen der *Tunnelbana* [s. S. 28].

Geschichte Archäologische Funde belegen, dass das fruchtbare Land um den Mälaren-See bereits um 2000 v. Chr. besiedelt war. Die älteste heute bekannte *Handelsniederlassung*, nur 25 km vom heutigen Stockholmer Stadtzentrum entfernt gelegen, war *Birka*, das um 800 von den Wikingern im See auf der Insel Björkö gegründet wurde. Um das Jahr 1100 verlandete die bis dahin schiffbare Durchfahrt zwischen Ostsee und Mälaren-See, sodass die Waren von seetauglichen Schiffen auf flachere Binnenkähne umgeladen werden mussten. Zur Kontrolle und Besteuerung dieses Handels entstanden auf den Inseln *Helgeandsholmen*, *Stadsholmen* und *Riddarholmen* zwischen Ostsee und Mälaren-See erste Ansiedlungen und aus Holzpfählen gefertigte Befestigungsanlagen. Diese waren später für die Stadt namensgebend, denn Stockholm bedeutet wörtlich übersetzt ›Baum‹- oder ›Pfahlinsel‹. 1252 erscheint der Name erstmals in zwei von Reichsverweser **Birger Jarl** unterzeichneten Urkunden, der folglich als Stadtgründer angesehen wird.

Gegen Ende des 13. Jh. wurde auch das Festland um die Inseln bebaut, es entstanden die Bezirke Norr- und Södermalm. Zur Hansezeit im 14. und 15. Jh. galt Stockholm bereits als wichtiges Zentrum des **Ostseehandels**, doch erst unter dem schwedischen König Gustav I. Vasa entwickelte sich die Stadt ab dem 16. Jh. allmählich auch zum politischen Zentrum Schwedens. 1634 schließlich ernannte Reichskanzler Axel Oxenstierna Stockholm offiziell zur **Hauptstadt** Schwedens, der nunmehr entstehende feudale Bürgerhäuser und Prunkbauten wie das *Riddarhuset* oder *Drottningholms Slott* ein würdiges Erscheinungsbild verliehen. Anfang des 18. Jh. nahm der Reichstag auf der Insel Helgeandsholmen seinen Sitz und der schwedische König residierte im Kungliga Slottet im Herzen der Stockholmer Altstadt.

Den Sprung in die **Neuzeit** schaffte Stockholm Mitte des 19. Jh., als sich zunehmend Industriebetriebe, Werften, Druckereien und Brauereien im Stadtgebiet ansiedelten. In den 1950er-Jahren sorgten der Bau der U-Bahn und die **Neugestaltung** des Bezirkes Norrmalm für eine tief greifende städtebauliche Veränderung. Glücklicherweise blieb Gamla Stan, die Altstadt, von dem damals ebenfalls geplanten Abriss verschont. Vielmehr wurden die historischen Gebäude und Gassen mit viel Aufwand restauriert, sodass sie sich heute als architektonische **Schmuckstücke** präsentieren.

Besichtigung Stockholms Zentrum verteilt sich zwar auf mehrere Inseln, ist aber trotzdem überschaubar. Interessante Rundgänge führen durch die historische Altstadt *Gamla Stan* sowie durch das moderne *Norrmalm* und das angrenzende Nobelviertel *Östermalm*. Sehenswert ist auch die etwas östlich des Zentrums gelegene Museumsinsel *Djurgården*.

Ausflug in die ›gute alte Zeit‹

Gamla Stan ist die schwedische Bezeichnung für Altstadt. Stockholmer fassen darunter die innerstädtische Insel Stadsholmen sowie deren kleinere Nachbarn Helgeandsholmen, Riddarholmen und das winzige Strömsholm zusammen. Noch immer säumen mittelalterliche Handelskontore und in warmen Gelb- und Brauntönen gehaltene Bürgerhäuser aus dem 18. und 19. Jh. die engen Gassen der ›Alten Stadt‹. Hier kann man nach Herzenslust flanieren, stöbern und schauen, Plätze und Höfe besuchen, um die schönsten Winkel zu entdecken. Danach laden gemütliche Cafés, Jazzkneipen und kleine Restaurants zu einer Rast ein.

Im Süden von Gamla Stan führt der wichtige Verkehrsknotenpunkt **Slussen** 1 zum Karl Johans Torg. Von diesem Platz gelangt man über die Järntorgsgatan zum **Järntorget** 2, dem stets belebten einstigen unteren Marktplatz der Altstadt. Zwischen den schmalen, von hier abgehenden Altstadtgassen Västerlånggatan und Österlånggatan liegt das eigentliche mittelalterliche Viertel mit seinen verwinkelten Gässchen und steinernen Häuschen.

Man folgt der nach rechts abgehenden **Österlånggatan** 3, die von kleinen Boutiquen, Kuriositätenläden und Cafés gesäumt wird. Geschäfte mit Antiquitäten überwiegen längs der anschließenden Köpmangatan, die ab dem Köpmanstorget zum **Stortorget** 4 ansteigt, dem ältesten Marktplatz Stockholms. An dieser Stelle ließ der dänische König Christian II. 1520 gut 80 Mitglieder des oppositionellen schwedischen Hochadels hinrichten. Dieses *Stockholmer Blutbad* war der unmittelbare Anlass für den Aufstand gegen Christians Herrschaft, an dessen Ende Gustav Vasa 1523 zum König eines nunmehr selbstständigen Schwedens gekrönt wurde. Heute ist der Platz ein beliebter Treffpunkt. Vor allem abends geht es hier lebhaft zu, wenn Stockholmer wie Touristen in den Lokalen ringsum einkehren oder die Theateraufführungen verfolgen, die von Juni bis August um einen Zirkuswagen mitten auf dem Platz gezeigt werden.

Unter den schönen historischen Gebäuden, die den Stortorget säumen, fällt das *Börshuset* mit seinem klassizistischen

Ob Taufen, Hochzeiten oder Krönungen, die ehrwürdige Storkyrkan St. Nikolai bietet der schwedischen Königsfamilie stets den angemessenen Rahmen

Historische Kaufmanns- und Gildenhäuser verleihen dem bei Jung und Alt beliebten Stortorget in der Altstadt Gamla Stan seine charmante Puppenstubenatmosphäre

Portal besonders auf. Der prächtige Bau entstand 1768 nach Plänen von Eric Palmstedt und beherbergt nun das **Nobelmuseet** 5 (Stortorget, Tel. 08/53 48 18 18, www.nobelmuseum.se, Mitte Mai–Mitte Sept. Mi–Mo 10–17, Di 10–20 Uhr, Mitte Sept.–Mitte Mai Di 11–20, Mi–So 11–17 Uhr). Modern aufbereitet ist hier alles über Alfred Nobel, den Nobelpreis und die oft bahnbrechenden Ideen der Preisträger zu erfahren. Markant ist auch der Backsteinbau der **Storkyrkan** 6 (Trångsund 1, Mai–Aug. tgl. 9–18 Uhr, Sept.–April tgl. 9–16 Uhr) mit ihrem 66 m hohen Glockenturm. In dem Gotteshaus wurden und werden die schwedischen Könige getauft, getraut und gekrönt. 1270 begann man mit dem Bau der dem heiligen Nikolaus gewidmeten Kathedrale, 1306 erfolgte die Weihe. Damit ist die fünfschiffige Hallenkirche das älteste heute noch erhaltene Gebäude der Stadt. Ab dem 15. Jh. folgten mehrere Umbauten und Erweiterungen, hohe Gewölbe wurden eingezogen, Kapellen angebaut und die Fassade im 18. Jh. barockisiert. Im *Inneren* blieb das gotische Gepräge jedoch weitgehend erhalten. Ein besonderes Schmuckstück der kostbaren Ausstattung ist im linken Seitenschiff die Holzplastik *St. Göran och draken*. Den berittenen hl. Georg in Lebensgröße im Kampf mit dem Drachen schuf 1489 der Lübecker Schnitzer Bernt Notke. Nicht weit davon steht der dreiflügelige Altar aus dem Jahre 1652. Er ist aus Elfenbein, Silber und Ebenholz gefertigt.

Im Norden von Stadsholmen thront das **Kungliga Slottet** 7 (Slottsbacken, Tel. 08/402 61 30, www.kungahuset.se, Febr.–14. Mai und 15. Sept.–Dez. Di–So 12–15, 15.–31. Mai und 1.–14. Sept. tgl. 10–16, Juni–Aug. tgl. 10–17 Uhr). Das Königliche

Zu einem Königsschloss wie dem Kungliga Slottet gehört die Ehrengarde vor dem Tor

Stockholm
0 300m
Sehenswertes Objekt
Schloss
Fußgänger-zone
Tunnelbana/ U-Bahn
Int. Flughafen
NORRMALM
RIDDARHOLMEN
GAMLA STAN
SÖDERMALM
45 Gustav III:s Paviljong
34 Humlegården
35 Kungliga Biblioteket
19 Adolf Fredriks Kyrka
18 Konserthuset
17 Hötorget
33 Saluhallen
29 Dramaten
28 Nybroplan
30 Berzelii Park
15 Sergels Torg
16 Kulturhuset
22 Kungsträdgården
20 T-Centralen
9 Medeltidsmuseum
8 Riksdagshuset
7 Kungliga Slottet
21 Stadshuset
10 Riddarhuset
6 Storkyrkan
5 Nobelmuseet
4 Stortorget
11 Evert Taubes Terrass
12 Riddarholmskyrkan
14 Tyska Kyrkan
13 Västerlångg.
3 Österlånggatan
2 Järntorget
1 Slussen
42 Södermalm
Nationalmuseum
Riddarfjärden
Drottningholms Slott
Centralstationen
Norra Bantorget
Tegnérlunden
Rådmansgatan
Gamla Stan
Mariatorget
Slussen
Karlavägen
Engelbrektsgatan
Birger-Jarlsgatan
Sveavägen
Kungsgatan
Hamngatan
Drottninggatan
Vasagatan
Klarabergsviadukten
Centralbron
Strömbron
Skeppsbron
Hornsgatan
Götgatan
Söder Mälarstrand

Östermalmsgatan
Karlavägen
Karlaplan
Artillerigatan
Skeppargatan
Grevgatan
Narvavägen
Historiska Museet
32
Linnégatan
Storgatan
Grevgatan
Styrmansgatan
Grev Magnigatan
Riddargatan
Riddargatan
Narvavägen
Storgatan
31
Strandvägen
Djurgårdsbron
36 Ladugårdsgärdet
37 Kaknästornet
Djurgårdsbrunnsviken
Nordiska Museet
39
Galärparken
Vasamuseet
38
Lusthusporten
Rosendalsvägen
Hazeliusp.
Hazelius back.
DJURGÅRDEN
Skansen
40
Östasiatiska Museet
25 Moderna Museet
Långa Raden
Arkitekturmuseet
Falkenberggatan
Djurgårdsvägen
Sollidsback.
Gröna Lund
41
Beckholmsvägen
Kastellb.
KASTELLHOLMEN
Saltsjön
Waldemarsviken
Fjällgatan
Stigbergsg.
Stadsgårdsleden
Folkungagatan
Vallentuna
Upplands-Väsby
E18
E4
276
Åkersberga
Brunnsviken
43
Ulriksdals Slott
46
Sollentuna
279
44
Hagaparken
Mälaren
Solna
Millesgården
47 LIDINGÖ
222
Drottningholms Slott
48
Stockholm
Saltsjöbad
Tyresö
Huddinge
E4
Södertalje
E20
226
0
10 km

Mut zum Stilmix: barocke Karolinische Kapelle an der gotischen Riddarholmskyrkan

Schloss geht auf eine Burg zurück, die ab dem 13. Jh. rund um den Wehrturm *Tre Kronor* entstanden war. Nachdem 1697 ein Brand den Bau fast völlig zerstört hatte, leitete zunächst Nicodemus Tessin d. J., ab 1728 dann Carl Hårleman den Neubau. Die ausgedehnte Schlossanlage im italienischen Renaissance- und Barockstil mit klassizistischen Anklängen wurde 1770 fertig gestellt. Sie besitzt 608 Zimmer, die z. T. noch heute von der königlichen Familie bewohnt werden. Die repräsentative *Schaufassade* des Schlosses mit der Doppeltreppe, die früher bei Staatsempfängen als Aufgang diente, blickt nach Osten. An der Nordseite befindet sich oberhalb der Uferpromenade Slottskaien der *Balkon*, auf dem sich die Königsfamilie bei offiziellen Anlässen zeigt. Die königlichen Privaträume sind in Stilen des 18. und 19. Jh. eingerichtet. Der Öffentlichkeit zugänglich sind die so genannten Bernadottewohn- und die Gasträume, ferner die Festsäle, die Schatzkammer mit den Regalien der schwedischen Krone, die Leibrüstkammer mit alten Gewändern und Waffen sowie das Schlossmuseum *Slottsmuseet* mit Modellen der mittelalterlichen Burg.

Im nach Westen gelegenen Schlosshof, dem **Yttre Borggården**, findet täglich die *Wachablösung* der königlichen Garde statt. Wochentags Schlag 12 und sonntags um 13 Uhr zieht dieses Schauspiel Tausende von Touristen an.

Nur wenig nördlich des Kungliga Slottet liegt die über zwei Brücken bequem zu erreichende winzige Insel Helgeandsholmen. Hier erhebt sich das 1894–1906 anstelle von Fischerhäusern in neoklassizistischem Stil erbaute **Riksdagshuset** 8 (Riksgatan 3 a, Tel. 08/786 48 62, www.riksdagen.se, englische Führungen Sa/So 13.30 Uhr). Im westlichen Anbau des wuchtigen Reichstagsgebäudes war ursprünglich die Reichsbank untergebracht, heute befindet sich dort der Plenarsaal des Parlaments. Am anderen Ende der Insel wurde über einer archäologischen Grabungsstätte das **Medeltidsmuseum** 9 (Strömparterren, Tel. 08/50 83 17 90, www.medeltidsmuseet.stockholm.se, Juli/Aug. Mo, Fr–So 11–16, Di–Do 11–18 Uhr, Sept.–Juni Di, Do–So 11–16, Mi 11–18 Uhr) errichtet. Dieses mehrfach preisgekrönte Museum dokumentiert in stimmungsvollem Dämmerlicht auf Schautafeln das historische Stockholm, zeigt Reste der alten Stadtmauer von 1530 sowie ein Gewölbe aus dem 18. Jh.

Riddarholmskyrkan

A Turm
B Grab des Magnus Ladulås
C Gustavianische Grabkapelle
D Karolinische Grabkapelle
E Bernadotte'sche Grabkapelle

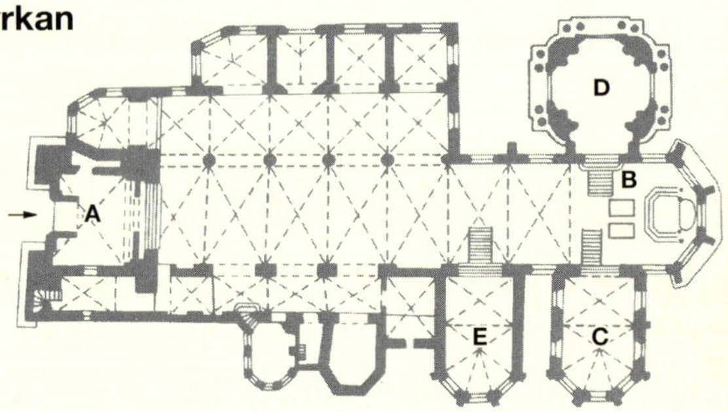

In der Abenddämmerung entfaltet der Sergels Torg im Zentrum von Norrmalm mit hell erleuchtetem Glasturm und gläsernem Kulturhuset seine ganze futuristische Wirkung

Auf dem Weg zur dritten Altstadtinsel Riddarholmen lohnt das **Riddarhuset** 10 (Riddarhustorget 10, Tel. 08/723 39 90, www.riddarhuset.se, Mo–Fr 11.30–12.30 Uhr) einen Besuch. Der frühere Sitz der Ritterschaft und des Adels mit seinen roten Ziegelmauern, den weißgrauen Sandsteinpilastern und dem grünen Kupferdach zählt zu den schönsten, harmonischsten Bauten von Gamla Stan. Simon und Jean de la Vallée entwarfen den 1641–74 entstandenen Palast im Stil des holländischen Barock. Im Großen Saal des ›Ritterhauses‹ hängen Wappen von mehr als 2000 Adelsfamilien Schwedens. Die frei stehenden *Flügelbauten* unmittelbar am Inselufer wurden 1870 von Axel und Hjalmar Kumlien angefügt.

Über die Riddarholmsbron gelangt man zur Insel Riddarholmen, von deren Aussichtsterrasse **Evert Taubes Terrass** 11 am Westufer man einen wundervollen Panoramablick auf den Mälaren-See und das rechter Hand golden im Sonnenlicht glänzende Stadshuset [s. S. 26] genießt. Ein weiterer Grund hierher zu kommen ist der Kai, von dem historische Ausflugsdampfer in Richtung Göta Kanal ablegen.

Das Eiland wird überragt vom 90 m hohen **Turm [A]** der **Riddarholmskyrkan** 12 (Riddarholmen, Tel. 08/402 61 30, www.royalcourt.se, Juni–Aug. tgl. 10–17 Uhr, Sept.–Mai tgl. 10–16 Uhr), an dem der spitz zulaufende, durchbrochene gusseiserne Turmhelm aus dem Jahre 1835 besonders auffällt. Das gesamte Äußere der einstigen Franziskanerkirche erstrahlt heute in der neogotischen Pracht der 1730er-Jahre. Im Inneren sind zahlreiche schwedische Monarchen bestattet. So liegt etwa nahe dem Haupaltar das **Grab des Magnus Ladulås [B]** (reg. 1275–90), der das Gotteshaus samt Klosteranlage um 1270 errichten ließ. 1633 folgte der Anbau der **Gustavianischen Grabkapelle [C]** südlich des Chores, 1675 kam die gegenüber liegende, erst 1738–43 unter Leitung von Carl Hårleman vollendete **Karolinische Grabkapelle [D]** hinzu. Als letzte folgte 1858–60 die **Bernadotte'sche Grabkapelle [F]** der derzeitigen Königsfamilie, deren Stammvater Karl XIV. Johan (1763–1844) dort in einem Edelporphyr-Sarkophag ruht.

Zurück auf der Insel Stadsholmen folgt man der belebten **Västerlånggatan** 13, die mit ihren Pizzalokalen, Kebabständen und Souvenirgeschäften geradezu mediterran anmutet. Von ihr führt links die Gasse Tyska Brinken zur Sta. Gertruds Kyrka oder **Tyska Kyrkan** 14 ab. Seit dem 14. Jh. bestand hier ein Versammlungssaal der deutschen Kaufmannschaft, der 1580 unter Mitwirkung von Willem Boy und 1638–42 von Jakob Kristler zum Gotteshaus umgebaut wurde. Die zweischiffige Hallenkirche besitzt einen beinahe 100 m hohen Kirchturm, der früher Seefahrern als Orientierungshilfe diente. Im Inneren gehören das vergoldete Taufbecken und die alabastergeschmückte Kanzel zu den Hauptsehenswürdigkeiten.

Kühle Moderne und kongeniale Museen

Norrmalm ist ein moderner Stadtteil nördlich der Altstadt, dessen nüchterne Bebauung auf die 1950er-Jahren zurückgeht, als hier die Stockholmer U-Bahn gebaut und in diesem Zuge alte Bausubstanz großflächig abgerissen wurde. Neues Zentrum ist der große **Sergels Torg** 15, an dem drei breite Hauptverkehrsstraßen des Viertels, Hamngatan, Klarabergsgatan und Sveavägen, zusammentreffen. Aus einem ausladenden Brunnen, der Mitte der 1960er-Jahre in der östlichen Hälfte des Platzes errichtet wurde, ragt ein von innen beleuchteter Glasobelisk auf. Westlich davon führen breite Stufen in ein unterirdisch angelegtes Einkaufsareal mit Boutiquen, Galerien und Kaufhäusern sowie der größten U-Bahn-Station Stockholms, *T-Centralen*. Am Südrand des Sergels Torg fällt die gläserne Fassade das **Kulturhuset** 16 (Sergels Torg 3, Tel. 08/50 83 15 08, www.kulturhuset.stockholm.se, Di–Fr 11–21, Sa 11–18, So 11–17 Uhr) auf, das Peter Celsing 1962 entwarf. Das Kulturhaus bietet eine Bibliothek mit großer Musikabteilung und Lesesaal. Ausstellungen, Theateraufführungen und ein Informationsbüro der Stadt komplettieren das Angebot.

Folgt man der kleinen, Fußgängern vorbehaltenen Sergelsgatan nach Norden, öffnet sich bald der **Hötorget** 17 (Heumarkt), auf dem täglich ungefähr von 10–18 Uhr der bunte Blumen- und Gemüsemarkt der Stadt stattfindet. Daneben wendet das 1926 von Ivar Tengbom im Stil des nordischen Klassizismus errichtete **Konserthuset** 18 (Hötorget 8, Tel. 08/786 02 00, www.konserthuset.se) dem Marktplatz seine antikisierende Säulenfront zu. Davor stellen Werke renommierter Künstler wie Carl Milles' Skulptur ›Orpheus‹ den Bezug zur Antike her. In der Heimstätte der Stockholmer Philharmoniker findet jedes Jahr am 10. Dezember die Nobelpreisverleihung statt. Lediglich der Friedensnobelpreis wird im norwegischen Oslo vergeben.

In Richtung Norden erhebt sich die Ende des 18. Jh. in klassizistischem Stil erbaute **Adolf Fredriks Kyrka** 19 (Holländargatan 16, Tel. 08/20 70 76, www.adolffredrik.nu, Mo 13–19, Di–Sa 10–16, So 10.30–16 Uhr), in der dem französischen Philosophen René Descartes (1596–1650) ein Grabmal errichtet wurde. Auf dem *Friedhof* der Kirche liegen der Bildhauer Johan Tobias Sergel (1721–1814) und der nur wenige Meter entfernt von Unbekannten ermordete schwedische Staatsminister Olof Palme (1927–1986) begraben.

Vom Sergels Torg führt die mit Fahnen geschmückte Einkaufsstraße **Drottningsgatan** 20 südwärts zur Altstadt hin. Von ihr bietet sich ein Abstecher zum **Stadshuset** 21 (Hantverkargatan 1, Tel. 08/50 82 90 58, www.stockholm.se/stadshuset, englische Führungen tgl. 10 und 12 Uhr) an. Das Rathaus besticht durch seine Lage unmittelbar am Mälaren-See, und zwar am Ostende der Uferpromenade Norr Mälarstrand. Der Bau wurde 1912–23 nach Plänen von Ragnar Östberg errichtet. Eine der hervorragendsten Sehens-

Im Nationalmuseum geben sich hochrangige Werke europäischer Kunst ein Stelldichein

Sommerfrische inmitten der Großstadt – die hübsche Grünanlage Kungsträdgården

würdigkeiten in seinem Innern ist *Blå Hallen*, die Blaue Halle, ein überdachter, marmorgepflasterter und von Arkadengängen gerahmter Innenhof, von dem aus man zu den Büros der Dienststellen, zu den Sitzungsräumen und Festsälen gelangt. Hier findet am 10. Dezember jeden Jahres eine Gala anlässlich der Nobelpreis-Verleihung statt. Im Verlaufe der Führung sieht man auch die Galerie mit Wandmalereien von der Hand Prinz Eugens, den Plenarsaal mit seinem das Himmelsgewölbe darstellenden Deckengemälde und den gewaltigen *Gyllene Salen*, die Goldene Halle mit den riesigen Wandmosaiken zur schwedischen Geschichte. Zum Wahrzeichen Stockholms avancierte der schlanke, 106 m hohe **Turm** (Mai–Sept. tgl. 10–17 Uhr) des Stadshuset, dessen kupfergedeckte Spitze die drei vergoldeten Kronen des Reichswappens trägt. Von seiner Aussichtsplattform genießen wackere Turmbesteiger einen imposanten Panoramablick in alle Himmelsrichtungen.

Etwas weiter östlich liegt der **Kungsträdgården** 22 (www.kungstradgarden.nu), Stockholms schillerndster Park. In der lang gestreckten, im 18. Jh. als königlicher Obst- und Gemüsegarten fungierenden Grünanlage treffen sich untertags Touristen, Stockholmer Geschäftsleute, Studenten und Pensionäre. Man flaniert zwischen Wasserfontänen und Blumenrabatten, beobachtet bei einem Kaffee die anderen Spaziergänger oder lauscht den Open-Air-Konzerten auf der Festbühne. Zu späterer Stunde laden feine Restaurants und noble Bars rund um den Park dazu ein, Stockholms Nachtleben von seiner mondänen Seite kennen zu lernen.

Vom Kungsträdgården führt der **Nybrokajen** 23 sehr hübsch am Wasser entlang auf die Halbinsel *Blasieholmen*. An ihrer Südostspitze beherbergt ein im Stil der venezianischen Neorenaissance des 19. Jh. errichteter Prachtbau das **Nationalmuseum** 24 (Södra Blasieholmshamnen, Tel. 08/51 95 43 00, www.nationalmuseum.se, Juni–Aug. Di 11–20, Mi–So 11–17 Uhr, Sept.–Mai Di, Do 11–20, Mi, Fr–So 11–17 Uhr) mit der größten Kunstsammlung Nordeuropas. Im ersten Stock befindet sich die Kunstgewerbe-Abteilung mit Tapeten, Möbeln und Geschirr, die zweite Etage wartet mit einem Querschnitt europäischer Malerei des 15.–20. Jh. auf, darunter Werke des Bildhauers Johan Tobias Sergel (1740–1814) sowie Gemälde von Rembrandt, Cézanne und Degas.

Über die Brücke *Skeppsholmsbron* ist es nur ein kurzer Weg zur ›Museumsinsel‹ **Skeppsholmen**. Dort wurde 1998 der von Rafael Moneo entworfene lichte kubische Bau des **Moderna Museet** 25 (Slupskjulsvagen 1, Tel. 08/51 95 52 00, www.modernamuseet.se, Di 10–20, Mi–So 10–18 Uhr) eröffnet. Stockholms Museum für moderne Kunst zeigt in jährlich wechselnden Ausstellungen Meisterwerke des

Wie ein geheimnisvolles Tor zur Unterwelt ist die Stockholmer U-Bahn-Station T-Centralen gestaltet

Die Kunst fährt U-Bahn

In manchen Metropolen der Welt gelten Untergrundbahnen als Alptraum. Die Stockholmer **Tunnelbana** (www.sl.se) hingegen präsentiert sich mit ihren einfallsreich gestalteten Stationen wie ein Museum der modernen Kunst.

Bereits zu Baubeginn 1955 beschloss der Stockholmer Stadtrat, dass alle Stationen der Blauen Linie sowie die meisten der Roten und Grünen Linie **Kunstbahnhöfe** werden sollten. Bis heute gestalteten mehr als 160 Künstlerinnen und Künstler 70 der 100 Stationen. Schalterhallen, Decken, Bahnsteige und Gleiswände wurden mit unterschiedliche Formen, Farben und Materialien ausgestattet, Gemälde und Installationen platziert. So sieht die Station **Farsta** wie ein värmländischer Nadelwald aus, **T-Centralen** wirkt wie eine Grotte aus gelbem Stein mit blauen Blattwedeln, in **Fridhemsplan** stellen Kachelbilder Szenen aus dem Leben des Botanikers Carl von Linné dar. **Västra Skogen** zeigt 18 m hohe Menschenprofile aus Terrazzo, während **Bagarmossen** mit einer Komposition aus beleuchtetem Glas in den Farben des Regenbogens überrascht. In **Aspudden** ziert ein einsamer Pinguin als Bronzeskulptur den Bahnsteig und in **Solna** warnt eine rote Landschaft mit grünen Wäldern die Fahrgäste eindrucksvoll vor Umweltzerstörung in Schweden.

20. Jh., etwa von Matisse, Picasso, Dalí, Warhol oder Hjertél. Auch zeitgenössische Kunstströmungen werden vorgestellt. Die Geschichte der Fotografie wird in einer eigenen Ausstellung anhand von historischen Aufnahmen und Kameras dokumentiert. Das **Arkitekturmuseet** 26 (Exercisplan, Slupskjulsplan, Tel. 08/58727000, www.arkitekturmuseet.se, Di 10–20, Mi–So 10–18 Uhr) nimmt den Südtrakt des Moderna Museet ein und zeigt eine Ausstellung zu Baukunst und Städteplanung Schwedens. An der Nordspitze der Insel widmet sich das **Östasiatiska Museet** 27 (Tyghusplan, Tel. 08/51955750, www.mfea.se, Di 11–20, Mi–So 11–17 Uhr) in dem blockhaften Gebäude einer ehemaligen Kaserne den alten Kulturen Chinas, Japans und Indiens. Von herausragender Qualität ist vor allem die Sammlung von Song-, Ming- und Qing-Porzellan.

Zurück auf dem Festland, gelangt man zwischen den Stadtvierteln Norrmalm und Östermalm am Ende der Nybroviken-Bucht zum verkehrsreichen Platz **Nybroplan** 28. Hier legen die Fährboote nach Djurgården und zum östlichen Schärengarten ab. Schräg gegenüber fällt eine weiße, mit zahlreichen Skulpturen geschmückte Jugendstilfassade auf. Hinter ihr verbirgt sich Stockholms Schauspielhaus, das 1901–07 errichtete **Kungliga Dramatiska Teatern**, kurz **Dramaten** 29 (Nybroplan, Tel. 08/6670680, www.dramaten.se) genannt. Jenseits des Nybroplan schließt sich der kleine **Berzelii Park** 30 an. Kurios ist hier die Bronzeskulptur des ›Unbekannten Kanalarbeiters‹ von Karl Göte Bejemark (1922–2000). Die Figur steigt aus einem Schacht hoch und hält den Kanaldeckel schützend über sich.

Wohnen mit Chic

Östermalm ist das exklusive Wohnviertel reicher Stockholmer. Dem Ruf wird bereits die Uferstraße **Strandvägen** 31 gerecht, die vom Nybroplan nach Osten führt. Am Kai der herrlichen Allee ankern luxuriöse Jachten vor den zum Teil prächtig verzierten Villen. Linkerhand biegt die ebenfalls schnurgerade Styrmansgatan ab, an der das **Historiska Museet** 32 (Narvavägen 13–17, Tel. 08/51955600, www.historiska.se, Mai–Sept. tgl. 10–17 Uhr, Okt.–April Di/Mi, Fr–So 11–17, Do 11–20 Uhr) liegt. Die Schatzkammer dieses Museums, die *Guldrummet*, enthält Gold- und Silberschmuck aus der Wikingerzeit. In den anderen Sälen wird Schwedens Ge-

Großzügige Stadtpaläste auf der einen, schmucke Jachten auf der anderen Seite – die prächtige Uferpromenade des Strandvägen gehört zu Stockholms nobelsten Adressen

schichte von der Steinzeit bis zum Mittelalter dargestellt. Die Sammlung umfasst z. B. 1500 Jahre alte Schwerter, Bildsteine oder Architekturteile der gotländischen Stabkirche von Hemse.

Richtung Westen führt vom Historischen Museum die *Storgatan* auf den Östermalmstorg zu, an dem die **Saluhallen** 33 (www.saluhallen.com, Mo–Do 9.30–18, Fr 9.30–18.30, Sa 9.30–16 Uhr) kulinarische Höhepunkte versprechen. In der 1885–89 erbauten gusseisernen Einkaufshalle mit ihrem reich verzierten Backsteinmauerwerk wartet ein erstklassiges Warenangebot auf Feinschmecker: Fisch, Obst und Gemüse – alles frisch. Zwischen den Stän-

Mittelalterliche Altaraufsätze von beeindruckender Plastizität und Ausdruckskraft gehören zu den zahlreichen Prunkstücken, die das Historiska Museet zu bieten hat

In den Saluhallen sind Architektur, Stände und Auslagen jeweils Kunstwerke für sich

den laden kleine Bistros zum Verweilen ein. Nur wenig weiter im Westen lädt der ausgedehnte **Humlegården** 34, im 17. und 18. Jh. auch ein Gemüsegarten für die Hofküche, zu stimmungsvollen Spaziergängen ein. Im Park mit seinen Alleen und weiten Rasenflächen liegt die **Kungliga Biblioteket** 35 (Humlegården, Tel. 08/463 40 00, www.kb.se, Mo–Do 9–20, Fr 9–19, Sa 10–17 Uhr), die Königliche Bibliothek.

Goldglänzend und restauriert zeigt sich die ›Vasa‹ im nach ihr benannten Museum

Der 1878 eröffnete klasszistische Bau enthält von jedem seit 300 Jahren in Schweden erschienenen Buch ein Exemplar.

Im Osten von Östermalm erstreckt sich der weitläufige Landschaftspark **Ladugårdsgärdet** 36. Inmitten seiner Grünanlagen steht seit 1967 der 155 m hohe Fernsehturm **Kaknästornet** 37 (www.kaknastornet.se, Jan.–April Mo–Mi 10–17, Do–Sa 10–21, So 10–18 Uhr, Mai–Aug. tgl. 9–22 Uhr, Sept.-Dez. Mo–Sa 10–21, So 10–17 Uhr). An klaren Tagen bieten ein Panoramarestaurant und eine Aussichtsplattform knapp unterhalb der Spitze des Turmes einen fantastischen Rundblick über Stockholm und sein Umland.

Grüne Oase

Die Insel **Djurgården** im Osten der Stadt präsentiert sich als weitläufige, waldreiche Parklandschaft. Unmittelbar am Westufer befindet sich das **Vasamuseet** 38 (Galärvarvsvägen 14, Tel. 08/51 95 48 00, www.vasamuseet.se, Juni –Aug. tgl. 8.30–18 Uhr, Sept.–Mai Do–Di 10–17, Mi 10–20 Uhr), eines der beeindruckendsten Museen Schwedens. Seine großzügige Hallenarchitektur ist ganz auf das zentrale Ausstellungsstück zugeschnitten, das königliche Schlachtschiff **Vasa**, insgesamt 69 m lang, mit einer Großmasthöhe von 52 m und einer Segelfläche von 1275 m². Die prächtig ausgestattete ›Vasa‹ lief am 10. August 1628 nach zweijähriger Bauzeit vom Stapel. Doch nachdem es 1300 m zurückgelegt hatte, bekam das auf zwei Decks mit 64 Kanonen bestückte, damals größte Kriegsschiff der Welt Schlagseite und sank innerhalb kürzester Zeit inmitten des Stockholmer Hafens. Rund 30 der 150 Besatzungsmitglieder an Bord starben bei dem Untergang, der auf Konstruktionsfehler zurückgeführt wurde. Erst 1961 begann man mit der Bergung des üppig mit Schnitzereien und Goldschmuck ausgestatteten Flaggschiffs, das anschließend jahrezehntelang im Trockendock an der Westküste Djurgårdens restauriert wurde. Dann wurde um die Vasa herum das von Göran Månsson geplante, preisgekrönte Museum errichtet, das jährlich rund 800 000 Besucher zählt. Ergänzende Ausstellungen sind der Seefahrt und dem Leben im Stockholm des 17. Jh. gewidmet.

Gegenüber dem Vasamuseet erhebt sich das markante, mit Lisenen, Biforienfenstern, Balustraden, geschwungenen Giebeln und Zwiebelhaubendächern ge-

Wer wird denn gleich in die Luft gehen? Andererseits sind viele der Attraktionen zwischen Himmel und Erde im Gröna Lund Vergnügungspark genau dafür gedacht

schmückte **Nordiska Museet** 39 (Djurgårdsvägen 6–16, Tel. 08/51 95 46 00, www.nordiskamuseet.se, Sept.–Mai Mo–Fr 10–16, Sa/So 11–17 Uhr), das Nordische Museum. Der monumentale Backsteinbau wurde 1889–1907 nach Plänen von Magnus Isaeus und Isak Gustaf Clason im üppigen Stil der im 17. Jh. aufgekommenen nordischen Renaissance errichtet. Ethnologische Sammlungen dokumentieren das Leben der Menschen in Nordeuropa. Eine eigene Abteilung befasst sich mit dem Leben der Sami Lapplands.

Der Museumsgründer Artur Hazelius (1833–1901) sah im Nordischen Museum eine Ergänzung zum **Skansen** 40 (Djurgårdsslätten 49–51, Tel. 08/442 80 00, www.skansen.se, Öffnungszeiten der Höfe und Läden variieren, Kernzeit tgl. 10–16 Uhr, im Sommer länger geöffnet), dem ältesten Freilichtmuseum der Welt. Es ist seit 1891 im Zentrum der Insel Djurgården angesiedelt. 150 historische Bauwerke aus allen Landesteilen und verschiedenen Epochen sind hier versammelt. Die Höfe und Handwerksbetriebe, Schulen und Kirchen sind bis ins Detail originalgetreu ausgestattet. Überdies sind in zum Teil den natürlichen Lebensräumen nachgebildeten Gehegen Tiere des Nordens zu sehen. Ihnen widmet sich auch das **Biologiska Museet** (Tel. 08/442 82 70, www.biologiskamuseet.com, April–Sept. tgl. 10–16 Uhr, Okt.–März Di–Fr 12–15, Sa/So 10–15 Uhr). Eine weitere Attraktion ist das **Skansen Akvariet** (Tel. 08/666 10 10, www.skansen-akvariet.se, Mai Mo–Fr 10–17, Sa/So 10–18 Uhr, Juni Mo–Fr 10–18, Sa/So 10–19 Uhr, Juli tgl. 10–20 Uhr, Aug. tgl. 10–19 Uhr, Sept.–April Mo–Fr 10–16, Sa/So 10–17 Uhr), in dem man exotische Fische, Schlangen und Krokodile sowie Riesenspinnen und Zwergäffchen beobachten kann. Restaurants, Cafés, Programme für Kinder und Konzerte runden das Angebot des Freilichtmuseums ab. Im Dezember zählt der *Weihnachtsmarkt* zur großen Attraktion. Es lohnt sich, den Skansen auf den hübschen Rundwegen zu durchwandern. Von einer kleinen Anhöhe aus hat man eine schöne *Aussicht* auf Stockholm. Nett ist auch die Anfahrt mit der kleinen *Bergbanan*, einer Standseilbahn, die die 50 Höhenmeter vom Hazeliusplatz an der Westseite zum oberen Eingang überwindet. Der Haupteingang liegt unten an der Südseite.

Eine andere Art der Unterhaltung findet man im Vergnügungspark **Gröna Lund** 41 (Lilla Allmänna Gränd 9, Tel. 08/587 501 00, www.gronalund.se, Ende April–Mitte Sept. geöffnet, Kernzeit tgl. 12–23 Uhr) an der Südwestspitze von Djurgården. Vom Stockholmer Zentrum aus erreicht man das Volksfestareal am besten mit Fährbooten ab Slussen oder vom Nybroplan aus. Vor allem abends und an den Wochenenden zieht Stockholms Tivoli zahlreiche Besucher an, die sich an Achterbahnen, Geisterbahnen, Wasserspielen und ähnlichen Attraktionen erfreuen.

Die Gärten von Drottningholms Slott sind im Sommer für Besucher geöffnet ▷

Charmante Vorstadt

Södermalm 42 liegt im Süden der Altstadt auf einer relativ hohen Granitkuppe. Während in dem traditionellen *Arbeiterviertel* bis zum 17. Jh. vorwiegend kleine Holzhäuser standen, bestimmen heute breite Straßenzüge das Bild des zunehmend chic gewordenen Stadtteils. Es fehlt nicht an Boutiquen, Cafés und Restaurants. Die Götgatan etwa ist für ihre Pubs und extravaganten Modegeschäfte bekannt, die ebenso wie die vielen Kinos und Bistros junges Publikum anlocken.

Eine neue Attraktion ist der schwedischen Popgruppe Abba gewidmet, die in den 1970er- und 1980er-Jahren ihre größten Erfolge feierten. Im Juni 2009 eröffnet in einem ehemaligen Zollhausgebäude am Stadsgårsleden das weltweit erste **Abba the Museum** (Tel. 08/650 00 80, www.abbamuseum.com). Auf drei Etagen und einer Fläche von 6500 m² entstehen Erlebnis-Attraktionen, Ausstellungen und Live-Zonen rund um die buntpoppige Band.

Parks im Norden

Ausflugsboote schippern im Sommer am nördlichen Stadtrand von Stockholm über den 5 km langen See **Brunnsviken** 43, dessen stadtnahes Ufer man auch auf einem 12 km langen Wanderpfad erkunden kann. Dieser endet am Westufer im weitläufigen **Hagaparken** 44, im Auftrag Gustavs III. 1781 als englischer Landschaftsgarten angelegt. Der König ließ auch einige Gebäude im Park errichten, etwa auf einer breiten Halbinsel **Gustav III:s Paviljong** 45 (www.kungahuset.se, Führungen Juni–Aug. Di–So 12, 13, 14 und 15 Uhr). Louis Masreliez errichtete den kleinen Pavillon 1780–90 im spätgustavianischen Stil.

Forsch springen die bronzenen ›Delphin-Jungen‹ im Millesgården durch's Wasser

Etwas nördlich des Hagaparken breitet sich der große, ruhige **Ulriksdals Slottspark** rund um **Ulriksdals Slott** 46 (www.royalcourt.se, Führungen Juni–Aug. Di–So 12, 13, 14 und 15 Uhr) aus. Das zweiflügelige Landschloss wurde 1640 erbaut und diente nach Erweitungen im 18. Jh. zunächst König Gustav VI. Adolf und Königin Luise, später mehreren Kronprinzen als Wohnsitz. Die Inneneinrichtung wechselte mit den Bewohnern, doch können heute bei Führungen einige Möbel im klassizistischen Stil bewundert werden. Das *Orangeriemuseum* (Juni–Aug. Di–So 12–16 Uhr) im Park zeigt Arbeiten schwedischer Bildhauer, z. B. von Johan Sergel und Carl Milles.

Die großen Stockholmer Parks Södra Djurgården, Norra Djurgården, Hagaparken und den Schlossgarten von Ulriksdal bilden zusammen den National-Stadtpark **Ekoparken** (www.ekoparken.com). Die insgesamt 27 km² Fläche stehen unter Naturschutz und sind für die Großstadt Stockholm als grüne Lunge und Naherholungsraum von unschätzbarem Wert.

Millesgården 47

Auf der Insel *Lidingö* im Nordosten Stockholms hatte sich Bildhauer Carl Milles (1875–1955) im Jahr 1908 ein malerisch

über dem Meeresarm Lilla Värtan gelegenes Wohnhaus mit Atelier errichten lassen. Heute fungiert dieses Gebäude gleich hinter der Brücke Lidingöbron als **Museum** (Herserudsvägen 32, Tel. 08/4467590, www.millesgarden.se Mitte Mai–Sept. tgl. 11–17 Uhr, Okt.–Mitte Mai Di–So 12–17 Uhr). Es zeigt neben Exponaten aus dem Besitz des Künstlers auch Milles' Privatsammlung griechischer und römischer Antiken sowie Kleinodien des europäischen Mittelalters und der Renaissance. Das Haus liegt inmitten des sehenswerten, mit Terrassen, Springbrunnen und Treppen aufwendig gestalteten **Skulpturenparks Millesgården**, in dem zahlreiche Bronzen und andere Plastiken des Künstlers ausgestellt sind, darunter ›Gottes Hand‹ und ›Der Mensch und Pegasus‹.

Ausflug

Die zweite Insel im Mälaren-See westlich der Stockholmer Stadtgrenzen ist *Lovön*. TOP TIPP An seinem Ostufer liegt in herrlicher Umgebung **Drottningholms Slott** 48 (www.royalcourt.se, Mai–Aug. tgl. 10–16.30 Uhr, Sept. tgl. 12–15.30 Uhr, Okt.–April Sa/So 12–15.30 Uhr), dessen Südflügel seit 1982 von der schwedischen königlichen Familie bewohnt wird. Die übrigen Räumlichkeiten des geometrischen Zweiflügelbaus mit dem erhöhten Mittelteil und den etwas zu groß wirkenden Dachkuppeln an den Enden der Seitentrakte können besichtigt werden. Nicodemus Tessin d. Ä. hatte das im Kern barocke Schloss 1662 für Hedvig Eleonora nach französischen und holländischen Vorbildern erbaut. Künstler wie Nicodemus Tessin d. J. und Burchardt Precht zeichneten für die Innenausstattung verantwortlich. Zu den edelsten Räumen gehört das mit Stuckdecken, Marmorskulpturen und Wandgemälden prächtig ausgestattete Schlafzimmer von Hedvig Eleonora. Zeitgleich mit dem Gebäude entstand der umliegende Park, dessen Terrassen und Lindenalleen französischen Barock mit englischer Romantik verbinden. Im 18. Jh. wurden die Flügelbauten des Schlosses errichtet sowie Räume im Stil des Rokoko umgestaltet, darunter die sehenswerte *Bibliothek*. Die gesamte Schlossanlage wurde von der UNESCO 1991 als **Weltkulturerbe** ausgewiesen.

Unmittelbar neben dem Schloss befindet sich das von Carl Frederik Adelcrantz entworfene Schlosstheater **Drottningholms Slottsteater** (Kartenreservierung Tel. 08/6608225, www.dtm.se), das 1766 eingeweiht wurde. Im Sommer finden hier Ballett- und Opernaufführungen statt. Adelcrantz entwarf auch das im Garten gelegene **Kina Slott** (www.royalcourt.se, Mai–Aug. tgl. 11–16.30 Uhr, Sept. tgl. 12–15.30 Uhr). Der 1769 im Stil des französischen Rokoko fertig gestellte chinesische Pavillon ist mit seidenen Tapeten und Lackmöbeln ausgestattet. Das Porzellan stammt tatsächlich aus China.

i Praktische Hinweise

Information

Stockholm Tourist Centre, Sverigehuset, Hamngatan 27, Kungsträdgården, Tel. 08/50828508, Fax 08/50822 8509, www.stockholmtown.com. Hier erhält man Informationen und Prospekte zu

Stockholm, die Stockholmskortet (Stockholm Card) sowie Eintrittskarten.

Hotellcentralen, Centralstationen, Tel. 08/50 82 85 08, Fax 08/791 86 66, www.stockholmtown.com/hotels. Buchung von Hotelzimmern.

Stockholmskortet

Die Stockholmskortet (für 1–3 Tage) kann man in Touristenbüros, Hotels und auf Campingplätzen kaufen. Sie ermöglicht **freien Eintritt** zu mehr als 75 Museen und Attraktionen der Stadt sowie freie Fahrt mit den öffentlichen Verkehrsmitteln.

Flughafen

Arlanda Flygplats, E 4 Richtung Uppsala (40 km nördlich von Stockholm), Tel. 08/797 61 00, Fax 08/797 62 40, www.lfv.se. Vom Hauptbahnhof fährt der Arlanda-Express (www.arlandaexpress.com) tgl. 4.35–00.05 Uhr alle 20 Min. zum Flughafen. City-Busse fahren alle 15 Min. vom Busbahnhof Cityterminalen zum Airport.

Stockholm Skavska, 100 km südwestlich von Stockholm, Tel. 01 55/28 04 00, Fax 01 55/28 04 26, www.skavsta-air.se. Wird von Ryanair angeflogen. Der Shuttlebus *Flygbussarna* verkehrt alle 1–2 Stunden zum Cityterminalen. Die Fahrt dauert ca. 80 Minuten.

Öffentliche Verkehrsmittel

Für die Benützung der öffentlichen Verkehrsmittel empfiehlt sich der Kauf einer **Turistkort**, eines Tages- bzw. Drei-Tage-Tickets, oder der Stockholmskortet (s. o.).

Die Stockholmer U-Bahn heißt **Tunnelbana** (www.sl.se). Ihre drei Linien werden nach Farben unterschieden: Blau, Grün und Rot.

Die **Saltsjöbanan**, eine Art Schnellbahn, führt über den zentralen Verkehrsknotenpunkt Slussen und verbindet Stockholm mit dem Ausflugsort Saltsjöbaden.

Die innerstädtisch fahrenden **Busse** tragen zweistellige Liniennummern, die in die Umgebung fahrenden dreistellige.

Stockholms einzige Straßenbahnlinie **Spårvägen** blieb aus nostalgisch-touristischen Gründen erhalten. Die Wagen der Linie 7 mit den blauen Originalgarnituren von 1920 verkehren vom Norrmalmstorg über Strandvägen bis Bellmannsro auf Djurgården und zurück.

Schiff

Waxholmsbolaget AB, Tel. 08/679 58 30, Fax 08/611 84 07, www.waxholmsbolaget.se. Abfahrtskais: Slussen, Nybroplan und Strömkajen (mit Information). Bootsverbindungen zwischen Stockholm und den Inseln des östlichen Schärengar-

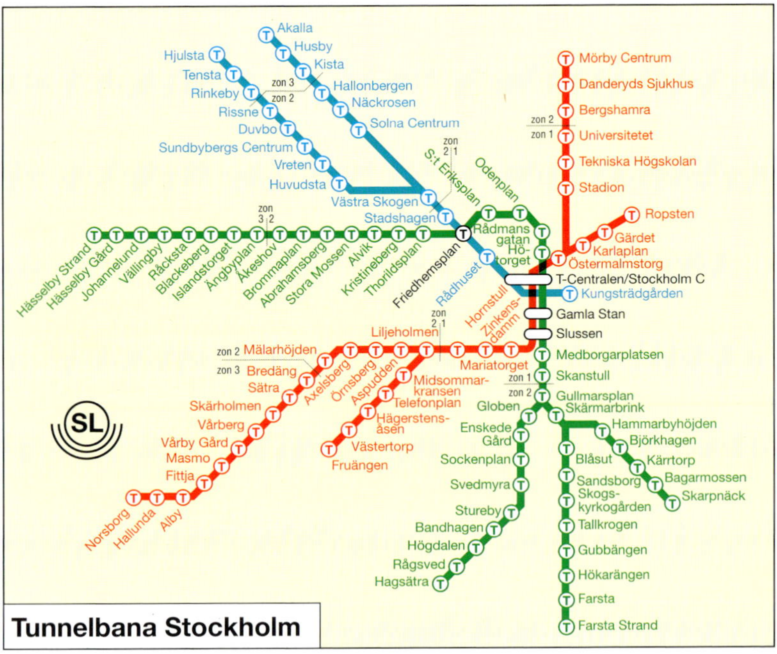

Tunnelbana Stockholm

tens. Die Stockholmskortet gilt nicht, aber für unbegrenzte Schiffsfahrten gibt es die 5 Tage gültige ›Schären-Karte‹ *Båtluffarkortet*.

Strömma Kanalbolaget, Skeppsbron 22, Stockholm, Tel. 08/58 71 40 00, Fax 08/58 71 40 44, www.stromma.se. Abfahrtskais: Stadshuskajen und Nybroplan. Ausflüge auf dem Mälaren nach Birka, Drottningholm (100 Min. Fahrtzeit), Skokloster, Sigtuna oder Gripsholm.

Einkaufen

Akademibokhandeln, Mäster Samuelsgatan 28, Stockholm, Tel. 08/402 11 00, www.akademibokhandeln.se. Größte Buchhandlung Schwedens mit einer großen Auswahl an Reiseliteratur und Karten zu Schweden.

Åhléns, Klarabergsgatan 50, Stockholm, Tel. 08/676 60 00, www.ahlens.com. Das größte Kaufhaus Schwedens. Auf vier Etagen gibt es fast alles.

Buttericks, Drottninggatan 57, Stockholm, Tel. 08/54 52 87 80, www.buttericks.se. Das nach eigenem Bekunden verrückteste Geschäft der Stadt bietet auf zwei Etagen eine Unmenge von Kostümen und Scherzartikeln.

Gallerian, Hamngatan 37, www.gallerian.se, Stockholm. Ladenstraße mit edlen Boutiquen, Designerläden und Schuhgeschäften.

Lapponia Jewelry, Sturegallerian 44, Stockholm, Tel. 08/611 39 39. Kunstvoller Schmuck in Vollendung, edel und schön.

Naturkompaniet, Sveavägen 62, Stockholm, Tel. 08/24 30 02 – Kungsgatan 26, Stockholm, Tel. 08/24 19 96 – Kungsgatan 4 a, Stockholm, Tel. 08/723 15 81, www.naturkompaniet.se. Großes Angebot an Outdoor- und Sportutensilien.

Nordiska Kompaniet (NK), Hamngatan 18–20, Stockholm, Tel. 08/762 80 00, www.nk.se. Das traditionsreiche Kaufhaus führt auch schwedisches Glas der Hütten Orrefors und Kosta Boda.

PUB, Hötorget 13, Stockholm, Tel. 08/23 99 15, www.pub.se. Boutiquen, Designergeschäfte und schwedische Mode.

Svala & Söderlund, Kungsgatan 43, Stockholm, Tel. 08/10 98 38. Großes Musikgeschäft im Konserthuset.

Sweden Bookshop, Slottsbacken 10, Stockholm, Tel. 08/453 78 00, www.swedenbookshop.se. Erstklassige Adresse für Bücher über Schweden.

Ein bunter Fahnenhimmel über der Fußgängerzone Drottingsgatan betont das internationale Flair der Stadt

Tomtar & Troll, Österlanggatan 45, Stockholm, Tel. 08/10 56 29, www.tomtar.se. Handgemachte Hexen, Trolle und andere schwedische Geisterwesen.

Nachtleben

Veranstaltungskalender sowie Theater- und Kinoprogramme bietet die Broschüre *Whats on?*, die im Stockholm Tourist Centre [s. S. 35] erhältlich ist. Dort gibt es auch Konzert- und Theaterkarten.

Debaser, Karl Johans Torg 1, Stockholm, Tel. 08/30 56 20, www.debaser.nu. Cooler Klub für Rock- und Pop-Konzerte.

Engelen, Kornhamnstorg 59 b, Stockholm, Tel. 08/20 10 92, www.engelenkolingen.se. Im Erdgeschoss befinden sich Restaurant, Pub und Bühne, in den mittelalterlichen Kellergewölben ist der Nachtclub *Kolingen* eingerichtet, in dem oft Livebands Rock und Pop spielen.

Bunt gemischt ist das Publikum, das sich am Stortorget einen Nachmittagskaffee gönnt

Strahlende Erscheinung – das schmucke weiße Hotelschiff und Restaurant ›Mälardrottningen‹ liegt am Kai von Riddarholmen unweit der Riddarholmskyrkan vor Anker

Fasching Jazzclub, Kungsgatan 63, Stockholm, Tel. 08/53 48 29 60, www.fasching.se. Die richtige Adresse für Jazz, Blues, Soul, Funk, Latin, Afro.

Hamburger Börs, Jakobsgatan 6, Stockholm, Tel. 08/787 85 00, www.hamburgerbors.se. Kabarett und Musik von und mit bekannten schwedischen Künstlern.

La Isla, Sankt Eriksgatan 51, Stockholm, Tel. 08/654 60 43, www.isla.se. Salsaklub, der auch Tanzkurse anbietet.

Mosebacke Etablissement, Mosebacke Torg, Stockholm, Tel. 08/55 60 98 90, www.mosebacke.se. Musikcafé, bekannt für Folkmusic und Chansons.

Patricia, Stadgårdskajen 152, Stockholm, Tel. 08/743 05 70, www.patricia.st. Restaurantboot mit Nachtklub an Bord.

Stampen, Stora Nygatan 5, Stockholm, Tel. 08/20 57 93, www.stampen.se. In dem skurril mit ausgestopften Tieren und Antiquitäten eingerichteten Jazzlokal hört man auch Dixieland, Blues und Rock 'n' Roll.

The Viper Room, Sankt Eriksgatan 46, Stockholm, Tel. 08/650 11 83, www.viperroom.se. Schicke Großraumdiskothek.

Wallmanns Salonger, Teatergatan 3, Stockholm, Tel. 08/611 90 38, www.wallmans.com. Während das Personal serviert, unterhält es das Publikum mit Showeinlagen, Tanz und Gesang oder tritt wenig später auf der Bühne auf.

Hotels

*****__Grand Hôtel__, Södra Blasieholmshamnen 8, Stockholm, Tel. 08/679 35 00, Fax 08/611 86 86, www.grandhotel.se. Das Luxushotel bietet 300 Nobelzimmer in bester Lage nahe dem Kungsträdgården. Auch Bar und Restaurant im Haus entsprechen gehobenen Ansprüchen.

****__Hilton Hotel Slussen__, Guldgränd 8, Stockholm, Tel. 08/517 353 00, Fax 08/517 353 11, www.hilton.de/stockholm. Im Stadtteil Södermalm liegt dieses erstklassige Stadthotel mit 264 Zimmern, teilweise mit herrlicher Aussicht auf Riddarholmen. Im Haus gibt es ein gutes Restaurant sowie Brasserie, Bar, Pool und Fitnesscenter.

TOP TIPP ***__Mälardrottningen__, Riddarholmen, Stockholm, Tel. 08/54 51 87 80, Fax 08/24 36 76, www.malardrottningen.se. Im Stadtzentrum liegt die komfortable Luxusjacht am Kai, die 1924 für die Millionärin Barbara Hutton erbaut wurde. Zum schwimmenden Hotel und Restaurant umgebaut, bieten 60 umfassend ausgestattete Kabinen gepflegte Gastlichkeit.

***__Rica Hotel Gamla Stan__, Lilla Nygatan 25, Stockholm, Tel. 08/723 72 50, Fax 08/723 72 59, www.rica.se. Das ruhige, komfortable Hotel liegt zentral in der südlichen Altstadt.

**__Den Röda Båten__, Söder Mälarstrand 6, Stockholm, Tel. 08/644 43 85, Fax 08/641 37 33, www.theredboat.com. Originelles Hotel auf einem Dampfer, der in der Nähe von Slussen im Mälaren-See ankert. Neben Einzel- und Doppelkabinen stehen auch Luxusausführungen wie Offiziers- oder Kapitänskajüte zur Auswahl.

*__Af Chapman__, Flaggmansvägen 8, Stockholm, Tel. 08/463 22 66, Fax 08/611 71 55 , www.stfchapman.com.

Die Jugendherberge ist in einer Dreimast-Segelbrigg untergebracht, die vor der Insel Skeppsholmen vor Anker liegt. Zwei- bis Zehn-Bett-Kabinen stehen zur Auswahl. Im Sommer wird Reservierung dringend empfohlen.

Camping

Bredäng Camping, Stora Sällskapets Väg, Stockholm, Tel. 08/97 70 71, Fax 08/708 72 62, www.camping.se/a04. Schön gelegener Platz am Mälaren-See, 350 m vom Strandbad Mälarhöjdsbadet entfernt (Okt.–März geschl.).

Långholmens Husbilscamping/Autocamper, Långholmen, Stockholm, Tel. 08/669 18 90, www.camping.se/a11. Einfache Stellplätze auf einem geschotterten Parkplatz, doch zur Altstadt sind es nur 2 km entlang dem Söder Mälarstrand. (Sept.–Mitte Juni geschl.).

Restaurants

Agaton, Västerlånggatan 72, Gamla Stan, Stockholm, Tel. 08/20 72 99. Italienisches Restaurant der gehobenen Klasse mit sehr guten Pizzas und anderen Spezialitäten. Im Sommer reservieren.

Berns, Berzelii Park, Stockholm, Tel. 08/614 05 50, www.berns.se. In der Nobelbar mit Restaurant verkehrten einst August Strindberg, Maurice Chevalier und Josephine Baker. Man wählt z. B. Lachs mit Ingwer, Skagen-Toast oder marinierten Krabben.

Fem Små Hus, Nygränd 10, Stockholm, Tel. 08/10 87 75, www.femsmahus.se. In dem Klassiker-Lokal in der Altstadt tafelt man inmitten von erlesenen Antiquitäten. Unter den kulinarischen Kreationen ist das Kalbfilet ›Anna Lindberg‹ zu empfehlen, ferner Rentier, Entenbrust oder Zitronenlachs.

Gondolen, Stadsgården 6, Stockholm, Tel. 08/641 70 90, www.eriks.se. Ein Lift bringt die Besucher zum Terrassenrestaurant in luftiger Höhe mit wunderbarer Aussicht über Gamla Stan. Daneben genießen Gäste geräucherten Lachs, Kaviar oder Kartoffel-Crêpes.

Gyldene Freden, Österlånggatan 51, Gamla Stan, Stockholm, Tel. 08/24 97 60, www.gyldenefreden.se. Altehrwürdiges Lokal mit Kellergewölben von 1730, das gerne von Künstlern und Schriftstellern besucht wird. Auf der Karte stehen sowohl Tournedos mit Entenleber als auch baltischer Hering und Kürbispüree.

In Berns Restaurant genießen die Gäste Essen und Entertainment vom Feinsten

Hermans Trädgårdscafé, Fjällgatan 23 a, Stockholm, Tel. 08/643 94 80, www.hermans.se. Das kleine Restaurant im Norden Södermalms überrascht mit hervorragendem vegetarischen Essen, das man am besten im Garten bei herrlicher Aussicht über die Stadt genießt. Es gibt mittags und abends ein Buffet mit Gemüse und verschiedenen überbackenen Speisen.

TOP TIPP **Operakällaren**, Kungsträdgarden (Eingang), Stockholm, Tel. 08/676 58 00, www.operakallaren.se. Der Opernkeller zählt mit seiner Jugendstileinrichtung und den Stuckarbeiten zu den schönsten Lokalen Stockholms. Serviert wird schwedische und internationale Haute Cuisine wie Hasenfilet oder Zitronenmousse, im Sommer auch auf der Veranda. (tgl. 17–22 Uhr).

Sommerlich leicht wie seine Architektur ist auch die Küche von Ulriksdals Värdshus

Riche, Birger Jarlsgatan 4, Stockholm, Tel. 08/54 50 35 60, www.riche.se. Mittags nimmt man in dem eleganten Restaurant Lachssalat oder Rindercarpaccio, die kräftigere Abendküche wird von ausgezeichneten Desserts gekrönt.

Ulriksdals Värdshus, Ulriksdals Slottspark, Stockholm, Tel. 08/85 08 15, www.ulriksdalswardshus.se. In traumhaft schöner Lage am Südende des Sees Edsviken liegt das seit 1868 bestehende Restaurant mit mehreren Verandas. Es ist für ausgezeichnetes Smörgåsbord (Buffet) bekannt, das sommers von Tafelmusik begleitet wird. Man kann auch extravagante Menüs goutieren, z. B. Hummerfrikassee, Muscheln und Languste auf Kräutertortellini, Champagner-Scholle mit Weintrauben oder Lammfilet mit Auberginen in Rosmarinsaft.

Cafés

Chokladkoppen, Stortorget 20, Gamla Stan, Stockholm, Tel. 08/20 31 70. Studententreff mit kleiner Veranda, spezialisiert auf Süßspeisen, Obstkuchen, hausgemachtes Eis, Kakao und Kaffee.

Indigo, Götgatan 21, Stockholm, Tel. 08/643 58 59. Spezialität der Café-Bar ist die köstliche Karottentorte.

Sundbergs Konditori, Järntorget 83, Stockholm, Tel. 08/10 67 35. Die kleine Konditorei von 1785 soll die älteste der Stadt sein. Kaffee und Tee holen sich die Gäste selbst an einem Samovar, dazu gibt es Imbisse.

2 Vaxholm

Sommerfrische vor den Toren Stockholms.

Ein Labyrinth aus Wasserstraßen, Fjorden, Kanälen und Flussmündungen schlängelt sich um 24 000 kleine und größere Granitinseln – das ist der **Stockholms Skärgård**, der Ostsee-Schärengarten in nächster Nähe zur schwedischen Hauptstadt. Nicht nur **Segler** finden in diesem Revier zwischen Klippen und Holmen, die aus der glitzernden Wasserfläche auftauchen, eine Art Sommertraum. Auch Sonnenanbeter, Angler, Wasserratten und andere Naturfreunde bevölkern an warmen Augusttagen den Schärengarten, lassen auf kleinen Booten Beine und Seele baumeln oder genießen das ruhige Leben in den Schären. Allenthalben sieht man die kleinen faluroten Ferienhäuschen.

Der reizende **Schärenort** Vaxholm (9500 Einw.) wird gerne als Sprungbrett zum Schärengarten bezeichnet. Im Sommer bevölkern unzählige Segelboote, Jachten und Fährschiffe den Gästehafen. Das 1647 gegründete Städtchen selbst wirkt sehr pittoresk, vor allem wegen seiner vielen, oft liebevoll mit Schnitzereien verzierten Holzbauten und Sommerhäuschen, die meist aus dem 19. Jh. stammen. Trutzig wirkt dagegen das auf einer kleinen Insel östlich vor der Stadt liegende **Vaxholm Kastell**. Der Bau der Festung zum Schutz der Wasserstraße nach Stockholm begann 1548 unter Gustav Vasa, war

Militärisch spielt Vaxholm Kastell keine Rolle mehr, doch bieten seine granitgrauen Mauern eine majestätische Kulisse für einen Bootsausflug in den Schären

jedoch erst 1863 beendet. Die mächtigen Granitmauern beherbergen heute das **Försvarsmuseum** (Tel. 08/54172157, www.vaxholmsfastning.se, Juni tgl. 12–16 Uhr, Juli/Aug. tgl. 11–17 Uhr, sonst nach Vereinbarung). Dieses Festungsmuseum befasst sich mit der Entwicklung der verschiedenen Verteidigungsanlagen im Schärengarten.

i Praktische Hinweise

Information

Vaxholms Turistbyrå, Rådhuset, Vaxholm, Tel. 08/54131480, Fax 08/54133653, www.vaxholm.se/turism/de

Schiff

Waxholmsbolaget AB, Tel. 08/6795830, Fax 08/6118407, www.waxholmsbolaget.se. Fähren zwischen Stockholm und seinem östlichen Schärengarten.

Hotel

********Waxholms Hotell**, Hamngatan 2, Vaxholm, Tel. 08/54130150, Fax 08/54131376, www.waxholmshotell.se. Stilvolles Hotel am Hafen. Das Jugendstil-Interieur des 1902 gegründeten Hauses ist zum Teil noch im Original erhalten.

Camping

Waxholm Strand & Camping, Eriksövägen, Eriksö, Vaxholm, Tel. 08/54130101, Fax 08/54130138, www.waxholmstrand.com. Kleiner, kinderfreundlicher Platz an der bewaldeten Westküste der Insel, an einer Bucht des Vaxholmsfjorden gelegen.

3 Björkö

Die Mälaren-Insel war in der Wikingerzeit die Wiege des schwedischen Reiches.

30 km westlich von Stockholm liegt im Mälaren-See die flache Insel Björkö. An ihrem Westufer gründeten um 760 Wikinger den Handelsplatz **Birka**. Der archäologisch umfassend dokumentierte Ort gilt als erste nachweisbare Siedlung Schwedens. Zugleich legen die dort ausgegrabenen Fundstücke Zeugnis ab für die weitreichenden Handelsbeziehungen der Nordmänner. Deshalb ernannte 1993 die UNESCO Birka zum *Weltkulturerbe*.

TOP TIPP

Bereits um das Jahr 800 war Birka als wichtiger **Umschlagplatz** für Felle, Pelze, Bernstein und Eisenerze im gesamten

Interessante Kulisse – Modell eines Wikingerdorfes im Birkamuseet

Ostseeraum bekannt. Mitte des 9. Jh. waren Novgorod und Kiew die wichtigsten Handelsstationen auf dem Weg von Björkö nach Byzanz und in die arabische Welt. Während der damaligen Blütezeit lebten etwa 700 Menschen auf der Insel.

Gegen Ende des 10. Jh. aber wurde Birka aus bislang ungeklärten Gründen aufgegeben und seine Bewohner wurden nach Sigtuna [Nr. 5] umgesiedelt. Das einst so stolze Handelszentrum verfiel und der Hafen verlandete. 1871 begannen Ausgrabungen auf Björkö, wobei sich ein **Gräberfeld** aus der Wikingerzeit als besonders ergiebig erwies. Mehr als 3000 Gräber mit z. T. außerordentlich reichen Beigaben halfen, das Leben in Birka um 800 zu rekonstruieren. Viele Fundstücke sind im **Birkamuseet** (Vikingastaden, Tel. 08/56051445, www.raa.se/birka, Juni–Aug. tgl. 10–18.30 Uhr, Mai, Sept. Mo–Fr 10–16, Sa 10–17 Uhr) südlich der Nekropole ausgestellt: Alltagskeramik ebenso wie kunstvoll gearbeitete Wikingerschwerter oder arabischer Schmuck. Außerdem zeigen drei Modelle den Hafen Birkas, wie er sich um die Jahre 830, 900 und 1000 darstellte.

Der bedeutende Handelsort war auch Ziel und Ausgangspunkt christlicher Missionierungsbemühungen. Als erster versuchte hier im Jahr 829 Benediktinermönch **Ansgar** im Auftrag Kaiser Ludwigs des Frommen, Heiden zu bekehren. An ihn erinnert ein von 1834 stammendes wuchtiges *Steinkreuz* auf der höchsten Hügelkuppe der Insel. Bei einem Rundgang auf Björkö kommt man im Südosten an der *Ansgarkapellet* vorbei. Die Einraumkirche mit Chorapsis und Westturm wurde 1930 aus rötlichem Sandstein zu Ehren des ›Apostels des Nordens‹ erbaut.

Für Literaturfreunde und Liebhaber historischer Porträtmalerei ist ein Besuch des malerischen Gripsholms Slott die Krönung ihres Aufenthaltes in Mariefred

i Praktische Hinweise

Schiff

Strömma Kanalbolaget, Skeppsbron 22, Stockholm, Tel. 08/58 71 40 00, Fax 08/ 58 71 40 44, www.strommakanalbolaget.com. Ausflüge von Stockholm oder Mariefred nach Björkö. Im Sommer Inselbesichtigung mit Führer.

4 Mariefred

Kurt Tucholsky und Schloss Gripsholm.

Ende des 15. Jh. entstand das Städtchen ›Marienfrieden‹ bei dem 1493 gegründeten Kartäuserkloster Pax Mariä. Der Konvent bestand nur 33 Jahre, die Ortschaft dagegen mauserte sich zur kleinen *Garnisonsstadt*. Ihren Weltruhm verdankt sie **Kurt Tucholsky** (1890–1935), dessen 1931 erschienener Roman ›Schloss Gripsholm‹ diesen bei Mariefred gelegenen Wohnsitz so liebevoll beschreibt. Auf dem *Friedhof* von Mariefred ist unter einer alten Eiche auch das Grab des von den Nazis verfolgten deutschen Schriftstellers zu finden, der sich hier im schwedischen Exil das Leben nahm.

Das auf einem Landvorsprung am Mälaren-See gelegene **Gripsholms Slott** (www.royalcourt.se, Mitte Mai–Mitte Sept. tgl. 10–16 Uhr, sonst nach Vereinbarung) ist eines der besterhaltenen Vasa-Schlösser des Landes. Es geht auf eine Festung zurück, die der Adelige Bo Jonsson Grip 1377 errichten ließ. Gustav Vasa gab der Burg bei einem Umbau 1537 ihr heutiges Aussehen, das vor allem durch die vier markanten runden Ecktürme geprägt wird. Noch immer kontrastiert das warme Ziegelrot der Mauern effektvoll mit dem tiefblauen Himmel, wie es Kurt Tucholsky so anschaulich beschrieb.

Politisch tat sich in Gripsholm Bedeutsames. 1547 verkündete Gustav Vasa hier die Erbmonarchie, sein Sohn Erik XIV. hielt in dem Gemäuer bis 1569 seinen Bruder Johan gefangen, der kurz darauf anderenorts seinerseits Erik inhaftierte und ihn dann angeblich vergiften ließ. Später nutzten mehrere Königinnen das Schloss, an das 1690 der repräsentative Königinnenflügel angebaut wurde. Prinzessin Lovisa

Ulrika etablierte 1744 die **Porträtsammlung**, die heute mit 4000 Gemälden die bedeutendste Schwedens ist. Außerdem ist in Gripsholm luxuriöses **Interieur** vom 16.–19. Jh. zu sehen. Eine Perle des gustavianischen Stils ist das 1773 für König Gustav III. errichtete Slottsteater. Das opulent dekorierte Theater ist samt Kulissen und Ausstattung original erhalten.

Bei Tucholsky erwähnt und noch heute in Betrieb ist die Dampfeisenbahn, die während der Sommermonate täglich den properen gelben Bahnhof von Mariefred ansteuert. Diese Schmalspur-Museumsbahn der **Östra Södermanlands Järnväg** (Tel. 01 59/210 06, www.oslj.nu) von 1900 bringt Passagiere in 15 Min. nach Läggesta, wo Anschluss an das Stockholmer Schnellbahnnetz besteht.

Ausflug

Bei Sundbyholm nördlich von Eskilstuna finden sich in lichtem Laubwald auf dem Ramundsberget die bemerkenswerten Felsritzungen **Sigurdsristningen**, die eine Fläche von 2 x 4,6 m bedecken. Sie entstanden um 1030 und zeigen, von einem Runenband umgeben, Motive aus der *Völsungasagan*, der nordischen Variante des Nibelungenliedes. Zu sehen sind z. B. Sigurd-Siegfrieds Kampf mit der Schlange und ein geköpfter Zwerg.

TOP TIPP

i Praktische Hinweise

Information

Mariefreds Turistbyrå, Rådhuset, Mariefred, Tel. 01 59/296 99, Fax 01 59/297 95, www.strangnas.se

Hotel

TOP TIPP

******Gripsholms Värdshus & Hotell**, Kyrkogatan 1, Mariefred, Tel. 01 59/347 50, Fax 01 59/347 77, www.gripsholms-vardshus.se. Schwedens ältester und für viele auch schönster Gasthof (1607) samt modernem Romantikhotel entspricht höchstem Standard. Historischer Keller aus dem 15. Jh., beste Küche mit Spezialitäten des Landes.

Restaurant

Gripsholms Slottspavillon, Slott Gripsholm, Mariefred, Tel. 01 59/100 23, www.gripsholmsslottspaviljong.se. Der moderne Pavillonbau im Schlossgarten bietet neben Sandwiches und Toasts auch eine schöne Aussicht über den Mälaren.

5 Sigtuna

In der ältesten noch bewohnten Stadt Schwedens wird Geschichte greifbar.

Im Jahr 980 gründete König Erik Segersäll am Nordufer des Mälaren die Siedlung Sigtuna. Sie hatte über die Jahrhunderte hinweg Bestand, war bis ins 12. Jh. christliches Zentrum sowie Münzpräge. Damit gilt Sigtuna zwar als älteste Stadt Schwedens, wirkt jedoch lebhaft und freundlich, mit pittoresken Holzhäuschen, romantischen Cafés und einladenden Kunsthandwerksbetrieben. Im Sommer kommen viele Tagesgäste mit Ausflugsbooten von Stockholm oder Uppsala und streifen durch die mittelalterlichen Straßen des Städtchens.

Die zahlreichen **Kirchenruinen** gehören zu den größten Sehenswürdigkeiten Sigtunas. Um 1100 luden fünf Gotteshäuser zum Gebet, doch fielen sie bis auf die Maria Kyrka [s. u.] Piratenüberfällen, Bränden oder Vernachlässigung im Zuge der Reformation zum Opfer. Von den romanischen Kirchen St. Lars, St. Per und St. Nikolai sind noch Ruinen erhalten, ebenso von **St. Olof**, dessen malerische Überreste sich inmitten des städtischen Friedhofs erheben.

Die älteste noch intakte Kirche von Sigtuna ist die **Maria Kyrka**, die um 1230 von Dominikanermönchen aus Backstein errichtet und 1248 geweiht wurde. Der Chor trägt romanische Züge, das Kirchenschiff weist gotische Elemente auf. Gegen Ende

Die Sigurdsristningen zeigt unterhalb des Runenbandes einen mächtigen Schwertträger

Leuchtendes Beispiel der Symmetrie: der quadratische Bau von Skokloster Slott besteht aus vier identischen Flügeln, an deren Ecken vier gleichartige oktogonale Türme platziert sind

des 13. Jh. kamen der Gewölbebogen im Langhaus und ein Kupferdach hinzu, womit der Bau in der heute erhaltenen Form vollendet war. Den Chor schmücken geschnitzte Apostelfiguren aus dem 14. Jh. sowie ein Taufbecken aus dem 12. Jh., das älter ist als die Kirche selbst.

Sehenswert ist auch das **Sigtuna Rådhus** (Juni–Aug. tgl. 12–16, Sept.–Mai Sa/So 12–16 Uhr), ein kleiner, orange gefärbter Holzbau mit Uhrturm am zentralen Marktplatz, der 1745 vom damaligen Bürgermeister Kihlman entworfen und erbaut wurde. Unweit davon eröffnete im Hof des Anwesens **Lundströmska Gården** (Juni–Aug. tgl. 12–16,, Sept.–Mai Sa/So 12–16 Uhr) 1873 die erste Gemischtwarenhandlung der Stadt. Sie bestand bis 1904, heute ist der Laden mit seiner Originalausstattung als Museum der Alltagskultur des 19. Jh. eingerichtet. Sehenswert ist das **Sigtuna Museum** (Stora Gatan 55, Tel. 08/59 12 66 70, Juni–Aug. tgl. 12–16, Sept.–Mai Di–So 12–16 Uhr) am Lilla Torget, das anhand von Ausgrabungsfunden die Stadtgeschichte vorstellt.

Skokloster Slott

TOP TIPP Knapp 20 km nordwestlich von Sigtuna liegt das bedeutende **Barockschloss** (Tel. 018/38 60 77, www.lsh.se, April Sa/So 11.30–16 Uhr, Mai tgl. 10.30–16 Uhr, Juni–Aug. tgl 10.30–17 Uhr, Sept. Mo–Fr 12.30–16, Sa/So 11.30–16 Uhr, Okt. Mo–Fr 12.30–14, Sa/So 11.30-16 Uhr) in einer herrlichen Parklandschaft am Ufer des Ekoln-Sees. Skokloster Slott ist ein quadratisch um einen Innenhof angelegter stolzer Bau mit vier achteckigen Ecktürmen. Auftraggeber war 1654 Graf Carl Gustaf Wrangel (1613–1676). Im Dreißigjährigen Krieg war dem Feldmarschall beträchtliche Beute zugefallen: wertvolle Waffen, Fayencen, Textilien und Silberschmuck, mit denen er seinen Landsitz prunkvoll ausstattete. Auch architektonisch präsentiert sich das weiße Märchenschloss als Abbild des 17. Jh., von den Gesinderäumen im Erdgeschoss über Speisesaal und stuckverzierte Privatgemächer im ersten sowie Gästezimmer und Bankettsaal im zweiten Stock.

i Praktische Hinweise

Information

Sigtuna Turistbyrå, Stora Gatan 33, Sigtuna, Tel. 08/59 48 06 50, Fax 08/59 48 06 59, www.sigtuna.se

Hotel

*******Sigtuna Stadshotell**, Stora Nygatan 3, Sigtuna, Tel. 08/59 25 01 00, Fax 08/59 25 15 87, www.sigtunastadshotell.se. Kleines Luxushotel mit 27 gemütlich eingerichteten Zimmern.

Restaurant

Farbror Blå, Stora Torget 4 d, Sigtuna, Tel. 08/59 25 60 50. Lokal mit feiner Küche. Die Salate sind ein Gedicht. Im Sommer kann man im Freien speisen.

Café

Tant Bruns Kaffestuga, Laurentii Gränd 3, Sigtuna, Tel. 08/59 25 09 34. Gemütliches

Kaffeehaus aus dem 16. Jh. mit Tischen auch im Freien. Leckere Backwaren und Kuchen werden täglich frisch zubereitet.

6 Uppsala

Plan Seite 44

Geistiges Zentrum Schwedens mit Skandinaviens ältester Universität

Lebhaft und weltoffen gibt sich die alte **Universitätsstadt**. Von den 180 000 Einwohnern Uppsalas sind rund 37 000 Studenten. Touristen besuchen hier meist den kulturhistorisch bedeutsamen Dom und das prächtige Vasa-Schloss. Kunst und Vergnügen kommen in der viertgrößten Stadt Schwedens ebenfalls nicht zu kurz: Zahlreiche Museen, Galerien und Theater tragen zu einem vielfältigen Kulturangebot bei, das Ostufer lädt mit Einkaufsstraßen, Cafés und Parks zu einem Bummel ein.

Geschichte An der Mündung des Flüsschens Fyrisån in den Ekolnsee entstand um 500 der kleine Hafen **Östra Aros**. Nördlich davon befand sich eine heilige Stätte und eine Siedlung des Wikingerstammes der Svear, das heutige Alt- oder **Gamla Uppsala**. 1164 übersiedelte der Erzbischof von Sigtuna hierher, als Ausdruck des christlichen Sieges über den heidnischen Glauben. 1273 wurde der **Bischofssitz** ein zweites Mal verlegt, dies-

Ein freundliches Willkommen und gutes Backwerk beschert Sigtunas Tant Bruns Kaffestuga

mal in das verkehrsgünstiger gelegene Östra Aros, das bei dieser Gelegenheit in Uppsala umbenannt wurde. 200 Jahre später sicherte Erzbischof Jakob Ulvsson der Stadt nachhaltiges Wachstum, als er 1477 hier die erste **Universität** Skandinaviens gründete. Zwar wurde auch sie wie die ganze Stadt durch den verheerenden Brand 1702 in ihrer Entwicklung gehemmt, doch im 18. Jh. lehrten an ihr wieder Wissenschaftler von Weltgeltung, etwa der Astronom Anders Celsius (1701–1744) oder der Botaniker Carl von Linné (1707–1778).

Auch städtebaulich ist der Dom für Uppsala von herausragender Bedeutung

Besichtigung Die beiden viereckigen, je 118 m hohen Westtürme der TOP TIPP **Domkyrkan** 1 (Domkyrkoplan 7, Tel. 018/18 71 73, www.uppsaladomkyrka.se, Mai–Aug. tgl. 8–18, Sept. Mo–Fr 8–16, Sa, So 8–18, Okt. Mo–Fr 8–16, Sa 10–18, So 8–18, Nov.–April So–Fr 8–18, Sa 10–18 Uhr) bestimmen im Zentrum von Uppsala am Westufer des Fyrisån das Stadtbild. Offizieller Baubeginn war 1287, doch wurde die dreischiffige Backsteinbasilika erst im Jahr 1435 eingeweiht. Ihr heutiges neogotisches Erscheinungsbild verdankt sie Helgo Zettervall, der 1885–93 eine Restaurierung leitete.

Durch das Westportal und die Vorhalle gelangt man in das schlichte, durch eine doppelte Pfeilerreihe strukturierte *Kircheninnere*. Seitenkapellen säumen durchgängig den Chor sowie das 27 m hohe und 107 m lange Hauptschiff, unterbrochen lediglich von einem kurzen Querschiff. Unmittelbar hinter dem Hauptaltar dient die **Marienkapelle** seit dem 16. Jh. als Grabstätte der Familie Vasa. Den wappengeschmückten marmornen Sarkophag schuf Willem Boy 1583 als letzte Ruhestätte für König Gustav Vasa (1523–1560) und zwei seiner drei Ehefrauen. Auf der von vier eckigen Säulen geschmückten Deckplatte ruhen Liegefiguren der drei Verstorbenen. In der **Finsta-Kapelle** links davon birgt ein um 1573 entstandener vergoldeter Reliquienschrein die sterblichen Überreste König Eriks des Heiligen († um 1160), des Schutzpatrons von Schweden. Auch der einflussreiche Reichskanzler Axel Oxenstierna (1583–1654) ist hier bestattet, in der **Andreaskapelle** im Süden des Chors. Am nordwestlichen Pfeiler des Langhauses befindet sich die schlichte Grabplatte des Botanikers Carl von Linné (1707–1778). Die barocke *Kanzel* schuf Burchard Precht 1706–09 nach Plänen von Nicodemus Tessin d. J. Den *Hochaltar* schmücken geschliffene Kristalle sowie ein darüber hängendes 3 m hohes silbernes Kreuz.

Im nördlichen der beiden Kirchtürme zeigt das **Skattkammaren Domkyrko Museum** (Mai–Sept. Mo–Sa 10–17, Fei 12.30–17 Uhr, Okt.–April Mo–Sa 10.30–13.30, Fei 12.30–16 Uhr) Messgewänder sowie Grabregalien von Gustav Vasa und anderen schwedischen Königen.

Vom Westportal des Domes sind es nur wenige Schritte zum gegenüber liegenden **Gustavianum** 2 (Akademigatan 3, Tel. 018/471 75 71, www.gustavianum.uu.se, Juni–Aug. Di–So 10–16 Uhr, Sept.–Mai Di–So 11–16 Uhr), dem ältesten erhaltenen Universitätsgebäude Uppsalas. Der längliche Bau von 1623 war ein Geschenk von Gustav II. Adolf. 1662/63 erweiterte der vielseitige Olof Rudbeck, Architekt und Mediziner, den Bau um die gewaltige Kuppel. Darunter ließ er das achteckige **Theatrum anatomicum** einrichten, das *Anatomische Theater*, eigentlich ein Vorführraum für Obduktionen. Von den umlaufenden auffällig schmalen, steil aufsteigenden Stehreihen hatten alle Anwesen-

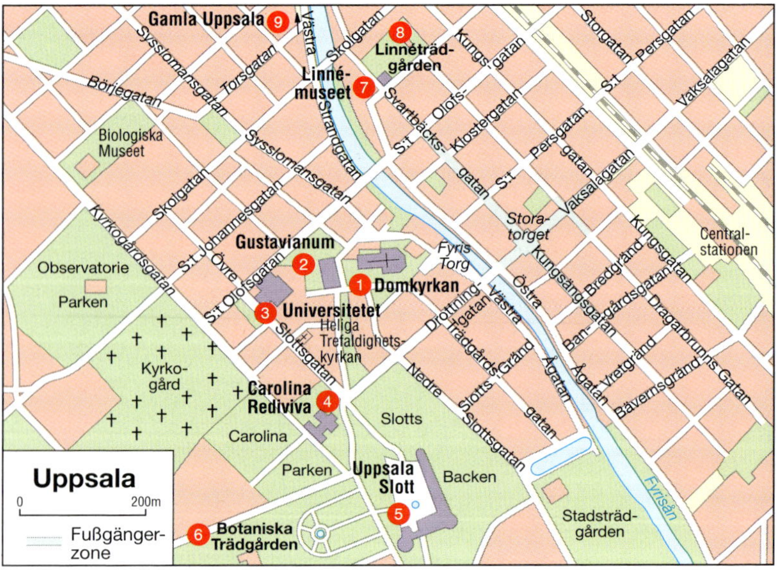

In der Domkyrkan von Uppsala fühlt man sich angesichts der goldverzierten Kanzel und des hoch aufstrebenden Langhausgewölbes dem Himmel ganz nah

den einen guten Blick auf den zentralen Tisch. Der Sezierraum gehört zum **Museumstrakt** des Gustavianum. Dort ist u.a. der **Augsburger Kunstschrank** zu bewundern, ein Geschenk der freien deutschen Reichsstadt Augsburg für Gustav II. Adolf während des Dreißigjährigen Krieges. Der gut 1,5 m hohe zweiflüglige Schrank enthält Kuriositäten, u.a. Edelsteine und konservierte Reptilien.

In dem Park westlich des Gustavianums liegt das zweistöckige Hauptgebäude der **Universitet** 3. Eine Freitreppe führt zum Mittelbau des Gebäudes, das Herman Theodor Holmgren 1887 im Stil der Neorenaissance errichtete. Die prunkvolle *Aula* im Inneren ist mit grünlichem Marmor und vergoldeten Friesen ausgestattet. Weitere Prachtsäle sind im Sommer im Rahmen von Führungen (Tel. 018/4717571) zu besichtigen.

Vorbei an der Dreifaltigkeitskirche *Trefaldighetskyrkan* aus dem 14. Jh. führt der Weg nach Süden zum ausgedehnten Stadtpark, an dessen Rand die Universitätsbibliothek **Carolina Rediviva** 4 (Dag Hammarskjölds Väg 1, www.ub.uu.se, Mo–Fr 8.30–21, Sa 9–18 Uhr) liegt. Das 1841 erbaute H-förmige Gebäude beherbergt rund 5 Mio. Bände und mehr als 30 000 Handschriften, darunter so wertvolle Werke wie die sog. Silberbibel *Codex argenteus* aus dem 6. Jh., eine Abschrift der gotischen Bibelübersetzung des Bischof Wulfila (311–383).

Auf einer Anhöhe liegt **Uppsala Slott** 5, dessen zwei massige Rundtürme es als Vasa-Schloss kennzeichnen. Gustav Vasa hatte das Gebäude 1549 errichten lassen, doch 1702 brannte es beinahe vollständig ab. Carl Hårleman baute die Anlage 1743–62 möglichst originalgetreu wieder auf. Heute nutzten städtische Behörden die Zimmerfluchten. Auch das städtische Kunstmuseum, das **Konstmuseum** (Slottet, Tel. 018/727 24 82, www.uppsala.se/konstmuseum, Di–Fr 12–16, Sa/So 11–17 Uhr) stellt hier die Grafische Sammlung der Universität sowie zeitgenössische Malerei aus. Auch der erst 1928 wieder hergestellte **Rikssalen** gehört zum Museum. Mit seinen grob geschlämmten weißen Mauern und der Holzbalkendecke wirkt er unspektakulär, doch fand hier u.a. die Krönung von Gustav II. Adolf statt sowie im Jahr 1654 die Kronniederlegung der zum Katholizismus übergetretenen Königin Kristina. Im Keller stellt ein **Wachsfigurenkabinett** die wichtigsten historischen Ereignisse aus der Vasazeit nach, darunter blutrünstige Ermordungen aber auch glanzvolle Königskrönungen.

Südwestlich des Schlosses liegt der **Botaniska Trädgården** 6 (Villavägen 8, Tel. 018/4712838, www.botan.uu.se, Garten Mai–Sept. tgl. 7–21 Uhr, Okt.–April tgl. 7–19 Uhr), der Botanische Garten, in dessen Beeten und Glashäusern 13 000 Pflanzenarten kultiviert werden.

Weitere botanische Vielfalt bietet das **Linnémuseet** 7 (Svartbäcksgatan 27, Tel. 018/13 65 40, www.linnaeus.se, Mai–Sept. tgl. 11–17 Uhr) im Norden der Stadt am Ostufer des Fyrisån. Das gelbe einstöckige Steinhaus beherbergt Carl von Linnés Naturaliensammlung, seine Bibliothek und sein Arbeitszimmer. Im angegliederten **Linnéträdgården** 8 (Svartbäcksgatan 27, Tel. 018/471 28 38, www.linnaeus.uu.se, Mai–Sept. tgl. 11–20 Uhr) sind heute die rund 1300 Gewächsarten wieder in der Ordnung zu besichtigen, wie Linné sie 1745 angepflanzt hatte. Bereits 1655 hatte Olof Rudbeck den Garten für die Universität angelegt, aber erst Linné hatte ihn ab 1730 nach wissenschaftlichen Gesichtspunkten umgestaltet und genutzt.

Ausflug

Etwa 5 km nördlich des modernen Uppsala liegt das Gelände von **Gamla Uppsala** 9, wo Wikinger bis ins 11. Jh. ihre vorchristlichen Götter verehrten. Dort ragen Grabhügel auf, von denen drei um das Jahr 500 für Aun, Egil und Adil, Svear-Könige der Wendelzeit, errichtet wurden. Daneben führt das **Gamla Uppsala Museum** (Disavägen, Tel. 018/23 93 00, www.raa.se, Mai–Aug. tgl. 11–17 Uhr, Sept.–April Mi, Sa/So 12–15 Uhr) anhand von archäologischen Funden in die Geschichte Alt-Uppsalas ein.

Die kleine steinerne **Gamla Uppsala Kyrka** nebenan war in der ersten Hälfte des 12. Jh. als Dom des Erzbischofs von Schweden erbaut worden. Damals war sie

Linné mit Pflanzen und Schamanenutensilien nach seiner Lapplandreise

Das Vermächtnis des Blumenkönigs

Das kleine Anwesen **Linnés Hammarby** (Tel. 018/471 28 38, www.hammarby.uu.se, Mai–Sept. Park tgl. 11–20, Museum tgl. 11–17 Uhr) 12 km südlich von Uppsala, war im 18. Jh. ein Zentrum der Wissenschaft. Hier lebte, forschte und lehrte von 1762 bis zu seinem Tod am 10. Januar 1778 der Naturforscher und Botaniker **Carl von Linné**. Der kleine quadratische Pavillon auf der Anhöhe hinter dem Wohnhaus war Linnés Arbeitsraum. Die gesamte Ausstattung von den Pflanzentrommeln bis zu den Herbarschränken ist originalgetreu erhalten. Außerdem ist auf dem Anwesen ein **Naturlehrpfad** eingerichtet.

Linné wurde am 23. Mai 1707 im småländischen Råshult als ältester Sohn des Landpfarrers Linnaeus geboren. Nach dem Studium der Medizin unternahm der junge Carl ausgedehnte **Studienreisen** durch Schweden, u. a. nach Lappland, sowie nach England, Frankreich und in die Niederlande, wo er in Gewächshäusern exotische Pflanzen studierte. In Holland veröffentlichte er 1735 auch sein Hauptwerk **Systema naturae**. Darin stellte er das **Linnésche System** vor, eine bahnbrechende systematische Ordnung der Pflanzen- und Tierwelt, die noch heute gilt. Nach dieser **binären Namensgebung** erhält jede Pflanze und jedes Tier zur zweifelsfreien Bestimmung einen Gattungs- und einen Artnamen. Linné selbst verewigte sich mit dem wissenschaftlichen Terminus **Linnea borealis** für das Moosglöckchen. Das L. hinter der lateinischen Bezeichnung einer Pflanze besagt übrigens, dass Linné diese selbst beschrieben und benannt hat.

1739 wurde der gefeierte Naturkundler zum **Präsident** der Stockholmer Akademie der Wissenschaften ernannt. Zwei Jahre später folgte er dem Ruf als **Professor** der Anatomie und Medizin an die Universität Uppsala, 1742 wechselte er dort zum Fachbereich Biologie. 1747 krönte der Adelstitel Linnés Laufbahn.

Zu jeder Jahreszeit lohnt sich ein Spaziergang durch den Linnéträdgården beim Linnémuseet, den der namengebende Botaniker im Jahr 1745 eigenhändig angelegt hatte

etwa um die Hälfte größer, doch bestanden das Querhaus und der größte Teil des Langhauses aus Holz, das die Jahrhunderte nicht überstand. Chor und Vierungsturm sind jedoch original erhalten.

i Praktische Hinweise

Information

Uppsala Turist & Kongress, Fyristorg 8, Uppsala, Tel. 018/727 48 00, Fax 018/13 28 95, www.uppland.nu

Hotel

*****First Hotel Linné**, Skolgatan 45, Uppsala, Tel. 018/10 20 00, Fax 018/13 75 97, www.firsthotels.com. Zentral gelegenes Hotel. Beim Frühstück blickt man über den Linnéträdgården.

Restaurant

Odinsborg, Gamla Uppsala, Uppsala, Tel. 018/32 35 25, www.odinsborg.com. Rustikales Lokal, in dem wie in Wikingerzeiten Met in Trinkhörnern gereicht wird.

Für ihre toten Könige errichteten vorchristliche Svear Grabhügel bei Gamla Uppsala

Westliches Südschweden – Schären, Sandstrände und Seen

Die dichten Wälder von **Dalsland** werden aufgelockert durch Berghöhen, lang gestreckte Seen und gemächlich dahin ziehende Flüsse – ein wahres Dorado für *Kanuten* und *Wanderer*. Südlich schließt sich der Bezirk **Bohuslän** an, der wegen seiner reizvollen Schärenküste bei *Badegästen* und *Seglern* sehr beliebt ist. Dass die Gegend bereits früh besiedelt war, beweisen bronzezeitliche Felsritzungen, etwa bei **Tanum**. Zentrum der Region ist **Göteborg**, die zweitgrößte Stadt Schwedens. Ihre denkmalgeschützte Altstadt um den historischen Hafen kann mit prächtigen Handelshäusern aus dem 18. Jh., königlichen Parks und sehenswerten Museen aufwarten.

Die Südspitze Schwedens nehmen die drei Provinzen Skåne, Halland und Blekinge ein. **Halland** im Westen ist von kilometerlangen Sandstränden und geschichtsträchtigen Orten wie Halmstad geprägt. Südlich davon liegt die ›Kornkammer‹ **Skåne**. Die liebliche Landschaft erinnert an Dänemark, zu dem die Region bis 1658 gehörte. Entsprechend starke dänische Einflüsse weisen die Hafenstädte **Helsingborg** und **Malmö** in Architektur und Lebensart auf.

Nach Osten zu breiten sich zwischen fruchtbaren Äckern und vielgestaltigen Seen die Laubwälder von **Blekinge** aus. Abgerundet wird die landschaftliche Vielfalt dieser Provinz durch die schönen Sandstrände entlang der Küste, vor allem um die alte Hafenstadt **Karlskrona**.

7 Dalsland

Der Dalslandkanal führt beschaulich durch die wald- und wasserreiche Provinz.

Tresticklans Nationalpark – Håverud – Bengtsfors

Dalsland, mit 4136 km² Fläche eine der kleinsten schwedischen Provinzen, liegt zwischen der Westküste und dem Vänernsee. Dichte Wälder bedecken die hügelige Landschaft, vielfach durchzogen von Flussläufen, Bächen und Seen. Die üppige Vegetation fördert einen ungewöhnlichen Tierreichtum, vor allem *Vogelliebhaber* kommen auf ihre Kosten. Im **Tresticklans Nationalpark** wurden sogar Luchse gesehen. Und auch wegen des alten Baumbestandes lohnt sich eine Wanderung durch den knapp 3 km² großen Park. Vom Ostufer des Sees Stora Le zweigt bei Rävmarken ein ausgeschilderter besserer Feldweg zum Weiler *Råbocken* ab, an dem eine Informationstafel den Eingang zum Park anzeigt.

Oben: *Typisch Tresticklans Nationalpark: In den Wäldern liegt ein ruhiger See*
Unten: *Schärenromantik pur findet man an der Westküste im Bohuslän*

Archäologische Funde weisen darauf hin, dass die Region schon im 6. Jahrtausend v. Chr. von nomadisierenden Jägern und Sammlern besiedelt war. Bis in die Neuzeit hinein blieb es freilich ruhig in Dalsland. Doch im 19. Jh. förderte man in der Nachbarprovinz Värmland große Mengen Eisenerz und schlug für dessen Verhüttung in den Wäldern von Dalsland ungeheure Mengen Holz. Der Abtransport der Stämme erfolgte u. a. über den 1868 eingeweihten **Dalslands Kanal** (www.dalslandskanal.se). Dieses insgesamt 254 km lange Kanalnetz, dessen Ausläufer von dem Städtchen Köpmannebro am Vänern bis Töcksfors an der norwegischen Grenze reichen, verbindet größtenteils natürliche Wasserwege; nur rund 10 km wurden angelegt.

Holzverarbeitung und Energiegewinnung aus Wasserkraftwerken blieben nach dem Niedergang der Eisen verarbeitenden Industrie Ende des 19. Jh. die wichtigsten Einnahmequellen der Region. Dazu kommt in jüngster Zeit der Tourismus, seit sich das Dalsland als **Kanurevier** einen Namen gemacht hat. Dazu trug der Dalslands Kanal maßgeblich bei, bietet er doch abwechslungsreiche Fahrten, sei es auf seinen Flüssen und Seen oder auf den mit insgesamt 31 Schleusen versehenen Kanalstrecken.

TOP TIPP Paradeschleuse ist die 1864–68 errichtete **Bron i Håverud**, der sog. Aquädukt von Håverud. Bei dem gleichnamigen Städtchen musste die enge Schlucht zwischen Aklången- und Häljensee überwunden werden. Der Kanalbauingenieur Nils Ericsson erdachte dazu einen 32 m langen, 5 m breiten gusseisernen Aquädukt mit einer schiffstauglichen Fahrrinne, der die Schlucht überspannt und zwei Schleusenkammern an seinen Enden verbindet. Einige Meter über der Schleuse verläuft seit 1925 eine gleichfalls eiserne Eisenbahnbrücke, um 1930 vervollständigte eine wiederum darüber erbaute Bogenbrücke aus Beton für den Straßenverkehr diese technische Kuriosität.

In dem kleinen weißen Holzhäuschen des **Kanalmuséet** (Tel. 05 30/306 24, Mai–Sept. tgl. 10–18 Uhr) wird der Bau des Kanals anhand alter Fotografien und Zeichnungen veranschaulicht. Vor dem Museum legen die Ausflugsschiffe an, die im Sommer zwischen Håverud und dem 25 km nördlich gelegenen Bengtsfors verkehren.

In den Schleusen des Dalslands Kanals erreichen Kanuten mühelos ein höheres Niveau

Das an sich unspektakuläre Städtchen **Bengtsfors** (3500 Einw.) an der Südspitze des lang gestreckten Sees *Lelången* entwickelte sich zur Hochburg der Kanuurlauber. Neben Touren auf dem Kanal sind auch Rundfahrten auf den umliegenden Seen möglich, etwa durch den Lelången über den Västra Silen in den Svärdlången und über den Laxsjön zurück nach Bengtsfors (60 km). Dort kann man im Freilichtmuseum **Gammelgården** (Tel. 05 31/126 20, www.gammelgarden.com, Mai–Sept. tgl. 11–18 Uhr, März–April, Okt–Nov Di–Fr 12–16 Uhr) am Hügel Majberget besichtigen. Es liegt aussichtsreich oberhalb des Lelången und besteht aus gut 20 Wirtschaftsgebäuden aus dem 19. Jh., darunter Schmiede, Kate und Soldatenbaracke.

i Praktische Hinweise

Information

Bengtsfors Touristbyrå, Sågudden 1, Bengtsfors, Tel. 05 31/52 63 55, Fax 05 31/52 60 18, www.turism.bengtsfors.se

Ausflug

Storholmens Rederi AB, Bengtsfors, Tel. 05 31/106 33, Fax 05 31/211 16, www.storholmen.com. Ausflugsfahrten zwischen Bengtsfors und Mellerud über Håverud, wahlweise mit dem Schiff auf dem Dalslandskanal oder per Bahn an ihm entlang (Dauer jew. 1 Std.).

Sport

Silverlake Canoeing, Brogatan, Bengtsfors, Tel. 05 31/121 73, www.silverlake.se. Kanu- und Ausrüstungsverleih sowie Fahrradtouren durch die umliegenden Wälder.

Hotels

***__Baldersnäs Herrgård__, Baldersnäs 22, etwas nördlich von Dals-Långhed, Tel. 05 31/412 13, Fax 05 31/412 45, www.baldersnas.com. Der schlossähnliche Bau mit exklusiven Zimmern liegt in einem prächtigen Garten unmittelbar am Dalslands Kanal. In der Umgebung locken die 8 km lange Strandpromenade sowie ein Botanischer Garten.

Die hölzerne Smögenbryggan lädt zum Spaziergang zwischen Bootshäuschen und Kai

****Hotel 38:an**, Kinadalsvägen 5 a, Bengtsfors, Tel. 05 31/105 50, Fax 05 31/ 611 61, www.hotell38an.se. Einfaches Hotel mit zweckmäßigen Zimmern und reichhaltigem Frühstücksbuffet.

Camping

Dalsland Camping & Kanotcentral, 2 km nordwestlich von Bengtsfors, zwischen Lelångjön und Ärtingenjön, Tel. 05 31/100 60, Fax 05 31/100 70, www.dalslandscamping.se. Großer städtischer Campingplatz mit einigen Hütten, Restaurant, Kanuverleih und Badestrand.

Restaurant

Falkholt's Gestgifveri, Steneby, Dals-Långhed, Tel. 05 31/350 70, www.falkholt.com. Gemütlicher Landgasthof an einem See. Zu den Spezialitäten gehören *Lachsschnitzel* und *Lammfilet*.

8 Smögen

TOP TIPP *Zauberhafter Schärengarten, durchsetzt von glatten Granitfelsen.*

Herrlich ist es, im warmen südschwedischen Sommer auf einem kleinen Boot an der Küste des **Bohuslän** entlang zu schippern, die vom Svinesund an der norwegischen Grenze bis Göteborg reicht. Sie ist stark zerklüftet und löst sich im Blau des Skagerrak in zahlreiche flache Inselchen und Förden auf – ein typischer **Skärgård** (Schärengarten). Im Juli und August herrscht in den vielen kleinen Häfen der Region reges Treiben, dann ankern hier zahllose Jachten und Segelboote.

Smögen, einer der meistbesuchten **Schärenorte** und heute einer der größten Fischerhäfen der Westküste, war einst nur eine kleine Fischersiedlung. Deren Häuschen am Meeresstrand nehmen sich nun außerordentlich pittoresk aus und der ca. 1 km am Hafen entlang führende Holzsteg, die **Smögenbryggan**, ist geradezu berühmt. Scharen von Touristen strömen zur Urlaubszeit an diesen Pier, um die Mischung aus bunten Bootsschuppen am Ufer und blanken Granitfelsen im Wasser zu bestaunen. Entlang der Hafenmole siedelten sich zunehmend Boutiquen, Imbissstände und Souvenirläden an, sodass während der Sommermonate leicht der Eindruck entsteht, hier fände ein Volksfest statt.

i Praktische Hinweise

Information

Smögen Turistinformation, Torget, Smögen, Tel./Fax 05 23/375 44, www.smogen.se (Juni–Aug.)

Camping

Solvik Camping, Kungshamn, Tel. 05 23/ 188 90, Fax 05 23/188 97, www.solvikscamping.se. Angenehmer Platz auf ebener Wiese an der Schärenküste. Es gibt auch Campinghütten. Zum Sandstrand ist es nicht weit (Ende April–Aug.).

Hotel

*****Smögens Havsbad**, Hotellgatan 26, Smögen, Tel. 05 23/66 84 50, Fax 05 23/ 66 84 55, www.smogenshavsbad.se. Hübsches Hotel auf einer kleinen Schäreninsel ganz nahe am Ufer. Die 46 Zimmer sind einfach, doch freundlich ausgestattet. Der Frühstücksraum mit Terrasse geht zum Meer hin.

9 Tanum

Jagdzauber oder frühzeitliche Bilderbücher? – Anschauliche Urgeschichte.

Bohuslän ist ausgesprochen reich an **ur- und frühgeschichtlichen Zeugnissen**. Bei einem Ausflug durch die sanfthügelige Landschaft kann man prähistorische und bronzezeitliche Grabfelder, Felszeichnungen oder Steinlabyrinthe entdecken.

Besonderen Stellenwert nehmen die Felszeichnungen von Tanum ein, die 1994

Was will uns der Künstler damit sagen? Das Vitlyckemuseet erklärt ›Wikinger-Grafittis‹

von der UNESCO zum *Weltkulturerbe* erklärt wurden. Etwa 1000 v. Chr. ritzten frühe Siedler diese **Tanums Hällristningar** in einem ausgedehnten Waldgebiet beim heutigen Dorf Tanumshede in mehrere Quadratmeter große liegende Felsplatten. Die meisten der bisher auf einer Fläche von etwa 200 m² freigelegten 10 000 Piktogramme wurden in der Neuzeit mit rostroter Naturfarbe nachgezogenen, damit Betrachter sie besser erkennen können. Deutlich sieht man Waffen tragende Krieger, ein Liebespaar, ein Schiff, einen pflügenden Bauer, Hirsche, Pferde und Sonnenräder. Fachleute vermuten, dass die Bilder die Mächte gnädig stimmen sollten, denen sich die Menschen der skandinavischen Bronzezeit (1000–500 v. Chr) ausgeliefert glaubten. Denkbar ist auch, dass die Darstellungen durch Magie Handelsglück, fruchtbare Ernten oder gutes Wetter bewirken sollten.

Das benachbarte **Vitlyckemuseum** (www.vitlyckemuseum.se, April Sa/So 10–16 Uhr, Mai–Aug. tgl. 10–18 Uhr, Sept. Di–So 10–16 Uhr, Okt.–März nach Vereinbarung) präsentiert eine didaktisch und optisch äußerst gelungene Ausstellung zu den Steinritzungen und zum Leben der Menschen in der Bronzezeit. Gegenüber dem Museumsbau im Blockhausstil beeindruckt die 22 m lange *Platte von Vitlycke* mit ihren eindrucksvollen szenischen Darstellungen von Fruchtbarkeitsriten oder dem personifizierten Kampf zwischen Licht und Dunkel.

Außerhalb des Areals des Weltkulturerbes finden sich in einem Umkreis von 20 km noch viele weitere Felsritzungen, Grabfelder, Steinlabyrinthe und Megalithgräber. Südlich von Ulmekärr etwa erstreckt sich bei **Greby** eine gewaltige *Begräbnisstätte* mit 200 Grabhügeln aus der Eisenzeit (500–200 v. Chr.).

i Praktische Hinweise

Information

Tanumshede Touristinformation, Apoteksvägen 7, Sockenmagasinet, Tanumshede, Tel. 05 25/299 91, www.tanumturist.se (Juli/Aug.)

Schildbewehrte Krieger mit Streitäxten, voll bemannte Langboote, Tiere – die ausdrucksstarken Felsritzungen von Tanum vermitteln ein Bild des Lebens vor rund 3000 Jahren

Mächtige Monolithen und Bautasteine weisen den Weg zum Gräberfeld von Greby

Restaurant

Tanums Gestgifveri, Apoteksvägen 7, Tanumshede, Tel. 05 25/290 10, Fax 05 25/ 295 71, www.tanumsgestgifveri.com. Ältestes Gasthaus Schwedens (seit 1663) mit kleinem Hotel. Das vorzügliche Restaurant bietet preisgekrönte Küche, z. B. frische Hummer und Austern aus dem nahen Hafen Grebbestad.

10 Tjörn

Bei Seglern und Sommerurlaubern beliebte Ferieninsel an der Westküste.

Das 166 km² umfassende felsige Tjörn ist über Brücken mit der etwas größeren Schwesterinsel Orust im Norden und mit dem Festland verbunden. Das Leben an diesem Küstenstreifen ist vom Meer bestimmt. Segelregatten, wie die im August ausgetragene **Tjörn Runt**, zählen zu den beliebtesten sommerlichen Aktivitäten.

In **Skärhamn** (5000 Einw.) an der Westseite von Tjörn lohnt sich der Besuch des **Nordiska Akvarellmuseet** (Södra Hamnen 6, Tel. 03 04/60 00 80, www.akvarellmuseet.org, Juni–Sept. tgl. 11–18 Uhr, Okt. –Mai Di/Mi, Fr–So 12–17, Do 12–20 Uhr). In lichten Räumen direkt am Meer zeigt es eine interessante Ausstellung zur nordischen Aquarellkunst und bezieht die Besucher ins Kunstgeschehen mit ein. So kann man an Malkursen teilnehmen oder eigene Werke in Gasträumen präsentieren.

Über die beeindruckende 1070 m lange Straßenbrücke erreicht man Tjörn leicht mit dem Auto, doch kleinere **Nachbarinseln** wie etwa *Dyrö*, *Åstol*, *Tjörnekalv* oder *Härön* lehnen motorisierten Individualverkehr ab. Trotzdem sind die kleinen Schären von weiß getünchten Sommerhäuschen regelrecht übersät. Gäste kommen mit Personenfähren, die in dem Hafenstädtchen *Rönnäng* im Süden von Tjörn ablegen.

i Praktische Hinweise

Information

Tjörns Turistbyrå, Södra Hamnen 10, Skärhamn, Tel. 03 04/60 10 16, Fax 03 04/ 67 16 70, www.bastkusten.se, www.tjorn.se

Hotel

****Hotell Nordevik Skärhamn**, Hamngatan 60, Skärhamn, Tel. 03 04/ 67 03 11, Fax 03 04/67 03 35, www.hotellnordevik.se. Schlichter Holzbau mit zwölf Zimmern mitten in Skärhamn.

Mit seinen faluroten Häuschen am Meer und den weißen Booten auf dem blitzblauen Wasser bietet Tjörn an der Westküste das idyllische Bild einer südschwedischen Schäreninsel

Restaurant

Haddocks, Södra Hamnen, Skärhamn, Tel. 03 04/67 12 90. Fischrestaurant und Café unmittelbar am Meer. Im Sommer mit musikalischem Abendprogramm.

11 Trollhättan

Wasserfall und mächtiges Schleusenwerk am wichtigsten Wasserweg Schwedens.

Etwa 85 km nördlich von Göteborg stürzen bei der Industriestadt Trollhättan (53 000 Einw.) die Wasser des Vänernsees über die markante Geländestufe der **Trollhättefallen** (Mai, Juni, Sept. Sa 15, Juli, Aug. tgl. 15 Uhr) 32 m tief in die Schlucht des Flusses Göta Älv. So imposant das Naturschauspiel einst war, so sehr behinderte der Wasserfall die Lastschifffahrt. 1718 erhielt Ingenieur Christopher Polhem den Auftrag, den Göta Älv zu kanalisieren und an seinem Lauf Schleusenanlagen zu errichten. Eine 1752 eröffnete Schleuse bei Brinkebergskulle machte zunächst den Weg von Trollhättan zum Vänern schiffbar. Der eigentliche **Trollhättekanal** wurde 1800 in Betrieb genommen und überwand die Strecke von den Fällen zum Göta Älv mit acht Schleusenanlagen. 1832 folgte der Anschluss an den **Göta Kanal** [s. S. 89]. Die letzten Erweiterungsarbeiten waren 1975 abgeschlossen.

Neben den Schleusen gewinnt seit 1910 das **Olidan-Kraftwerk** (Tel. 05 20/124 31, www.kreativkraft.se, im Sommer Führungen) aus der Kaskade Energie für die in Trollhättan ansässige Industrie, u. a. Autofabrikation, sodass vom einst wild schäumenden Wasserfall nicht mehr viel zu sehen ist. Doch an **Fallens Dagar** (www.fallensdagar.se, Mittsommerfest im Juli), den Wasserfall-Tagen, wird er feierlich ›losgelassen‹ und rauscht dann ohne Drosselung durch Turbinen für einige Minuten wieder ungehemmt durch sein altes Bett. Zahlreiche Zuschauer genießen den grandiosen Anblick und es herrscht Volksfeststimmung rund um das Wasserspektakel. Der beste Platz ist auf Oskar's Brücke. Bei Nacht wird mit spezieller Beleuchtung noch etwas Magie hinzugefügt.

Die Schluchtstrecke zwischen Staumauer und Schleusen präsentiert sich heute wie ein technisches Freilichtmuseum, denn die 1800, 1844 und 1916 erbauten Schleusenwege sind im Originalzustand erhalten und können besichtigt werden. Das **Kanalmuseum** (Åkersbergsvägen, Tel. 05 20/47 22 00, Juni–Mitte Aug. tgl. 11–19, April/Mai, Sept. Sa/So 12–17 Uhr) in einem Lagerhaus von 1893 an der oberen Schleuse informiert über die Entstehungsgeschichte des Wasserwegs und nennt technische Daten. Heute können z. B. Schiffe mit bis zu 4000 Bruttoregistertonnen und einer Länge von bis zu 88 m gehoben werden.

In einer restaurierten, ehemaligen Fabrikhalle befindet sich das **Saab Bilmuseum** (Åkerssjövägen 10, Tel. 05 20/843 44, www.saabmuseum.com, tgl. 11–16 Uhr). Hier wurde 1937 die Firma Saab zunächst als Flugzeugbauer gegründet. 10 Jahre später begann man mit der Autoproduktion. Heute zeigt das Automuseum ein paar der tollsten historischen Modelle, aber auch Neuwagen und Konzeptfahrzeuge. Sogar der Ur-Saab von 1747 ist zu sehen, der mit seinem aerodynamisch geformten Äußeren stark an ein Flugzeug erinnert.

i Praktische Hinweise

Information

Trollhättans Turistbyrå, Åkerssjövägen 10, Trollhättan, Tel. 05 20/48 84 72, Fax 05 20/48 84 24, www.visittrollhattan.se

Hotel

*****First Hotel Kung Oscar**, Drottninggatan 17, Trollhättan, Tel. 05 20/47 04 70, Fax 05 20/47 04 71, www.firsthotels.se/kungoscar. Gemütliches Haus in Zentrumsnähe mit geschmackvoll eingerichteten Zimmern.

Café

Slusscafeet, an der oberen Schleuse in Trollhättan, Tel. 05 20/41 13 45. Hier kann man mit Aussicht auf die Schleusen Baguettes, Shrimpsschnitten, Salate oder Eis verzehren (Sept.–Febr. geschl.).

12 Göteborg

Plan Seite 56

Sympathische weltoffene Metropole der Westküste.

Schwedens zweitgrößte Stadt (490 000 Einw.) liegt verkehrsgünstig an der Mündung des Göta Älv ins Kattegat. Der weit ins Landesinnere hinein schiffbare Fluss sowie die Verbindung zur Nord- und Ostsee über Skagerrak und Kattegat boten hervorragende Handelsmöglichkeiten, sodass die geschäftige **Hafenstadt** als ›Pforte zum Westen‹ bekannt wurde. Bis heute nutzen Industriebetriebe wie Ericsson, Saab oder Hasselblad den Göteborger Hafen, um ihre Erzeugnisse in alle Welt zu verschiffen.

Auch die Kultur kommt nicht zu kurz: Seit 1885 besitzt Göteborg eine **Universität**, an der heute 51 000 Menschen studieren. Zahlreiche nationale und internationale Kongresse finden hier statt, ebenso große Musik- und Sportveranstaltungen. Zur Beliebtheit der Stadt tragen auch die vielen **Parks** bei, die entlang der historischen Wallanlagen um das Zentrum Göteborgs angelegt wurden, das sich halbkreisförmig um den Hafen am südlichen Ufer des Göta Älv erstreckt.

Geschichte Als im 14. und 15. Jh. an der Ostsee und auf Gotland die Hanse in voller Blüte stand, gab es an Schwedens Westküste lediglich den unbedeutenden Handelsplatz **Lödöse** an der Göta Älv etwa 40 km nördlich des heutigen Göteborg. Ausgesprochen hemmend auf dessen Entwicklung wirkte die norwegische Festung Bohus am gegenüber liegenden Flussufer. Erst 1619 lud Schwedenkönig Gustav II. Adolf ausländische, vor allem niederländische Kaufleute ein, sich am Aufbau einer **Handelsniederlassung** zu beteiligen. Dieses *Gotaborg* entstand in der Nähe der Festung *Älvsborg*, die von den Dänen mehrfach eingenommen worden und ihnen von den Schweden zweimal abgekauft worden war. Am 4. Juni 1621 wurde ein in deutscher Sprache verfasster Privilegienbrief unterzeichnet. Bereits in seinen Anfängen bewies Göteborg **Weltoffenheit**, denn dem ersten Stadtrat gehörten neben sieben Schweden auch zehn Holländer und ein Schotte an.

Der Turm Utkiken – umrahmt von einer modernen Skulptur am Göteborger Hafen

Damals lag Göteborg zum Großteil auf sumpfigem Gelände an der Göta Älv. Niederländische Experten zogen Entwässerungsgräben und bauten die Stadt mit Kanälen, Brücken und Wällen nach dem Vorbild Amsterdams aus. Noch heute erkennt man den einstigen Verlauf des im Zickzack angelegten **Wallgrabens**, der sich mit vorspringenden Bastionen in weitem Halbrund um die Innenstadt am Hafen zog. Die meisten innerstädtischen Grachten allerdings, mit Ausnahme des zentralen *Stora Hamnkanals*, wurden im Laufe des 19. und 20. Jh. zugeschüttet.

Göteborg war mit den drei **Festungen** Skansen Kronan, Skansen Lejonet und Elfsborg entlang der Hafeneinfahrt gesichert und gewann schnell an Bedeutung. 1731 gründeten ihre kapitalstarken Handelshäuser die **Ostindiska Kompaniet**, deren Verbindungen bald bis China reichten. Noch heute zeugen reich verzierte Bürgerhäuser in den Straßen *Norra* und *Södra Hamngatan* vom damaligen Reichtum der Stadt.

Die Inbetriebnahme des Trollhätte- und des Göta Kanals [s. S. 89] sowie der Eisenbahnanschluss 1862 sorgten für weiteren wirtschaftlichen Aufschwung. Zu Beginn des 20. Jh. etablierte sich Göteborg als eine der wichtigsten **Handels-** und **Industriestädte** Schwedens, als am Hafen drei große Schiffswerften gebaut wurden und 1927 der erste Volvo das hiesige Werk verließ. Zudem war und ist Göteborg ein wichtiger **Passagierhafen**.

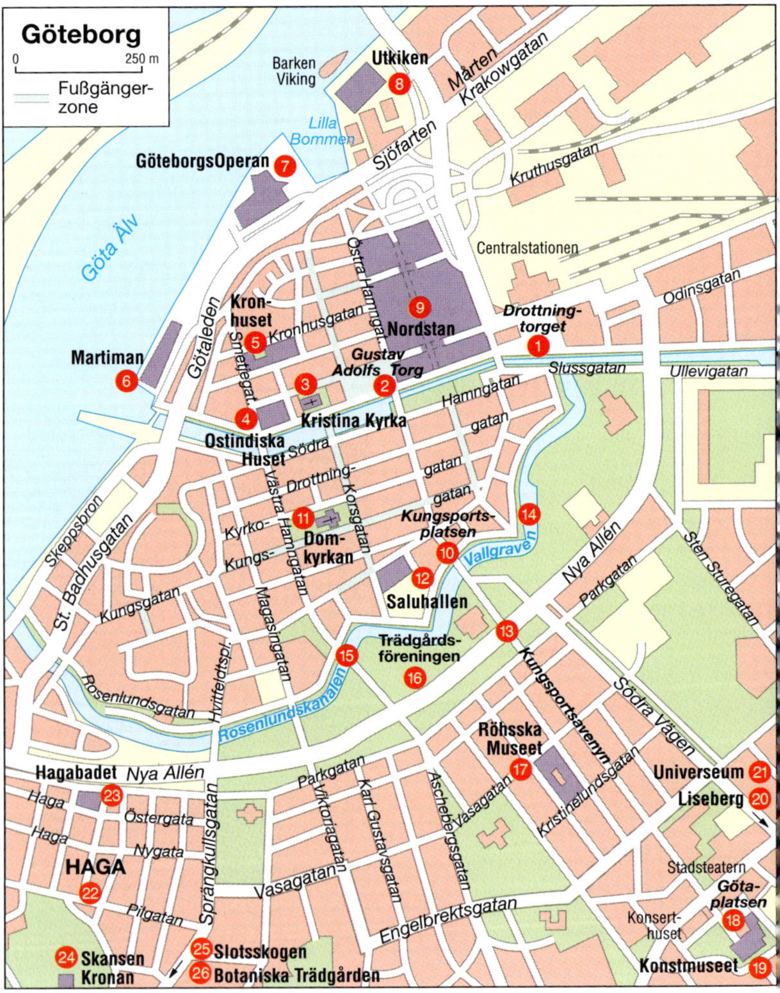

Von hier brachen vor etwas mehr als 100 Jahren Hunderttausende skandinavischer Auswanderer in die Neue Welt auf. Heute bringen die großen Fährschiffe jährlich mehr als 4 Mio. Menschen in die Stadt.

Besichtigung Im Laufe seiner relativ kurzen Geschichte verwüsteten nicht weniger als fünf Großbrände die **Altstadt** Göteborgs, sodass nur wenig historische Bausubstanz erhalten ist. Trotzdem lohnt ein Bummel durch die properen Straßen und Gassen. Als Ausgangspunkt empfiehlt sich der Bahnhofsvorplatz **Drottningtorget** 1, von dem die Norra Hamngatan entlang des Stora Hamnkanalen schnurgerade nach Westen zum **Gustav Adolfs Torg** 2 führt, dem früheren Marktplatz und Zentrum des alten Göteborg. Die stattlichen Häuser ringsum mit ihren weiß-gelben klassizistischen Fassaden bilden ein reizvolles Ensemble. Die Nordseite begrenzt u. a. die 1844–49 nach Plänen von Per Johan Ekman errichtete **Börsen**, die ehem. Börse, heute Sitz des Stadtparlaments. Im Westen befindet sich das **Rådhuset** mit umlaufendem Säulengang und Mittelrisalit, das 1670 von Nicodemus Tessin d. Ä. errichtet und seitdem mehrmals, zuletzt 1810 umgebaut wurde.

Auf einem kleinen Hügel dahinter ragt die **Kristina Kyrka** 3 auf. Sie war und ist Sitz der Deutschen Gemeinde Göteborgs und wird daher auch *Tyska Kyrkan*, Deut-

Vor der Börse ehrt ein Bronzedenkmal den Stadtgründer König Gustav II. Adolf

Paddan genannte Ausflugsboote befahren den Wallgraben um Göteborgs Altstadt

Das Café vor dem Kronhuset, dem ältesten erhaltenen Profanbau der Stadt, bietet seinen Sommergästen einen aussichtsreichen Platz an der Sonne

sche Kirche, genannt. Ein erster Bau aus dem frühen 17. Jh. wurde bei einem Brand zerstört, 1748–80 entstand das heutige Gotteshaus. Der viereckige Turm im Stil der niederländischen Renaissance mit grünem Kupferdach kam im Jahr 1783 dazu.

Am westlichen Ende des Stora Hamnkanalen liegt das beeindruckende **Ostindiska Huset** 4, bis ins 18. Jh. Handelszentrale der Ostindien-Kompanie. Heute beherbergt der Zweiflügelbau aus gelbbraunem Klinker auf seinen drei Etagen das **Stadsmuseum** (Norra Hamngatan 12, Tel. 031/612770, www.stadsmuseum.goteborg.se, Sept.–Apr. Di, Do–So 10–17, Mi 10–20 Uhr, Mai–Aug. tgl. 10–17 Uhr). Es umfasst stadt- und industriegeschichtliche Sammlungen. Zu den Exponaten zählen das Wikingerschiff *Äskekärrsskeppet* sowie chinesisches Porzellan.

Exotische Gewürze, feinstes Porzellan, erlesener Schmuck – Waren aus aller Welt wurden im 18. Jh. am Ostindiska-Huset angelandet, dem Hauptsitz eines riesigen Handelsimperiums

Eine schlichte Kolonnade, dahinter Quader, Dreiecke, Zylinder – architektonisch ist Göteborgs Operan am Hafenbecken eine Huldigung an die Geometrie

Nordwärts Richtung Fluss geht es zum **Kronhuset** 5 (Kronhusgatan 1 d, Tel. 031/61 14 91, www.goteborgsmusiken.se), dem ältesten erhaltenen Profanbau der Stadt. Der solide rote Ziegelbau wurde 1643–53 als Zeughaus errichtet. Hier tagte 1660 sogar der Reichstag, der Karl XI. zum König ernannte. Heute ist das Gebäude Heimat und Spielstätte des Orchesters *Gothenburg symphonic winds*. Rings um den Innenhof, den *Kronhusbodarna*, haben sich kleine Souvenir- und Handwerksladen sowie ein nostalgisch anmutendes Café angesiedelt.

Am Fluss kann man zunächst im **Martiman** 6 (Packhuskajen 8 1/2, Tel. 031/10 59 50, www.maritiman.se, Mai–Aug. tgl. 10–18 Uhr, März/April, Sept./Okt. tgl. 10–16 Uhr, Nov. Fr–So 10–16 Uhr), dem nach eigenem Bekunden größten Freiluft-Schiffsmuseum der Welt, eine Vielzahl von Schiffen besichtigen, allerdings manche nur von außen. Die Bandbreite reicht von einer Viermastbark bis zum modernen U-Boot.

In unmittelbarer Nachbarschaft, ebenfalls am Packhuskajen, steht die moderne **GöteborgsOperan** 7 (Christina Nilssons Gata, Tel. 031/10 80 00, www.opera.se). Klare geometrische Formen charakterisieren die Architektur des Opernhauses von 1994. Nachts wird der kubische, einem Schiff nachempfundene Baukörper effektvoll angestrahlt. Nicht minder eigenwillig sind die blockhafte Form und die weiß-rote Farbgebung des jenseits des Fähranlegers aufragenden **Utkiken** 8. Der schwedische Architekt Ralph Erskine entwarf diesen 86 m hohen Wohnturm, dessen oberstes Stockwerk ein *Aussichtscafé* (Lilla Bommen, Tel. 031/61 25 00, Mai–Mitte Aug. tgl. 10–18 Uhr, sonst Sa/So 11–17 Uhr) beherbergt. Vom Fährhafen *Lilla Bommen* führt die Östra Hamngatan zum Ausgangspunkt in die Innenstadt zurück. Der Gebäudekomplex auf der linken Straßenseite gehört zum Shoppingcenter **Nordstan** 9 (Nordstadstorget, www.nordstan.se, Mo–Fr 10–19, Sa 10–18, So 11–17 Uhr). Es ist mit 130 Geschäften auf 160 000 m² Fläche das größte in ganz Skandinavien. Jenseits des Gustaf Adolfs Torg und des Stora Hamnkanalen setzt sich die Östra Hamngatan als breite verkehrsberuhigte Einkaufsstraße bis zum **Kungsportsplatsen** 10 fort. Hier liegt etwas abseits der Flaniermeile die **Domkyrkan** 11 (Västra Hamngatan, Tel. 031/731 61 30, Mo–Fr 8–18, Sa 9–16, So 10–15 Uhr). Nachdem zwei Vorgängerbauten 1721 bzw. 1802 abgebrannt waren, entstand 1815 diese klassizistische, innen sehr schlichte Hallenkirche nach Plänen des Stadtbaumeisters Carl Wilhelm Carlberg. Auch die nahen Markthallen, die **Saluhallen** 12 (Kungstorget), mit ihrem bunten Angebot an Obst, Gemüse, Fleischwaren und allerlei exotischen Nahrungsmitteln unter dem gusseisernen Giebeldach sind einen Besuch wert.

Am Kungsportplatsen wechselt die Östra Hamngatan ihren Namen und strebt als **Kungsportsavenyn** 13 dem Kungsparken zu. Etwa 1 km lang, ist sie nunmehr Hauptverkehrsader der Stadt, eine breite Prachtstraße, gesäumt von Cafés mit Sommerbewirtung im Freien, von eleganten Boutiquen und prächtigen Patrizierhäusern aus dem frühen 20. Jh. Wenn bei schönem Wetter Einheimische wie Gäste auf der *Avenyn* flanieren, geht es hier munter und leger zu.

Von der Brücke über den **Vallgraven** 14 legen *Paddan* (www.stromma.se), flache Ausflugsboote, zu knapp einstündigen Rundfahrten durch die Kanäle und den Hafen ab. Der westliche Teil des Wallgrabens trägt den Namen **Rosenlundskanalen** 15 und wird auf seiner Neustadt-Seite vom **Trädgårdsföreningen** 16 (Tel. 031/365 58 58, www.tradgardsforeningen.se, Mitte April–Mitte Sept. tgl. 7–20 Uhr, Mitte Sept.–Mitte April tgl. 7–18 Uhr) begleitet, einem ausgedehnten, mit Brunnen, Schmetterlingshaus, Rosen- und Palmengarten hübsch angelegten Park.

Rechts der Kungsportsavenyn liegt das **Röhsska Museet** 17 (Vasagatan 37–39, Tel. 031/61 38 50, www.designmuseum.se, Di 12–20, Mi–So 12–17 Uhr), das sich umfassend dem Thema Kunsthandwerk widmet. Entsprechend umfangreich sind die Sammlungen zu Textilien, Glas, Keramik und Gebrauchskunst, die von barockem Mobiliar bis zu zeitgenössischen skandinavischen Designerstücken reichen.

Im Hafen erinnert die Viermastbark ›Viking‹ an die Glanzzeiten der großen Segelschiffe

Die Avenyn läuft schnurgerade weiter und steigt schließlich leicht zum **Götaplatsen** 18 hin an, dem würdigen Endpunkt dieses Boulevards. Der große rechteckige kopfsteingepflasterte Platz wurde 1921 zum 300-jährigen Stadtjubiläum angelegt und wird vom *Poseidonbrunnen* beherrscht. Carl Milles schuf die namengebende 8 m hohe Bronzefigur des Meergottes, die 1930 der Öffentlichkeit übergeben wurde. Dahinter ragt das 1921–23 im klassizistischen Stil errichtete **Konstmuseum** 19 (Götaplatsen, Tel. 031/61 29 80, www.konstmuseum.goteborg.se, Di, Do 11–18, Mi 11–21, Fr–So 11–17 Uhr) auf. Es widmet sich hauptsächlich der skandinavischen Malerei ab dem 19. Jh. und zeigt Werke etwa der Impressionisten Carl Larsson (1853–1919) und Anders Zorn (1860–1920). Die angegliederte Kunsthalle präsentiert Wechselausstellungen zeitgenössischer, meist schwedischer Kunst. Das Kulturangebot am Götaplatsen vervollkommnen das **Stadsteatern** (Tel. 031/708 70 00, www.stadsteatern.goteborg.se), 1932–34 von Carl Bergsten erbaut, und das 1935 von Nils Einar Eriksson fertig gestellte **Konserthuset** (Tel. 031/726 53 00, www.gso.se). Beides sind nüchterne Backsteinbauten mit auffällig hohen Fenstern.

Unweit östlich davon erstreckt sich das Areal des **Liseberg** 20 (Tel. 031/40 01 00, www.liseberg.se, Juni–Aug. Kernzeiten tgl. 11–23, Mai, Sept. Fr 15–22, Sa 11–22, So 11–20 Uhr), Schwedens größtes Vergnügungsviertel. Die Achterbahnen, Wasserspiele, Musikveranstaltungen und viele weitere Attraktionen ziehen in jeder Saison rund 3 Mio. Besucher an.

Ganz in der Nähe befindet sich das Wissenschaftszentrum **Universeum** 21 (Södra Vägen 50, Tel. 031/335 64 50, www.universeum.se, Juli/Aug. tgl. 10–19 Uhr, Sept.–Juni tgl. 10–18 Uhr). Auf der 10 000 m² großen Anlage gibt es Aquarien, ein Regenwald-Modell und eine schwedische Landschaft zu entdecken, in denen man regionalen Vogelarten, Fischen und Schlangen, aber auch Kaimanen, Haien und Papageien begegnet. Experimente-Workshops runden das reichhaltige Angebot ab.

Haga 22

Im Westen Göteborgs bezaubert das im 17. Jh. entstandene einstige Arbeiterviertel Haga mit dem Charme der ›guten alten Zeit‹. Die schmalen Straßen werden von dreistöckigen, in freundlichen Pas-

Hier drängt niemand zur Eile – die kopfsteingepflasterten Straßen von Haga, von properen Holzhäuschen mit kleinen Läden gesäumt, wirken als wäre die Zeit stehen geblieben

tellfarben gestrichenen Wohnhäusern gesäumt, den sog. *Landshövdingehus*. Ihre Erdgeschosse sind jeweils aus Stein errichtet, die darüber liegenden Stockwerke bestehen aus Holz. Man schlendert durch kopfsteingepflasterte Gassen, schaut in romantische Innenhöfe, sucht in Kunsthandwerksläden nach Souvenirs oder probiert in einem der gemütlichen Cafés *Kanelkringla*, Riesenzimtschnecken, die süße Spezialität des Viertels.

Erholung nach dem Stadtbummel bietet das **Hagabadet** 23 (Södra Allégatan 3, Tel. 031/60 06 00 www.hagabadet.se), eine wunderschöne Wellnessanlage im Jugendstil, in der Massagen, Bäder und Luxuskuren angeboten werden.

Im Süden von Haga ragt ein Granithügel mit den Ruinen der **Skansen Kronan** 24 (Di, Fr 12–14 Uhr) auf. Festungsbaumeister Erik Dahlbergh hatte das Bollwerk im 17. Jh. im Auftrag von König Gustav II. Adolf errichten lassen. Erhalten blieb lediglich eine runde turmähnliche Schanze mit Kanonen. Beeindruckend ist der Ausblick vom Festungsvorplatz auf die tiefer liegende Stadt.

Slottsskogen 25

Im Süden von Göteborg erstreckt sich der weitläufige **Landschaftspark** Slottsskogen (Tel. 031/365 58 23, www.parkoch natur.goteborg.se) mit seinen von Spazierwegen durchzogenen Wiesen und Wäldern, mit Teichen und Wasserläufen. Ein Schloss, wie es der Name vermuten ließe, gibt es in dem beliebten Naherholungsgebiet freilich nicht. Dafür zeigt das naturhistorische **Naturhistoriska Museet** (Linnéplatsen, Tel. 031/775 24 00, www.gnm.se, Mai Mo–Fr 9–17, Sa/So 11–17 Uhr, Juni–Aug. tgl. 11–17, Sept.–April Di–Fr 9–16, Sa/So 11–17 Uhr) eine Vielzahl ausgestopfter Tiere, darunter sogar einen Blauwal. Im angeschlossenen *Observatorium* (Tel. 031/12 63 00) kann man Himmelskorper beobachten. Lebendig sind die Elche, Hirsche und heimischen Vögel, die im **Djurgården** (tgl. 9–16 Uhr) zu sehen sind. Im benachbarten **Barnens Zoo** (Tel. 031/365 58 23, Juli/Aug. tgl 10–17 Uhr, Ende April–Juni, Sept. tgl. 9–16 Uhr) kann man Ziegen und Schweine streicheln. Interessant ist auch das **Tropikhuset** des Parks, in dem tropische Pflanzen, Schlangen und Reptilien zu besichtigen sind.

35 km Spazierwege durchziehen den sich südlich anschließenden **Botaniska Trädgården** 26 (Carl Skottsbergs Gata 22 a, Tel. 031/741 11 06, www.gotbot.se, tgl. 9 Uhr bis Sonnenuntergang). Auf 175 ha kann er mit 12 000 Pflanzenarten aufwarten. Besondere Höhepunkte sind der Gewürzgarten, ein Bambushain, das ›Japantal‹, ein Orchideenhaus sowie das Arboretum mit Baumarten aus aller Welt.

Praktische Hinweise

Information

Göteborgs Turistbyrå, Kungsportsplatsen 2 und Nordstadtstorget, Göteborg, Tel. 031/61 25 00, Fax 031/61 25 01, www.goteborg.com

Göteborg Pass

Im Tourismusbüro und in den meisten Museen der Stadt gibt es die 1–2 Tage gültige Karte zu kaufen. Mit ihr können Besucher öffentliche Verkehrsmittel kostenlos benutzen, erhalten freien Eintritt zu vielen Museen, zum Vergnügungspark Liseberg und zum Universeum sowie Rabatte in mehreren Geschäften und Restaurants. Außerdem berechtigt sie zum kostenfreien Parken auf ausgewiesenen Parkplätzen.

Flughafen

Göteborg-Landvetter, 25 km südöstlich von Göteborg (über E 40 – Boråsvägen), Tel. 031/94 10 00, Fax 031/94 10 99, www.lfv.se. Regelmäßige Linienflüge z. B. mit LH, KLM oder Austrian Arrows von und nach Berlin, Düsseldorf, Wien, Amsterdam, Stockholm oder Oslo. Zwischen Flughafen und Hauptbahnhof Centralstationen verkehrt tgl. 5–0.15 Uhr ein Airportbus, Tel. 07 71/41 43 00, www.flygbussarna.se.

Schiff

Stena Line, Masthuggskajen, Göteborg, Tel. 031/704 00 00, in Deutschland: Tel. 018 05/91 66 66 (0,14 €/Min.), www.stenaline.de. Auto- und Passagierfähren zwischen Göteborg und Kiel (14 Std.) sowie dem dänischen Frederikshavn (3,5 Std., mit dem Schnellboot 2 Std.).

Mit Nostalgie zum Volksfest – kein Problem dank der Lisebergslinjen

Öffentliche Verkehrsmittel

Göteborg besitzt ein gut ausgebautes öffentliches Verkehrsnetz (www.vasttrafik.se/eng) aus **Bussen** und **Straßenbahnen**. Vom Hauptbahnhof, der *Centralstationen*, fahren Schnellbahnen in Richtung Alingsås, Borås, Kungsbacka und Kungälv. Auf der *Lisebergslinjen* (www.ringlinien.org/liseberg) verkehren im Sommer zwischen Hauptbahnhof und Vergnügungspark Liseberg historische Straßenbahnen aus dem frühen 20. Jh.

Einkaufen

Die Fredsgatan bildet mit Kungsgatan und Korsgatan Schwedens längste Fußgängerzone. Hier finden sich Geschäfte aller Art, z. B. das Einkaufszentrum **Kompassen** (www.kompassen.se).

Feskekôrka, Rosenlundskanalen, Göteborg, www.feskekorka.se. Kleine kirchenähnliche Markthalle (1874), in der man frischen Fisch und anderen Meeresdelikatessen kaufen und kosten kann.

Nordstan, Östra Hamngatan-Drottningtorget, Göteborg, www.nordstan.se. Das riesige Shoppingcenter vereint unter seinem Dach 130 Geschäfte, Restaurants, den Fischmarkt und Serviceeinrichtungen wie Bank und Touristeninformation. 2700 Parkplätze im Tiefgeschoss.

Nachtleben

Gamle Port, Östra Larmgatan, Göteborg, Tel. 031/711 24 30, www.gamleport.se. Eines der bekanntesten Lokale Göteborgs mit Nachtklub und Pub.

Restaurang Jazzhuset, Erik Dahlbergsgatan 3, Göteborg, Tel. 031/13 35 44, www.jazzhuset.se. In dem angenehmen Musiklokal spielen gute Livebands.

Hotels

****Eggers**, Drottningtorget, Göteborg, Tel. 031/333 44 40, Fax 031/333 44 49, www.hoteleggers.se. Schönes Jugendstilgebäude von 1820 gegenüber dem Hauptbahnhof. Die Lobby mit Marmorsäulen und Stuck stimmt auf die geschmackvoll, teilweise mit Kristallleuchtern ausgestatteten Zimmer ein.

****Gothia Towers**, Mässans Gata 24, Göteborg, Tel. 031/750 88 00, Fax 031/750 88 82, www.gothiatowers.com. Die beiden Hoteltürme nahe Messegelände und Liseberg bieten 704 First-Class-Zimmer. Vom Restaurant im 23. Stockwerk genießt man ein herrliches Panorama.

Mit Fensterrose, Giebelschmuck und Zwiebeltürmen wirkt das historische Kallbadhus im Wasserkurort Varberg anmutig orientalisch

***Allén**, Parkgatan 10, Göteborg, Tel. 031/10 14 50, Fax 031/711 91 60, www.hotelallen.com. Das kleine Hotel liegt zentral nahe am Kungsportsplatsen.

***Barken Viking**, Gullbergskajen (beim Lilla Bommen), Göteborg, Tel. 031/63 58 00, Fax 031/15 00 58, www.liseberg.se. Fest vertäut, dient das ehem. Segelschulschiff von 1907 am Kai in unmittelbarer Nachbarschaft zur Oper heute als stimmungsvolles schwimmendes Hotel. Auch das Bordrestaurant ist gut besucht.

Apple Hotel, Tortavallsgatan 6, Göteborg, Tel./Fax 031/25 11 00, www.applehotel.se. 4 km östlich vom Zentrum gelegenes, angenehmes Hotel.

Camping

Lisebergs Camping Kärralund, Olbersgatan 2, Göteborg, Tel. 031/84 02 00, Fax 031/84 05 00, www.liseberg.se. Schönes, leicht abfallendes Wiesengelände im Osten der Stadt, umgeben von Grünland und dem Wald des Naherholungsgebiets Delsjö. Auch Hüttenvermietung.

Restaurants

A Hereford Beefstouw, Linnégatan 5, Göteborg, Tel. 031/775 04 41, www.hereford-beef.com. Hell und freundlich eingerichtetes, vorzügliches Steakhaus.

Fiskekrogen, Lilla Torget 1, Göteborg, Tel. 031/10 10 05, www.fiskekrogen.se. Ältestes Fischrestaurant der Stadt mit gemütlicher Atmosphäre. Spezialität ist eingelegter Hering.

Sjömagasinet, Klippans Kulturreservat, Adolf Edelsvärdsgata 5, Göteborg, Tel. 031/775 59 20, www.sjomagasinet.se. In dem rustikalen Restaurant sind Fisch und Meeresfrüchte sehr zu empfehlen, ob Grilllachs oder Hummerfrikassee, auch die Weinkarte ist vielversprechend.

Solrosen, Kaponjärgatan 4 a, Göteborg, Tel. 031/711 66 97, www.restaurangsolrosen.se. Gute vegetarische Küche mit reichhaltigem Salatbuffet.

13 Varberg

Urlaubsspaß in Schwedens ›Badewanne‹.

Vardberg, Wachberg, hieß das heute so geschäftige **Seebad** (24 000 Einw.) ursprünglich. Es war benannt nach der mächtigen Festung an der Kattegat-Küste, die noch heute Stadt und Hafen über-

Freunde des nassen Elements kommen an Varbergs Sandstränden voll auf ihre Kosten

ragt. Die erste Bauphase dieser **Varbergs Fästning** geht auf das Ende des 13. Jh. zurück, als Graf Jakob auf dem Felsen eine Bastion errichten ließ. Sie wurde 1637–43 von Christian IV. von Dänemark erweitert, musste aber zwei Jahre später an die Schweden abgetreten werden. Ab diesem Zeitpunkt diente die Festung als Gefängnis, der letzte Strafgefangene wurde 1931 entlassen. Den Kern der Anlage bildet ein ebenfalls im 13. Jh. entstandenes Schloss. Seine eher düsteren Räume beherbergen heute das **Länsmuseet** (Tel. 03 40/828 30, www.lansmuseet.varberg.se, Mitte Juni–Mitte Aug. tgl. 10–17 Uhr, Ende Aug.–Mitte Juni Mo–Fr 10–16, Sa/So 12–16 Uhr) mit Exponaten zur Kulturgeschichte der hiesigen Bauern und Fischer. Mit leichtem Gruseln sehen Besucher in einer Glasvitrine den Bockstensmannen aus dem 14. Jh., Schwedens bekannteste Moorleiche.

Das heutige Varberg, zwischen Festungsfelsen und Hafen gelegen, entstand erst im 17. Jh. Im historischen Zentrum bilden ein- und zweistöckige farbige Holzhäuser ein liebliches **Kleinstadtidyll**. Schon vergleichsweise früh entdeckten Erholungssuchende und Urlauber Varberg als **Sommerfrische**. Dazu trug sicher auch die Heilquelle *Svartekällan* im südlichen Vorort Apelviken bei. Als Trinkkur genossen, soll ihr Wasser wohltuend auf Leib und Seele wirken. 1811 wurde am Meeresstrand das von einem reizenden Zwiebeltürmchen bekrönte **Kallbadhuset** (Tel. 03 40/173 96, www.kallbadhuset.se, Mitte Juni–Mitte Aug. Mo–Fr 10–17, Sa/So 9–17 Uhr, Mitte Aug.–Mitte Juni Mi 13–20, Sa/So 9–17 Uhr) eröffnet, ein auf Pfählen erbautes Kaltbadehaus. Heute steht der schmucke Holzbau Kurgästen zur Verfügung, mit Sauna und Wasseranwendungen sowie den Meerwasser- und Nacktbädern *Kärringhålan* für Frauen und *Goda Hopp* für Männer.

Varberg steht samt Umland ganz im Zeichen des Tourismus. Hauptgrund dafür sind die **Sandstrände**, die sich auf mehr als 60 km Länge entlang der Küste ziehen, von *Stråvalla* im Norden bis *Björkängs Havsbad* im Süden. Sehr beliebt bei Familien mit Kindern sind die flach auslaufenden Strände etwa an den Küsten der Halbinsel *Getterön* bei Apelviken oder bei dem alten Fischerdorf *Träslövsläge*.

Im östlich gelegenen *Grimeton* steht die gut erhaltene **Varberg Radio Station** (Tel. 03 40/67 41 90, www.grimetonradio.se, Juli/Aug. tgl. 10–16 Uhr, Juni, Sept. Sa/So 11–15 Uhr), die 2004 in die UNESCO Welterbeliste aufgenommen wurde. Die 1922–24 entstandene Anlage mit ihren neoklassizistischen Hauptgebäuden und den sechs 127 m hoch aufragenden stählernen Übertragungstürmen ist ein bedeutendes Denkmal der frühen drahtlosen transatlantischen Kommunikation.

i Praktische Hinweise

Information

Varbergs Turistbyrå, Brunnsparken, Västra Vallgatan 39, Varberg, Tel. 03 40/868 00, Fax 03 40/868 07, www.turist.varberg.se

Hotels

******Varbergs Kurort & Kusthotell**, Nils Kreugers Väg 5, Varberg, Tel. 03 40/ 62 98 00, Fax 03 40/62 98 50, www.varbergskurort.se. Großzügig angelegtes Kurhotel in unmittelbarer Nachbarschaft zu Varbergs Festung am Meer. Die 106 Zimmer sind dezent nobel eingerichtet. Wasser- und Kuranwendungen im Angebot, ein Golfplatz befindet sich anbei.

****Vandrarhem**, Varbergs Fästning, Varberg, Tel. 03 40/868 28, Fax 03 40/62 70 00, www.turist.varberg.se/vandrarhem. Günstige Jugendherberge im ehem. Gefängnis der Festung (Reservierung im Sommer unerlässlich).

Camping

Getteröns Camping, Valvikavägen 3, Halbinsel Getterön, Varberg, Tel. 03 40/168 85, Fax 03 40/104 22, www.getteronscamping.se. Schön am Meeresufer gelegener, schattenloser Grasplatz mit eigenem Badestrand. Im Sommer werden auch Campinghütten vermietet.

Restaurant

Wärdshuset, Kungsgatan 14, Varberg, Tel. 03 40/801 11, www.varbergswardshus.com. Gutes Wirtshaus mit Fisch- und Wildspezialitäten.

14 Halmstad

Künstlerort mit dänischer Vergangenheit.

An der Mündung des Nissan liegt Halmstad (57 000 Einw.), quirlige **Hauptstadt** der Provinz Halland. Sie entstand als dänische Stadt um Befestigungsanlagen

Zeitgenössischer Kunst widmet sich das kleine Mjellby Konstmuseum bei Halmstad

aus dem 17. Jh. Zu jener Zeit lag Schweden in beständigem Krieg mit Dänemark und im 1645 geschlossenen Frieden von Brömsebro fiel Halmstad samt der umliegenden Provinz Halland an Schweden. Zuvor hatte der dänische König Christian IV. seine Bastion noch um **Halmstad Slott** unmittelbar am Ufer des Nissan erweitern lassen. Dessen rote Backsteinmauern dominieren noch heute das Stadtbild. Das Schloss ist zwar nicht zu besichtigen, wohl aber das vor seinen Toren ankernde Wahrzeichen der Stadt, das 1897 getaufte Segelschulschiff **Najaden** (Juni–Aug. Di/Do 17–19, Sa 11–15 Uhr).

Um den Flusshafen gruppieren sich die Häuser der Altstadt. In ihrer Mitte wurde 1619 nach einem Großbrand der Marktplatz **Stora Torg** angelegt, der nach wie vor das Zentrum der Stadt ist. Den Brunnen in seiner Mitte krönt die Steinskulptur *Europa och Tjuren* (1926), ›Europa mit dem Stier‹, des Bildhauers Carl Milles. An der Südseite des Platzes erhebt sich die **St. Nicolai Kyrka** (Juni–Aug. tgl. 8.30–18, sonst 8.30–15 Uhr), die als einzige Kirche Hallands die Größe einer Kathedrale erreicht. Charakteristisch ist ihr viereckiger, an jeder Seite in Stufengiebeln auslaufender Turm, den ein hohes, spitz zulaufendes Dach krönt. St. Nicolai wurde im 14. Jh. im gotischen Stil errichtet, überstand das große Feuer von 1619 und besitzt daher noch historische Ausstattungsstücke wie den Taufstein von 1479 oder die Kanzel von 1630.

International bekannt wurde Halmstad durch die Künstlervereinigung **Halmstadsgruppen**, die sich in den 1930er-Jahren formierte. Zu der vom Surrealismus beeinflussten Gruppe gehörten u. a. die Brüder Axel und Erik Olson, deren 15 m hohe, vielflächig-schlanke sog. *Picassostatyn* am Ufer des Nissan gegenüber von Halmstad Slott steht.

Das kleine aber sehenswerte **Mjellby Konstmuseum** (Tel. 035/13 71 95, www6.halmstad.se/mjellby, Mitte März–Mitte Nov. Di–So 12–17 Uhr, Mitte Nov–Mitte März Mi, Sa/So 13–17 Uhr), 5 km nördlich von Halmstadt im Stadtteil Söndrun an der Küstenstraße nach Steninge, dokumentiert anhand von Skizzen, Entwürfen und Skulpturen das Schaffen der Halmstadgruppen und zeigt Wechselausstellungen zu zeitgenössischer Kunst.

i Praktische Hinweise

Information

Halmstad Turistbyrå, Halmstads Slott, Halmstad, Tel. 035/13 23 20, Fax 035/15 81 15, www.halmstad.se/turist, www.hallandsturist.se

Hotel

***__Scandic Hotel Hallandia__, Rådhusgatan 4, Halmstad, Tel. 035/295 86 00, Fax 035/295 86 11, www.scandic-hotels.com/hallandia. Hotel mit hellen, funktionalen Zimmern am Rand des Zentrums.

Camping

First Camp Tylösand, Kungsvägen 3, Tylösand (9 km westlich von Halmstad), Tel. 035/305 10, Fax 035/327 78, www.firstcamp.se/tylosand. Netter Campingplatz in lichtem Föhrenwald, mit Ferienhütten und einem 6 km langen Sandstrand.

Restaurant

Wärdshuset Tre Hjärtan, Stora Torg, Halmstad, Tel. 035/10 86 00. Beliebtes Restaurant in einem historischen Fachwerkhaus am Hauptplatz, im Sommer mit Plätzen im Freien.

15 Helsingborg

Schimmernde Perle am Öresund.

Bis zum Bau der im Jahr 2000 fertig gestellten *Öresundbrücke* südlich von Malmö galt die Seestrecke zwischen Helsingborg und dem gegenüber am Westufer des Öresund gelegenen dänischen Helsingør als kürzeste Route zwischen Schweden und Dänemark. Annähernd 200 Mal pendeln an geschäftigen Tagen Passagierschiffe und Autofähren über diese nur knapp 5 km breite Meerenge. Nach wie vor herrscht im **Hafen** reges Treiben. Er verleiht der 90 000 Einwohner zählenden Stadt ein Flair von Weltoffenheit und Fernweh. Außerdem beginnen schon im Stadtzentrum die mehrere Kilometer langen **Badestrände**, die sich von hier entlang des Öresunds hinziehen. Wanderer wiederum erfreuen sich an der 6 km langen **Landborgspromenaden**, die vom Hauptplatz Stortorget aus einem Höhenzug nach Westen bis nach Sofiero [s. S. 67] folgt.

Geschichte Helsingborg wurde 1085 erstmals urkundlich erwähnt. **Wahrzeichen** ist der mittelalterliche Burgturm Kärnan (14. Jh.). Er beherrschte den Öresund und verlieh der Stadt ihre wichtige strategische Bedeutung. Außerdem genoss Helsingborg bereits in der Hansezeit einen Ruf als bedeutendes **Handelszentrum**. Bis ins 17. Jh. gehörte die Stadt zum dänischen Reich und kam erst 1658 zusammen mit der umliegenden Provinz Skåne in schwedischen Besitz. Mit der Industrialisierung im 19. und 20. Jh. wuchs Helsingborg rasch zu einer modernen Hafenstadt heran, die in der wirtschaftlich rührigen dänisch-schwedischen Öresundregion eine Vorreiterrolle spielt.

Besichtigung Das Stadtbild von Helsingborg beherrscht der **Kärnan** (Juni–Aug. tgl. 11–19, April/Mai und Sept. Di–Fr 9–16, Sa/So 11–16 Uhr, Okt.–März Di–So 11–15 Uhr), der 36 m hohe achteckige Turm einer mittelalterlichen Festungsanlage auf einem Granitfelsen im Zentrum. Er war mit seiner mehr als 4 m dicken Mauer einst Teil einer Bastion, die im Jahr 1680

An die siegreiche Schlacht von Helsingborg gegen die Dänen 1710 erinnert das Reiterstandbild des Feldherrn Magnus Stenbock vor dem neogotischen Rådhuset von Helsingborg

Etwas ruhiger geht es im Hafen von Helsingborg zu, seit viele Schwedenurlauber über die Öresundbrücke anreisen, doch nach wie vor schlägt die Ankunft der Fähren einige Wellen

geschliffen wurde. Sowohl von der Turmspitze als auch von den Terrassen an der Burgmauer bietet sich ein fantastischer Blick über die Stadt und den verlockend glitzernden Öresund. Innerhalb der Festungswälle liegt der Schlossgarten **Slottshagen** mit herrlichen Rosen- und Blumenbeeten.

Direkt unterhalb des Kärnan befindet sich der Hauptplatz *Stortorget*, an den der Fährkai grenzt. Hier erregt das wuchtige, 1897 in neogotischem Stil erbaute **Rådhuset** Aufmerksamkeit. Die vier Ecken des ziegelroten zweistöckigen Backsteinbaus mit den grün patinierten Dächern werden jeweils von einem niedrigen Rundturm akzentuiert. In der Mitte der Fassade erhebt sich der 65 m hohe quadratische Hauptturm mit Balustrade.

Die **Mariakyrkan** (tgl. 10–17 Uhr), wenige Meter südlich des Stortorget, wurde um 1160 in romanischem Stil aus Sandstein errichtet. Bei einem Umbau im 15. Jh. wurde das Gotteshaus dreischiffig gotisch umgestaltet. Die *Fassade* erhielt eine Backsteinverkleidung, die in einem Stufengiebel endet. Das *Innere* ist kostbar geschmückt, mit einem der Mutter Gottes gewidmeten Stralsunder Triptychon von 1450 am Hauptaltar und einer prachtvollen Renaissance-Kanzel von 1615.

Ausflüge

Kronprinz Oscar ließ 1864/65 den Herrensitz **Sofiero Slott** (Tel. 042/14 52 59, www.sofiero.helsingborg.se, Ende April–Mitte Sept. tgl. 11–17 Uhr), 6 km nördlich des Stadtzentrums, für sich und seine Gattin Sofie von Nassau erbauen und königliche Sommerresidenz blieb das Schloss bis zum Tod von König Gustav VI. Adolf 1973. Seither ist es im Besitz der Stadt Helsingborg.

Sehenswerter als das nur im Rahmen von Führungen zu besichtigende Schloss ist der ausgedehnte **Schlosspark**. Hier vereinen sich alter Laubbaumbestand, Blumenrabatten und Skulpturen zu einem harmonischen Gartenidyll, das in Schweden seinesgleichen sucht. Ende Juni erstrahlt der Park im Farbenmeer der Rhododendren, deren Spektrum von gelb, weiß, rot und orange bis zu pink reicht. Unvergesslich ist der Garten auch dank seiner romantischen Lage an der zum Meer hin steil abfallenden Küste.

i Praktische Hinweise

Information

Helsingborgs Turistbyrå, Stortorget, Södra Storgatan 1, Helsingborg, Tel. 042/10 43 50, Fax 042/10 43 55, www.helsingborg.se

Hotels

******Elite Hotel Marina Plaza**, Kungstorget 6, Helsingborg, Tel. 042/19 21 00, Fax 042/14 96 16, www.marinaplaza.elite.se. Modernes Hotel mit Restaurant, Pub und Nachtklub, verkehrsgünstig am Hafen und neben dem Bahnhof gelegen.

*****Kärnan**, Järnsvägsgatan 17, Helsingborg, Tel. 042/12 08 20, Fax 042/14 88 88, www.hotelkarnan.se. Gegenüber dem Hafen befindet sich das Hotel mit Restaurant, Bibliotheksbar und Sauna.

16 Lund

Einstiger Erzbistumssitz mit imposantem Dom.

Bereits 990 von Dänenkönig Sven Gabelbart gegründet, erhielt Lund 1020 das Münzrecht und avancierte zu einer der bedeutendsten nordischen Städte des Mittelalters. Als **Bischofsitz** nahm es ab dem 12. Jh. auch die Rolle eines geistlichen Zentrums ein, womit es jedoch nach der Reformation Mitte des 16. Jh. vorbei war. Bis dahin besaß Lund auf seinem Stadtgebiet 27 Kirchen und acht Klöster, die mit wenigen Ausnahmen bis zum Jahr 1538 abgerissen wurden.

Das stolze Hauptgebäude spiegelt die Bedeutung der Universität für Lund wider

Neuen Auftrieb gab 1666 die Gründung der **Universität**. Heute sind von den 76 000 Einwohnern Lunds mehr als 40 000 Studenten, die abends die zahlreichen Kneipen und In-Lokale im Zentrum bevölkern. Gleichwohl präsentiert sich Lund eher als ruhige Kleinstadt, in der die imposanten Prunkbauten der Vergangenheit beinahe wie Fremdkörper wirken.

Besichtigung Inmitten der kopfsteingepflasterten Straßen und schmalen Häuser der mittelalterlich geprägten Innenstadt steht die mächtige **Domkyrkan** (Tel. 046/35 88 80, www.lundsdomkyrka.org, Mo–Fr 8–18, Sa 9.30–17, So 9.30–18 Uhr). TOP TIPP Die Anfänge des heutigen Gotteshauses reichen ins Jahr 1104 zurück, als Asker, erster Erzbischof von Skandinavien, den Bau in Auftrag gab. Die dreischiffige Basilika mit Krypta wurde aus hellem Sandstein im romanischen Stil errichtet, geschmückt mit reichen ornamentalen und figuralen **Reliefs** und **Skulpturen**. 1145 weihte Erzbischof Eskil den Hochaltar zu Ehren der Jungfrau Maria und des Märtyrers St. Laurentius. Anfang des 16. Jh. versah Adam van Düren im Rahmen einer umfangreicher Restaurierung den Innenraum mit weiteren bildhauerischen Werken. Die größte Veränderung erfolgte 1868–90 durch Helgo Zettervall, der vor allem die Westfassade und die Zwillingstürme neu gestaltete und dem Dom sein heutiges Aussehen gab.

Die **Fassade** ist fantasiereich mit Skulpturen geschmückt. Das Tympanon über dem nördlichen *Seitenportal* zeigt David im Kampf mit einem Löwen. Über dem Südportal sind Christus als Opferlamm sowie die Symbole der vier Evangelisten zu sehen. Bildhauer Carl Johan Dyverman schuf 1870 für das *Hauptportal* im Westen die bronzene Pforte mit 20 Bibelszenen.

Im **Inneren** repräsentiert die *Chorapsis* die monumentale Architektur des Doms am besten. Lediglich drei Rundbogenfenster durchbrechen die Sandsteinmauer über dem massiven Sockel. Das flächendeckende Mosaik (1925–27) in der Chorhalbkuppel wird von der 6 m hohen Figur eines Christus Pantokrator beherrscht. Zu den erlesensten Inventarstücken der Kirche gehört das *Chorgestühl* im hochgotischen Stil aus der Zeit um 1370, das mit reichen Schnitzereien versehen ist. Im Chor steht auch eine Bronzestatue des Kirchenpatrons Laurentius.

Links vom Hauptportal schließlich sieht man die 1380 entstandene astronomische Uhr, **Horologium mirabile Lundense**. Sie spiegelt das Weltbild der Antike wider und stellt die Erde ins Zentrum des Universums, umkreist von Sonnen- und Mondzeiger. Wenn die astronomische Uhr zur vollen Stunde schlägt (Mo–Sa 12 und 15 Uhr, Sa/So 13 und 15 Uhr), ertönt die Melodie *In dulci jubilo* und einige Heiligenfiguren beginnen ihren mechanischen Reigen um das Ziffernblatt.

Die reich verzierte **Kanzel** auf der linken Seite des Mittelschiffs wurde 1592 von Johannes Ganssong aus Sandstein, weißem Marmor und Alabaster geschaffen und ist eines der Meisterwerke der skandinavischen Renaissance. Das dahinter liegende *Taufbecken* aus dem 13. Jh. besteht aus gotländischem Kalkstein. Auf der rechten Seite des Hauptschiffs führt eine Steintreppe in die **Krypta**, den ältesten Teil der Kirche. Sie wurde vermutlich über einem vorchristlichen Quellheiligtum errichtet und besticht durch ein Kreuzgewölbe aus Tuff. Die beiden romanischen Figurensäulen links und rechts des Eingangs werden auch *Finnkolonnerna* genannt. Sie stellen angeblich den Riesen Finn und seine Familie dar, die der legendäre Dombauer, der hl. Laurentius,

Das moderne Apsismosaik fügt sich harmonisch in den Dombau ein

Vierecktürme und Bogenfenster prägen das Äußere des romanischen Doms von Lund

in Stein verwandelt haben soll. In der Seitenkapelle links steht der Sarg Peder Winstrups († 1679), des letzten dänischen Bischofs von Lund.

Nördlich des Doms schließt sich auf dem ehem. Universitätsgelände der Stadtpark **Lundagård** an. Das Ende des 16. Jh. aus roten Backsteinen errichtete **Kungshuset** an seinem östlichen Ende diente dem dänischen König Frederik II. als Residenz und ging später in den Besitz der Universität über. Das gesamte Stadtviertel dahinter ist Teil des **Kulturen** (Tegnérsplatsen, Tel. 046/35 04 44, www.kulturen.com, Mitte April–Sept. tgl. 11–17 Uhr, Okt.–Mitte April Di–So 12–16 Uhr), des Kulturhistorischen Museums. Es enthält ca. 30 einstöckige Stadthäuser aus dem 17. Jh., deren originalgetreue Einrichtung Lunds Wohnkultur anschaulich vor Augen führt.

Ein lohnender Spaziergang führt einige Hundert Meter weiter nach Osten durch die schmucke Altstadt zum 8 ha umfassenden Areal des **Botaniska Trädgården** (Park Mitte Mai–Mitte Sept. tgl. 6–21.30 Uhr, Mitte Sept.–Mitte Mai tgl. 6–20 Uhr, Gewächshäuser tgl. 12–15 Uhr). Dieser Botanische Garten zeigt mehr als 7000 Pflanzenarten aus aller Welt. Das Treibhaus z. B. ist in neun Klimazonen unterteilt, von Steppe bis Dschungel.

i Praktische Hinweise

Information

Lunds Turistbyrå, Kyrkogatan 11, Lund, Tel. 046/35 50 40, Fax 046/12 59 63, www.lund.se

Hotel

****__Concordia__, Stålbrogatan 1, Lund, Tel. 046/13 50 50, Fax 046/13 74 22, www.concordia.se. Zentral gelegenes Hotel in einem 125 Jahre alten Gebäude.

17 Malmö

Plan Seite 72

Angelpunkt einer lebendigen Kunstszene.

Obwohl Malmö das wirtschaftliche und verkehrstechnische Zentrum Südschwedens bildet, wirkt die Innenstadt kleinstädtisch und gar nicht so recht schwedisch. Das liegt zum einen an den **Kanälen**, die den Stadtkern südlich des Hafens am Fluss Yttre Hamnen durchziehen, aber auch an den vom norddeutschen Baustil beeinflussten **Fachwerkbauten**, etwa um den alten Marktplatz. Malmö lässt deutlich erkennen, dass es seit mehr als 1000 Jahren das Tor des Nordens zu Festland-Europa ist. Im Bahnhof gehen Züge nach Berlin, Paris und London ab, vom benachbarten Hafen her glänzen große weiße Fährschiffe und riesige Lastenkräne. In Malmö herrscht ein buntes Treiben mit internationalem Flair, gepaart mit der mondänen Eleganz einer Großstadt, die mit 258 000 Einwohnern die drittgrößte Schwedens ist.

Malmö liegt an der Meerenge zwischen Dänemark und Schweden, keine 30 km von der dänischen Hauptstadt Kopenhagen entfernt. Seit dem Jahr 2000 kann man diese auch ohne Umsteigen auf die Fähre erreichen. Möglich macht es die **Öresundsbron**, eine 16 km lange Brücken- und Tunnelkombination, die gleichsam eine Landverbindung zwischen Schweden und Dänemark schafft.

Geschichte Im Jahr 1275 verlieh der dänische König dem Fischerort *Malmöj* (Sandhügel) am Ostufer des Öresunds **Stadtrechte**. Die Siedlung wuchs schnell zu einem lebhaften Fähr- und Exporthafen heran, wechselte jedoch im **Konflikt** zwischen Dänemark und Schweden oft die Landesfahnen: 1332 wurde die Provinz Skåne und damit auch Malmö mit Schweden vereinigt, 1360 jedoch von König Valdemar Atterdag zurückerobert. Um das Jahr 1370 nahm der Einfluss deutscher Hansestädte stark zu, doch im 1658 geschlossenen Frieden von Roskilde fiel Malmö wieder an Schweden.

Da der Öresund nun politische Grenze war, entstanden an seinen Ufern aufwendige **Festungsanlagen**. Die Bastionen rund um den Hafen von Malmö waren 1775 fertig gestellt. Bedeutende Impulse erhielt der Ort durch den Bau der Eisenbahn, die ihn 1856 erreichte. Heute ist Malmö Provinzhauptstadt von Skåne

Den Brunnen vor dem Rathaus im Zentrum von Malmö schuf 1964 Stig Blomberg

Man muss nicht wie einst Moses das Wasser eines Meeres teilen, um trockenen Fußes von Dänemark nach Schweden zu gelangen. Dafür gibt es seit dem Jahr 2000 die Öresundsbron

und Wirtschaftszentrum Südschwedens. Vor allem in den 1960er-Jahren siedelten sich **Industriebetriebe** an, darunter Zementwerke, Textil- und Maschinenfabriken sowie die Kockums-Werft, die größte Schwedens. Zwar litt auch Malmö in den 1980er-Jahren unter der weltweiten Rezession, doch bald erschloss man neue Bereiche. So entstanden auf der Insel *Universitetsholmen* im Öresund neue Gebäude der länderübergreifenden **Öresund Universitet**, an der rund 140 000 Studierende eingeschrieben sind.

Besichtigung Fähranleger und die 1890 in schönstem Jugendstil erbaute **Centralstationen** (1), der Hauptbahnhof, liegen nebeneinander am nördlichen Ende der Altstadt *Gamla Staden*. Von dort führt die Hamngatan über den Stadtkanal *Hamnkanalen* zum nahen **Stortorget**, dem Zentrum Malmös. Der quadratische ›große Markt‹ wurde im Jahr 1530 angelegt, in seiner Mitte prangt seit 1896 das bronzene *Reiterstandbild* des streitbaren Königs Karl X. Gustav. Ihm gegenüber nimmt das Rathaus die Ostseite des Platzes ein. Mit seinen Schaugiebeln, der detailfreudig ausgearbeiteten Backsteinfassade und dem grün patinierten Kupferdach ist dieses **Rådhuset** (2) der wohl schönste Bau am Platze. Es wurde 1546 erbaut und später des Öfteren verändert, bis es 1846 im Stil der niederländischen Neorenaissance vollendet war. Im Hintergrund ragt 96 m hoch der schlanke Turm der 1346 erbauten **St. Petri Kyrka** (3) auf, des ältesten Gebäudes der Stadt. Die gotische Backsteinfassade gleicht der norddeutscher Kirchen und verrät so den deutschen Einfluss im 14. Jh. Charakteristisch sind auch die Strebebögen im schlichten weißen Innenraum. Dort fallen der 15 m hohe geschnitzte Hochaltar von Jakob Kremberg (1611) und die Kanzel von 1599 aus hellem Sand- und dunklem Kalkstein besonders auf. Vor der Reformation war das Kircheninnere vollständig mit bunten Fresken geschmückt. Reste dieser um 1460 entstandenen Bemalung kann man an den Wänden der *Krämarekapellet*, der Krämerkapelle, links vom Westeingang erkennen.

An der rechten Seite des Rathauses schließt sich die 1571 eröffnete **Apoteket Lejonet** (4) an. Das Gebäude begeistert durch die prachtvolle Fassade mit reliefgeschmückten Balkonen und Erkern und im Inneren durch die im 19. Jh. vollständig aus Walnussholz gefertigte Apothekeneinrichtung. An der Nordseite rahmt die weiße, stuckverzierte **Residenset** (5) den Platz ein. Der einstige Sitz des Landeshauptmanns stammt aus dem Jahr 1730 und dient heute als Amtssitz des Regierungspräsidenten.

Im Südwesten des Stortorget liegt, leicht versetzt, der alte Marktplatz **Lilla Torg** 6. Er ist von malerischen historischen Fachwerkhäusern umgeben, in denen Cafés und Einzelhandelsgeschäfte eingerichtet sind. Im Sommer herrscht auf dem hübschen Platz reges Treiben, das sich in den anschließenden *Saluhallen*, den Markthallen, mit ihren bunten Ständen, den Restaurants und Delikatessenläden fortsetzt. Am Lilla Torg liegt auch der **Hedmanska Gården** 7, ein auf das Jahr 1529 zurückgehender Komplex aus vier Fachwerkhäusern mit einem stimmungsvollen Innenhof. Hier haben sich die Werkstätten des **Form/Design Center** (Lilla Torg, Tel. 040/664 51 50, www.formdesigncenter.com, Di/Mi, Fr 11–17, Do 11–18, Sa 11–16, So 12–16 Uhr) niedergelassen, das Ausstellungen zu Architektur, Design, Textilien und Möbeln präsentiert.

Im Südosten des Stortorget beginnt mit der breiten Flanierstraße **Södergatan** 8 die Fußgängerzone. Endpunkt ist der weitgehend von Kaufhäusern gesäumte **Gustav Adolfs Torg** 9 im Süden der Altstadt. An den Platz schließt sich im Westen der alte Friedhof *Gamla Begravnings Platsen* an, der in den aus Slottsparken und Kungsparken bestehenden **Stadtgarten** 10 übergeht. Ihn kennzeichnen alter Baumbestand, ausgedehnte Grünflächen, Teiche und gemütliche Spazierwege. An der Südostecke des Parks beeindruckt der helle moderne Bau der **Stadsbiblioteket** 11, den Johan Agborg Ende des 20. Jh. entwarf. Die auffallend großen Fenster lassen soviel Licht in den weiten Innenraum, dass man leicht den Eindruck gewinnt, Bücher und Lesende befänden sich im Freien.

Am Nordrand des Stadtgartens ist das von einem Wassergraben umgebene **Slott Malmöhus** 12 unübersehbar. Das wuchtige Schloss entstand aus einem Kastell, das 1434 für Erich von Pommern erbaut und 1542 erweitert wurde. Es gehörte zu den Befestigungsanlagen von Malmö und diente im 19. Jh. als Gefängnis. Heute herbergt es das **Malmö Stadsmuseum** (Juni–Aug. tgl. 10–16 Uhr, Sept.–Mai tgl. 12–16 Uhr), das in mehreren Abteilungen umfangreiche naturwissenschaftliche, geschichtliche und archäologische Sammlungen zeigt. Angegliedert ist das **Malmö Konstmuseum** (Juni–Aug. tgl. 10–16 Uhr, Sept.–Mai tgl. 12–16 Uhr) mit seiner Ausstellung zu nordischer und russischer Kunst des 19. Jh. Das dritte Museum ist das westlich des Schlosses am Ende des Hafenbeckens gelegene **Tekniska Sjöfartsmuseet** 13 (Juni–Aug. tgl. 10–16 Uhr, Sept.–Mai tgl. 12–16 Uhr). Es dokumentiert die Geschichte der Technik,

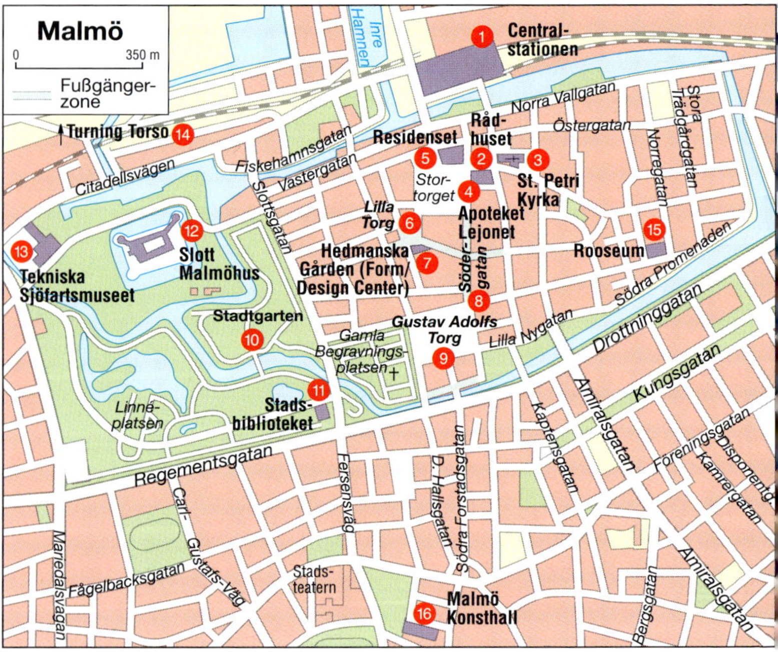

Schifffahrt und Hafenlogistik in Skåne anhand von Werkzeugen und Maschinen.

Nordwestlich am Hafen ragt seit 2005 der 190 m hohe Wolkenkratzer **Turning Torso** 14, (Lilla Varvsgatan 14, www.turningtorso.com) empor. Das 57-stöckige Gebäude des Architekten Santiago Calatrava besteht aus neun aufeinandergesetzten Kuben mit gebogener Fassade, die den Eindruck erwecken, dass sich das Haus um die eigene Achse dreht. Die beiden unteren Kuben beherbergen Büros, in den oberen sind Apartments und Wohnungen untergebracht. Die zwei letzten Etagen kann man für Meetings mieten.

Im östlichen Teil der Innenstadt lohnt sich ein Abstecher zum **Rooseum** 15 (Gasverksgatan 22, Tel. 040/12 17 16, www.rooseum.se, Mi 14–20, Do–So 12–18 Uhr), einem Zentrum für zeitgenössische Kunst. Das Museum befindet sich in einem Gebäude, das 1900 als Elektrizitätswerk von Malmö errichtet wurde. Die funktionale Architektur bringt die Kunstobjekte, seien es Filme oder skulpturale Installationen, wunderbar zur Geltung.

Ein weiteres Highlight der städtischen Kulturlandschaft ist die **Malmö Konsthall** 16 (St. Johannesgatan 7, Tel. 040/34 12 86, www.konsthall.malmo.se, Do–Di 11–17, Mi 11–21 Uhr). Der Architekt Klas Anshelm entwarf die nüchterne Ausstellungshalle in der südlichen Neustadt, eine Plattform für experimentelle moderne Kunst von Theater über Video und Bildhauerei bis zu Malerei, die internationales Ansehen genießt.

Ausflug

Österlen heißt die Region im äußersten Südosten Schwedens. Hier liegt zwischen Ystad und Simrishamn das Fischerdorf *Kåseberga*, von dem aus ein 500 m langer ausgetretener Wiesenpfad westwärts entlang der Küste zu **Ales Stenar** führt, der größten Schiffssetzung des Landes. Auf einer Wiese über imposanten Klippen wurden in der Bronzezeit (ca. 500 v. Chr.) 58 Steinblöcke aufgestellt. Sie sind sorgfältig in Form eines 67 m langen und 19 m breiten Schiffes arrangiert. Zu welchem Zweck die gewaltige Anlage errichtet wurde, ist heute unklar, wenngleich astronomisch-religiöse Gründe wahrscheinlich sind. Nimmt man einen Beobachtungsposten in der Schiffsmitte ein, geht hinter den beiden je 3,3 m hohen Menhire an Bug und Heck während der Sommer- und Wintersonnwende die Sonne auf bzw. unter.

TOP TIPP

Elegant dreht sich der Turning Torso am Hafen von Malmö gen Himmel

Praktische Hinweise

Information

Malmö Turistbyrå, Centralstationen, Malmö, Tel. 040/34 12 00, Fax 040/34 12 09, www.malmo.com

Malmökortet

1–3 Tage ermöglicht die Besucherkarte ermäßigte oder freie Eintritte in Museen, Vergünstigungen bei öffentlichen Verkehrsmitteln sowie freies Parken in der Innenstadt, im Sommer eine Stadtrundfahrt mit dem Bus.

Hotels

******Scandic Kramer**, Stortorget 7, Malmö, Tel. 040/693 54 00, Fax 040/693 54 11, www.scandic-hotels.com. Ältestes Nobelhotel der Stadt in einem restaurierten Gebäude von 1875. Alle 113 Zimmer sind edel mit Antiquitäten im englischen Stil eingerichtet.

*****Baltzar**, Södergatan 20, Malmö, Tel. 040/665 57 00, Fax 040/665 57 10, www.baltzarhotel.se. Hotel in der Fußgängerzone, 41 Zimmer mit historischem Ambiente in einem Haus von 1896.

Magische Momente – in mondhellen Nächten können sich selbst Menschen der Neuzeit nur schwer dem Zauber der uralten Steinsetzung von Ales Stenar entziehen

***__Rica Hotel Malmö__, Stortorget 15, Malmö, Tel. 040/660 95 50, Fax 040/660 95 59, www.rica.se. Schönes Stadthotel in unmittelbarer Nähe zu allen Sehenswürdigkeiten.

Camping

Malmö Camping, Strandgatan 101, Limhamn, 5 km südlich von Malmö, nahe der Öresundbrücke, Tel. 040/15 51 65, Fax 040/15 97 77, www.camping.se/plats/m08. Großzügiger Platz an der Küste mit Campinghütten, Minigolf und Sauna.

Restaurant

Skeppsbron 2, Skeppsbron 2, Malmö, Tel. 040/30 62 02, www.skeppsbron2.com. Das originelle, noble Lokal im Gebäude der einstigen Börse bietet lokale Spezialitäten und Vegetarisches.

18 Karlskrona

Prächtiger Marinehafen in den Schären.

Hauptstadt der Provinz Blekinge ist Karlskrona (32 000 Einw.), das inmitten des Schärengürtels der Südostküste liegt. Hier ließ König Karl XI. 1680 auf der Insel Trossö eine Werft und einen Kriegshafen anlegen. Auf der Reede ankerte im 18. Jh. die schwedische Ostseeflotte und noch heute ist Karlskrona der wichtigste **Marinestützpunkt** des Landes. Der Hafen und die umliegende Altstadt, deren Gebäude meist nach einem Großbrand 1790 entstanden, wurden als harmonisches Barockensemble 1998 von der UNESCO zum **Weltkulturerbe** erhoben.

Das Stadtzentrum auf Trossö besticht durch großzügig angelegte Straßen, Gärten und einen überdimensional großen, da für Militärparaden konzipierten Hauptplatz, den **Stortorget**. Ringsum erheben sich das Rathaus von 1795 sowie die beiden Kirchen *Fredrikskyrkan* und **Trefaldighetskyrkan**. Letzere wurde 1790 von Nikodemus Tessin d. J. erbaut und zeigt architektonisch eine reizvolle Mischung aus italienischem Baustil und Barock.

Im Südosten der Stadt lohnt die **Amiralitetskyrkan** einen Besuch. Äußerlich gleicht die 1685 errichtete Admiralitätskirche mit ihren Pilastern und dem dominanten türmchengekrönten Mittelbau einem großbürgerlichen Stadtpalast. Das Gotteshaus besteht aus Holz, da es zunächst nur als Provisorium für eine später geplante Steinkirche dienen sollte, die freilich nie gebaut wurde. Vor der Freitreppe zur Kirchenpforte streckt die Holzfigur des **Gubben Rosenbom** Besuchern die Hand entgegen. Sie erinnert an den Bettler Matts Rosenbom, der in der Neujahrsnacht 1717 an dieser Stelle erfror. Man kann seinen breitkrempigen Hut hochheben und in die darunter befindliche Armenbüchse für Bedürftige spenden.

Um die Amiralitetskyrkan erstreckt sich der **Amiralitetsparken**, einem der schönsten Gärten der Provinz Blekinge. Der Gärtner der königlichen Werft hatte ihn 1885–87 um die prächtigen Lindenbäume herum angelegt, die noch heute den Park dominieren.

Im *Grevegården*, dem Grafenhaus an der Ostseite des Fisktorget im Westen der Innenstadt, ist das provinzhistorische **Blekinge Museum** (Borgmästaregatan 21, Tel. 04 55/30 49 85, www.blekingemuseum.se, Di, Do–So 11–17, Mi 11–19 Uhr, Juni–Aug. tgl. 10–18 Uhr) untergebracht. In dem zweiflügeligen Stadtpalais mit dem niedrigeren vorspringenden Mittelbau dokumentieren z. B. Boote, Galionsfiguren und Werkzeuge die Fischer- und Handwerkertradition von Karlskrona.

Um eine milde Gabe bittet die Figur des armen Gubben Rosenbom die Passanten

Praktische Hinweise

Information

Karlskrona Turistbyrå, Stortorget 2, Karlskrona, Tel. 04 55/30 34 90, Fax 04 55/30 34 94, www.karlskrona.se/tourismus

Hotel

********First Hotel Statt**, Ronnebygatan 37–39, Karlskrona, Tel. 04 55/555 50, Fax 04 55/169 09, www.firsthotels.com. Gediegenes Hotel in der Fußgängerzone. Solarium und Sauna befinden sich im Haus.

Café

Lennarts Konditori, Nya Kungsgatan 3, Karlskrona, Tel. 04 55/31 03 32. Reizendes Café im Zentrum mit Terrasse und Dachgarten.

Großzügige Planung verrät der weitläufige Stortorget von Karlskrona mit Fredrikskyrkan und schmucken Bürgerhäusern

Östliches Südschweden – Natur wie aus dem Bilderbuch

Viele Urlauber schwärmen von dem einzigartigen Gefühl beim Kanu fahren: sachte über einen See gleiten, die würzige Luft spüren und das Schlagen des Paddels hören. Genau diese Stimmung kann man in der Provinz Småland erleben, durch deren weite **Wälder** klare fischreiche **Flüsse** mäandern. Der flache Süden wirkt wie eine weit ausgebreitete *Seenplatte* mit mehr als 30 größeren Seen. Das kleine *Vimmerby* dagegen steht völlig im Zeichen von **Astrid Lindgren**, die hier geboren wurde. Vor der Ostküste von Småland schließlich erstreckt sich die Sonneninsel **Öland**, die mit Sandstränden und mildem Klima im Sommer zahlreiche Badegäste anlockt.

Den Nordwesten des Landesteils dominieren die **Großen Seen** *Vänern* und *Vättern*. Die dortigen Provinzen Väster- und Östergötland können mit beachtlichen **Kulturschätzen** aufwarten, etwa dem Barockschloss *Läckö* oder der Kirche von *Husaby*. Urbane Zentren wie *Jönköping* oder *Linköping* bieten eine Mischung aus Moderne und Tradition, vom mittelalterlichen Dom bis zum vergnüglichen Freizeitpark. Auch der **Göta Kanal**, mit den beeindruckenden *Schleusenanlagen* beim Ort Berg, die technische Glanzleistung des 19. Jh., führt durch Östergötland.

Eine Sonderstellung nimmt **Gotland** ein, die abwechslungsreiche Urlaubsinsel in der Ostsee. Ihre einst so mächtige Handelsstadt *Visby* lohnt ebenso einen Besuch wie die bizarren Steinformationen der *Raukare*.

19 Kalmar

Eine Stadt als ›Schlüssel des Reiches‹.

Die im 12. Jh. erstmals erwähnte Stadt war 1397 Schauplatz der Gründung des nordischen Staatenbundes zwischen Schweden, Dänemark und Norwegen, der als **Kalmarer Union** bis 1523 Bestand hatte. Während dieser Zeit war Kalmar eine der bedeutendsten Städte Schwedens, im Hafen ankerten Kauffahrer aus aller Welt. Über ihnen erhoben sich die Türme von Kalmar Slott. Wer diese Burg beherrschte, dominierte auch den Handel in diesem Teil der Ostsee.

Im Laufe der vielen schwedisch-dänischen Kriege im 16. und 17. Jh. wurde Kalmar immer wieder zerstört. Ein verheerender Großbrand im Jahr 1613 verschonte lediglich einige Gebäude im Stadtteil **Gamla Staden**, der heutigen Altstadt. Auf der festlandsnahen Insel **Kvarnholmen** nordöstlich des Schlosses entstand alsbald ein neues Zentrum mit rechtwinklig verlaufenden Straßenzügen. In der Folgezeit entwickelte sich Kalmar mit seinen heute 35 000 Einwohnern zu einem munteren Städtchen mit schmucken Straßen, vielen Grünflächen sowie einem regen Hafen.

Oben: *Vor der Ostküste von Småland liegt die liebliche Ferieninsel Öland*
Unten: *In dem eleganten Kalmar Slott wurde 1397 die Kalmarer Union besiegelt*

Mehrere Dämme und Brücken führen vom Festland zur Insel Kvarnholmen. Hier ziehen prächtige barocke und klassizistische Fassaden entlang des Straßenrasters bewundernde Blicke auf sich. Den großen kopfsteingepflasterten **Stortorget** etwa umgeben das *Rådhuset* von 1738 oder das im 17. Jh. entstandene Bürgerpalais *Domprostgården*. In der Mitte des Marktplatzes beeindruckt die 1660–1703 erbaute und 1682 geweihte barocke **Domkyrkan**, die Nikodemus Tessin d. Ä.

1659 entworfen hatte. Die Fundamente des von vier Ecktürmen akzentuierten Zentralbaus bestehen aus Granit, das Mauerwerk aus Kalkstein. Dieser tritt bei den vielen Pilastern, Voluten und Nischen naturbelassen zutage, ansonsten sind Fassade und Innenwände weiß verputzt. Die Kanzel entstand 1647, den barocken Altar schuf Nicodemus Tessin d. J. in den Jahren 1709/10.

Auf einer kleineren Insel südwestlich von Kvarnholmen liegt das eindrucksvolle **Kalmar Slott** (Tel. 0480/451490, www.kalmarslott.kalmar.se, Juli tgl. 10–18 Uhr, Aug. tgl. 10–17 Uhr, Mai/Juni, Sept. tgl. 10–16 Uhr, April, Okt. Sa/So 11–15.30 Uhr, Nov.–März jeweils am zweiten Wochenende des Monats 11–15.30 Uhr). Jahrhundertelang war es Schauplatz zahlloser Kämpfe, aber auch

TOP TIPP

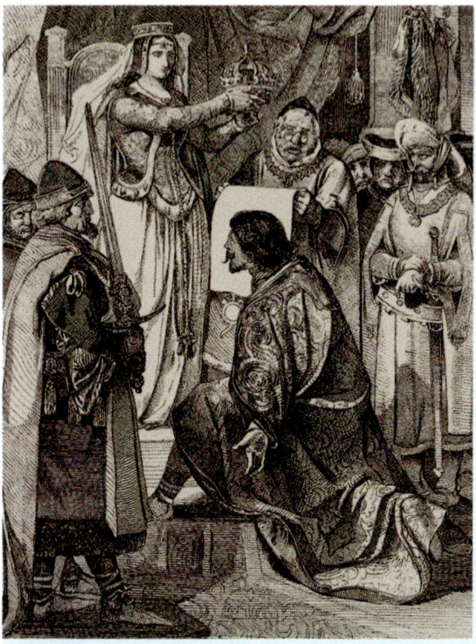

Nach Margrete wurde Erich von Pommern zum Herrscher der Kalmarer Union

Nordische Vereinigung

Im Laufe des 14. Jh. entwickelte sich die deutsche Hanse zur dominierenden **Wirtschaftsmacht** im Ostseeraum. Als Gegengewicht dazu wollte Margrete von Dänemark (1353–1412) die drei großen nordischen Staaten zu einer skandinavischen Union einen. Tatsächlich gelang es der energischen Königin 1397 Dänemark, Norwegen und Schweden in der **Kalmarer Union** zusammenzuführen. Der Bund sollte die drei Länder politisch durch gemeinsame Außenpolitik und Verteidigung einen, doch dieses Ziel wurde nicht erreicht. Immerhin verfügte die Union über ein eigenes Wappen, das ein Schild mit drei Kronen zeigte.

Laut **Unionsvertrag** sollte der gemeinsame Monarch aller drei Staaten abwechselnd in je einer der drei Hauptstädte regieren. Doch schon Margrete, das erste Oberhaupt, bevorzugte das heutige Kopenhagen als permanenten Regierungssitz. Unter ihren Nachfolgern entwickelte sich das Bündnis zunehmend zu einer dänischen Vormundschaft, gegen die sich die Schweden in mehreren erfolglosen Aufständen erhoben. Anfang des 16. Jh. schlossen sich Bauern, Bürger und Adel gegen den verhassten dänischen König Christian II. zusammen. Um die Opposition zu unterdrücken, ordnete dieser 1520 das sog. **Stockholmer Blutbad** an, bei dem 82 hochgestellte schwedische Persönlichkeiten öffentlich hingerichtet wurden. Zu den Ermordeten gehörte auch der Vater von Gustav Eriksson, dem späteren schwedischen König **Gustav I. Vasa**. Von seinen Landsleuten militärisch, von der deutschen Hanse finanziell unterstützt, setzte der Sohn den Freiheitskampf fort und war schließlich erfolgreich: 1523 erklärte sich Schweden wieder zum unabhängigen Königreich. Die Kalmarer Union war beendet.

Im Jahr 1520 färbte sich der Stockholmer Stortorget rot vom Blut enthaupteter schwedischer Adliger

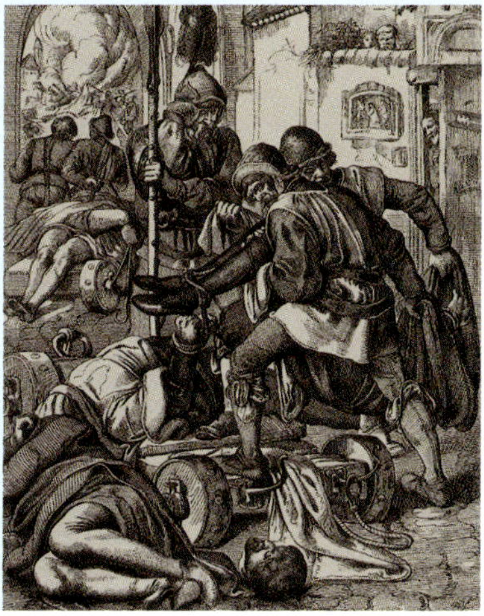

Renaissance- und Barockbauten wie die Domkyrkan (links) umgeben den Kalmarer Stortorget

friedlicher, zukunftsweisender Zusammenkünfte, etwa der Vertragsunterzeichnung zur Kalmarer Union. Das Schloss geht auf einen um 1160 angelegten Wehrturm zurück, dem bald eine Ringmauer und weitere, repräsentative Anbauten folgten. Seine heutige Form mit den wuchtigen Bastionen erhielt es im 16. Jh. unter den Vasakönigen. Erik XIV. ließ das Schloss zwar noch zu einem zweistöckigen Renaissancepalast umbauen, doch im 18. Jh. dienten die holzgetäfelten Säle und Raumfluchten als Gefängnis und Schnapsbrennerei. Heute präsentiert sich das Gebäude wieder als stolze Festungsanlage mit Zugbrücke, Wassergraben, Burghof und viel historischem Flair. *Kung Eriks Gemak* etwa, König Eriks Gemach, im Nordturm kann neben einer kunstvoll geschnitzten Ausstattung mit einer bemalten und vergoldeten Decke aus dem Jahr 1562 aufwarten. Im Osten von Kvarnholmen zeigt das regionalgeschichtliche **Kalmar Läns Museum** (Skeppsbrogatan, Tel. 04 80/45 13 00, www.kalmarlansmuseum.se, Juli/Aug. tgl. 10–18 Uhr, Sept.–Juni Mo–Fr 10–16, Sa–So 11–16 Uhr) archäologische Fundstücke, etwa das restaurierte Schiff ›Kronan‹, das 1676 mit einem Goldschatz an Bord vor Öland gesunken war.

i Praktische Hinweise

Information

Kalmar Turist- & Kongressbyrå, Ölandskajen 9, Kalmar, Tel. 04 80/41 77 00, Fax 04 80/41 77 20, www.kalmar.se

Hotels

******Slottshotellet**, Slottsvägen 7, Kalmar, Tel. 04 80/882 60, Fax 04 80/882 66, www.slottshotellet.se. Prächtiges Romantikhotel in stimmungsvoller Lage bei Schloss und Stadtpark. Die Zimmer bieten meist Blick auf den Kalmarsund.

*****Frimurarehotellet**, Larmtorget 2, Kalmar, Tel. 04 80/152 30, Fax 04 80/858 87, www.frimurarehotellet.com. Freundliches Stadthotel in einem eleganten Wohnhaus mit Arkadengängen aus dem Jahr 1878. Die Zimmereinrichtung reicht von rustikal bis antik.

Camping

Stensö Camping Kalmar, Stensövägen, 2 km südlich von Kalmar, Tel. 04 80/888 03, Fax 04 80/42 04 76, www.stensocamping.se. Wald und Wasser umgeben den Vier-Sterne-Platz auf der Halbinsel Stensö im Kalmarsund. Man kann Boote, Kanus und Fahrräder ausleihen.

Restaurant

Gröna Stugan, Gästhamnen 1, Kalmar, Tel. 0480/15858. Das Steakhouse bietet auch italienische Küche.

20 Öland

Linné liebte den Sonnenreichtum der Insel.

Rund 24 000 Menschen leben heute auf Öland, der mit 1350 km^2 zweitgrößten Insel Schwedens. Sie ist 138 km lang, 4–16 km breit und steigt auf höchstens 57 m an. Typisch für das landwirtschaftlich geprägte Öland sind die **Getreidewindmühlen**, von denen heute noch 400 ihre beweglichen hölzernen Rümpfe und Segel in die stete Brise drehen.

Zu den botanischen **Besonderheiten** der Insel zählt neben den hiesigen Erdbeeren, den *Ölandsgubbar*, vor allem die große Zahl an *Orchideen*. Nicht umsonst hielt sich der Biologe Carl von Linné (1707–1778) gern auf Öland auf.

Im Sommer und Frühherbst verwandelt sich Öland dank seiner flach abfallenden sandigen Küsten und für Schweden überdurchschnittlich viel Sonnenschein zum **Ferienparadies**. Seit 1972 können Urlauber von Kalmar aus die Insel mit dem Auto über die **Ölandsbron** erreichen. Die 6072 m lange Brücke über den Kalmarsund endet auf Öland nördlich des alten Fährhafens **Färjestaden**. Von hier führt die Küstenstraße RV 136 auf die Westseite der Insel.

Erste Station ist an der Südwestküste die beinahe 300 km^2 große Kalksteinsteppe **Stora Alvaret**, die im Frühsommer mit einer ungeheuren Blütenfülle aus Sonnenröschen, Fingerkraut, verschiedenen Orchideen und Steinbrecharten aufwartet. Ungefähr in ihrer Mitte liegt der unter Naturschutz stehende flache See *Möckelmossen*, in dem zahlreiche Arten von heimischen und Zugvögeln das ganze Jahr über sicheres Quartier finden. In der Vogelwarte bei *Ottenby* an der Südspitze der Insel herrscht im Herbst Hochbetrieb, wenn sich Wissenschaftler und Hobbyornithologen zu Vogelbeobachtungen treffen.

An der flachen Ostküste zweigt kurz hinter dem Reihendorf *Ismanstorp* eine Stichstraße nach **Eketorp** ab. Von der frühgeschichtlichen Festungsanlage wurde eine Ringmauer mit einem Durchmesser von 125 m rekonstruiert, innerhalb derer Archäologen rund 90 Hausfundamente aus dem 4.–10. Jh. freilegten.

Etwa in der Mitte der Westküste liegt **Borgholm** (3000 Einw.), die Hauptstadt

Obwohl sie längst kein Korn mehr mahlen, sind Windmühlen auf Öland nach wie vor als stimmungsvolle Kulisse – etwa für Freiluftcafés – von großer Bedeutung

der Insel. 5 km südlich erhebt sich die Ruine von **Borgholms Slott** (Tel. 04 85/123 33, www.borgholmsslott.se, Mai–Aug. tgl. 10–18 Uhr, April, Sept. tgl. 10–16 Uhr). Nicodemus Tessin d. Ä. hatte das Schloss Ende des 16. Jh. im Auftrag von König Karl X. Gustav geplant. Doch davon blieben nach einem Brand im Jahr 1806 nur noch die mächtigen Kalksteinmauern und vier noch immer aussichtsreiche Rundtürme. Etwas weiter südlich empfängt die Parkanlage **Solliden** (Tel. 04 85/153 56, www.sollidensslott.se, Mitte Mai–Mitte Sept. tgl. 11–18 Uhr) Besucher mit einem Rosengarten samt Pavillon und Skulpturenensemble. Das zugehörige ›weiße‹ Schloss, 1903–06 im italienischen Stil errichtet, dient der schwedischen Königsfamile als Sommerresidenz und ist daher nicht öffentlich zugänglich.

TOP TIPP Blå Jungfruns Nationalpark

Zwischen Öland und dem Fährhafen Oskarshamn auf dem Festland liegt die knapp 1 km lange ›Hexeninsel‹ Blå Jungfrun, die 1926 zum **Nationalpark** erklärt wurde. An ihren Küsten steigen rötliche Granitklippen bis zu 86 m hoch auf. Sie sind oft nebelverhangen und um die Felsen heult der Wind. Daher glaub-

Oben: *Mehr Sonnenschein als sonst in Schweden und familienfreundliche Strände erfreuen Sommerurlauber auf Öland*
Unten: *Hexenmythen ranken sich um den Blåkulla auf der Insel Blå Jungfrun*

ten Fischer, in der 66 ha großen, bewaldeten Insel den **Blåkulla** zu erkennen, den Berg, auf dem sich nach schwedischer Überlieferung jedes Jahr zur Osterzeit die Hexen treffen.

Carl von Linné erwähnte anlässlich eines Besuches im Jahr 1741 bereits das Steinlabyrinth **Trojeborgen** im südlichen Teil der Insel. Auch unter den Felsen im nördlichen Abschnitt sind Grotten wie die *Kyrkan* oder *Jungfrukammaren* entstanden, die in ihren Eingangsbereichen begangen werden können.

i Praktische Hinweise

Information

Borgholms Touristbyrå, Sandgatan 25, Borgholm, Öland, Tel. 04 85/890 00, Fax 04 85/890 10, www.olandsturist.se

Öland Turist AB, Träffpunkt Öland, Turistvägen, Färjestaden (an der Brücke), Öland, Tel. 04 85/56 06 00, Fax 04 85/56 06 05, www.olandsturist.se

Hotels

****Halltorps Gästgiveri**, 9 km südlich von Borgholm, Öland, Tel. 04 85/850 00, Fax 04 85/850 01, www.halltorpsgastgiveri.se. Romantisches Hotel in einem Herrenhaus aus dem 17. Jh. Die Zimmer sind im Stil unterschiedlicher schwedischer Provinzen ausgestattet und mit dem jeweils typischem Kunsthandwerk geschmückt. Empfehlenswert ist auch das Restaurant.

Skedemosse Gård, Skedemosse Gård, Köpingsvik (5 km südöstlich von Borgholm), Öland, Tel./Fax 04 85/56 42 79, www.skedemosse.com. Einladende, einfache Pension in einem umgebauten regionaltypischen Bauernhof, Bed & Breakfast-Gästehaus anbei im Garten.

Restaurant

Sjöstugan, Byxelkrok, Öland, Tel. 04 85/283 30. Kleines Pub am Hafen des Fischerortes. Abends singt ein lokaler Troubadour oder es wird zum Tanz aufgespielt.

Frisch, frech, fröhlich – und zur Nachahmung empfohlen: Astrid Lindgren mit zwei ihrer Bestseller

Ein freches Mädchen macht Karriere

Am 14. November 1907 wurde **Astrid Anna Emilia** im småländischen Vimmerby als zweites von vier Kindern des Pfarrhofpächters Samuel August Ericsson und seiner Frau Hanna geboren. In Stockholm lernte sie Sture Lindgren († 1952) kennen, den sie 1931 heiratete. Drei Jahre später wurde Tochter Karin geboren. Ihr schenkte **Astrid Lindgren** zum 10. Geburtstag ein Buch, das sie selbst geschrieben und illustriert hatte. Es handelt von einem rothaarigen Mädchen namens Pippi Langstrumpf, das stark, fantasievoll und reich genug ist, der Erwachsenenwelt die Stirn zu bieten. 1944 veröffentlichte der Verlag Rabén & Sjögren die abenteuerlichen Geschichten, und der Erfolg der Autorin nahm seinen Anfang.

Es folgen weitere **Erzählungen**, etwa 1946 ›Meisterdetektiv Blomkvist‹ oder 1947 ›Die Kinder aus Bullerbü‹, in denen Lindgren Erlebnisse aus ihrer Kindheit und das ländliche Milieu von Näs schilderte. Es folgten ›Mio, mein Mio‹, ›Karlsson auf dem Dach‹, ›Rasmus und der Landstreicher‹, ›Madita‹, ›Ferien auf Saltkrokan‹, ›Die Brüder Löwenherz‹, ›Ronja Räubertochter‹ und viele mehr. Unvergessen sind auch die lustigen Streiche des unverbesserlichen Lausbuben Michel aus Lönneberga.

Für ihr Werk wurde die Autorin mehrfach ausgezeichnet, etwa 1978 mit dem **Friedenspreis des deutschen Buchhandels**. Mit dem Preisgeld des 1986 an sie verliehenen **Selma-Lagerlöf-Literaturpreises** gründete Lindgren die Stiftung ›Solkatten‹ (Sonnenkatze) für behinderte Kinder.

1997 erklärte Astrid Lindgren anlässlich ihres 90. Geburtstages, sie wolle sich nun ›vom Schreiben ausruhen‹. Sie starb am 28. Januar 2002.

21 Vimmerby

Heimat von Astrid Lindgren und ihrer literarischen Schöpfung Pippi Langstrumpf.

Näs ist ein Ortsteil der 8000 Einwohner zählenden Kleinstadt Vimmerby, die auf einem Bergrücken inmitten des småländischen Waldreviers liegt. In Näs wurde 1907 Astrid Ericsson geboren († 2002), die später unter dem Namen Lindgren als Kinderbuchautorin weltberühmt wurde. Zu ihrem 100. Geburtstagsjubiläum eröffnete in ihrem Elternhaus und einem Pavillonneubau das **Astrid Lindgrens Näs** (Tel. 04 92/76 94 00, www.astridlindgrensnas.se, Mai–Aug. tgl. 10–18 Uhr), das Leben und Werk der Autorin gewidmet ist.

Bereits im 11. Jh. gegründet, war Vimmerby bis ins 19. Jh. ein Zentrum des Viehhandels in der Region. Malerische Läden und Bauernmärkte erinnern noch an diese Zeit. Die **Altstadt** mit ihren historischen Holzbauten rund um den zentralen Marktplatz *Stortorget* liegt an der höchsten Stelle des Bergrückens. Entlang der *Storgatan* findet man noch einige Bürgerhäuser aus dem 17. Jh. wie den *Grankvistgården* mit barocken Deckenmalereien, das Bürgermeisterhaus *Borgmästaregården* mit alten Holzmöbeln oder den *Tenngjutaregården*, die einstige Zinngießerei. Hauptattraktion von Vimmerby aber ist **Astrid Lindgrens Värld** (Tel. 04 92/798 04, www.alv.se, Mitte Mai–Anfang Juni tgl. 10–17 Uhr, Anfang Juni–Aug. tgl. 10–18 Uhr) im Westen der Stadt.

Alle Kinder lieben Pippi – denn ›sie macht sich die Welt widewide wie sie ihr gefällt‹

In dem Themenpark reihen sich Szenen und Nachbildungen aus Lindgrens Geschichten aneinander. Im Maßstab 1:3 lädt die Villa Kunterbunt zu einem Besuch ein, man sieht Pippis Pferd Kleiner Onkel, den Limonadenbaum und vieles mehr, die Straßen beleben Schauspielerinnen und Schauspieler in den Kostümen von Kalle Blomkvist, Michel Lönneberga oder Ronja Räubertochter.

Die reizvolle hügelige Waldlandschaft rings um Vimmerby durchzieht ein dichtes Netz von **Wanderwegen**, auf denen man ebenfalls an zahlreichen Schauplätzen aus Astrid Lindgrens Büchern vorbeikommt – zumindest an deren Vorbildern. Zu den beliebtesten Ausflugszielen in der weiteren Umgebung zählen *Gibbe-*

Eigentlich muss man in Astrid Lindgrens Värld ein Kind sein, denn die Gebäude der Spielstadt sind im Maßstab 1:3 passend für die Kleinsten der Kleinen entworfen

In dem Drei-Häuser-Dorf Sevetstorp wurde Astrid Lindgrens Bullerbü verfilmt

ryd, das für den Katthulthof des Michel aus Lönneberga Pate stand, oder *Sevedstorp*, das als Filmkulisse für Bullerbü Weltruhm erlangte.

i Praktische Hinweise

Information

Vimmerbys Turistbyrå, Rådhuset 1, Vimmerby, Tel. 04 92/310 10, Fax 04 92/130 65, www.turism.vimmerby.se

Hotel

****Vimmerby Stadshotell**, Stora Torget 9, Vimmerby, Tel. 04 92/121 00, Fax 04 92/ 146 43, www.vimmerbystadshotell.se. Die rosafarbene Fassade macht das Hotel im Zentrum unverkennbar.

Camping

Astrid Lindgrens Värld, Stugby och Camping, Vimmerby, Tel. 04 92/798 00, Fax 04 92/798 17, www.alv.se. Hüttendorf und Campingplatz am Waldrand neben dem Vergnügungspark. Frühzeitige Buchung empfohlen.

22 Jönköping

Aus der lebhaften Stadt am Vätternsee stammen Zündhölzer.

Die Gründung Jönköpings geht auf einen Erlass Königs Magnus Ladulås im Jahr 1284 zurück. 1612 brannte fast die gesamte Stadt nieder. Sie wurde zwar an der Landenge zwischen den beiden Seen Munksjön und Vättern neu errichtet, doch wirtschaftliche Impulse brachte erst wieder der Bau des Göta Kanals im 19. Jh. Außerdem wurde damals in Jönköping das rotköpfige **Streichholz** erfunden und entwickelte sich bald zu einem Exportschlager.

Inzwischen ist das verkehrsgünstig gelegene Jönköping (110 000 Einw.) eine blühende Industriestadt, in der vor allem Metall und Holz verarbeitet werden. Nicht zu vergessen ist das reizvolle **Umland**, das sowohl Gelegenheit zu Wassersport am See als auch zu Wanderungen im waldreichen Hügelland bietet.

Besichtigung Im Osten des Zentrums blieben einige Gebäude aus der Großmachtzeit erhalten, z. B. das frühere Rathaus **Gamla Rådhuset**, die **Kristine Kyrka** von 1672 oder das alte Gerichtsgebäude **Göta Hovrätt** von 1650. Ansonsten wird das Stadtbild heute von modernen Bauten bestimmt. Am Dag Hammarskjölds Plats lohnt das **Länsmuseet** (Tel. 036/ 30 18 00, www.jkpglm.se, Juni–Aug. Mo–Fr 10–17, Sa/So 10–15 Uhr, Sept.–Mai Di–Sa 11–15 Uhr) einen Besuch. Das Museum bietet eine hervorragende Keramiksammlung und eine Kunstabteilung, die Trollbilder des småländischen Jugendstilmalers John Bauer (1882–1918) enthält.

Besonders beliebt ist das **Tändsticksmuseet** (Tändsticksgränd 27, Tel. 036/ 10 55 43, www.jonkoping.se/kultur/match museum, Juni–Aug. Mo–Fr 10–17, Sa/So 10–15 Uhr), das in einer Werkshalle der einstigen Zündholzfabrik **Tändsticksfabriken** im Nordwesten der Innenstadt eingerichtet wurde. Es berichtet über die Entstehungsgeschichte des modernen Streichholzes, das der Chemieprofessor Gustav Pasch 1844 erfand und die Gebrüder Lundström ab 1848 produzierten. Ihre Fabrik wurde 1971 stillgelegt. Heute ist die historische Anlage renoviert und ringsum haben sich kleine Boutiquen, Cafés sowie ein Theater angesiedelt.

Gränna

Der Ort auf dem östlichen Steilufer über dem Vättern ist bekannt für viel Sonnenschein, ein mildes Klima und weite Sandstrände und daher als Ferienziel sehr beliebt. Gränna wurde 1652 von Graf Per Brahe gegründet. Es ist bekannt für seine bunten Zuckerstangen, die **Polkagrisar**. Berühmtheit erlangte auch der aus Gränna stammende Ballonfahrer und Polarforscher Salomon-August Andrée (1854–1897). Seiner Lebensleistung und der Polarforschung an Nord- und Südpol ist das **Grenna Museum** (Brahegatan 38–40, Tel. 03 90/410 15, www.grennamuseum.se, Mitte Mai–Aug. tgl. 10–19 Uhr, Sept.–Mitte Mai tgl. 11–16 Uhr) gewidmet.

i Praktische Hinweise

Information

Turistbyrå Jönköping, Resecentrum, Jönköping, Tel. 036/10 50 50, Fax 036/10 77 68, www.jonkoping.se/turist

Hotel

*****Familjen Ericssons City Hotel**, Västra Storgatan 25, Jönköping, Tel. 036/71 92 80, Fax 036/71 88 48, www.cityhotel.nu. Freundliches Hotel gegenüber dem Tändsticksmuseet. Einige Zimmer verfügen über Balkon mit Seeblick.

Camping

Rosenlunds Camping, Friggagatan 31, Jönköping, E 4 nach Osten, Ausfahrt Messegelände Elmia, Tel. 036/12 28 63, Fax 036/12 66 87, www.camping.se/f06. Modern ausgestatteter Platz nahe dem steilen Ufer des Vättern.

Restaurant

TOP TIPP **Gyllene Uttern**, Gränna, Tel. 03 90/108 00, www.gylleneutternhotelgroup.com. Stilvoll speisen in einer im mittelalterlichen Stil errichteten Burg. In den oberen Stockwerken befinden sich Gästezimmer, in den Kellergewölben wird feine Cuisine geboten.

23 Läckö Slott

TOP TIPP *Barockes Märchenschloss am Binnenmeer.*

Am Südufer des Vänern ragt die Halbinsel **Kålland** in den See, ihr vorgelagert ist die Insel **Kållandsö**. Hier wie dort wechseln sich Felder, Wälder mit vorgeschichtlichen Steinsetzungen und kleinere Orte ab.

Kållandsös Nordküste geht in zahlreiche kleinere Inselchen über. Reizvoll am

Eine Augenweide ist das barock umgebaute Läckö Slott am grün bestandenen Vänernsee

Vom Högkullen genießen Wanderer die weite Aussicht über Kinnekulles Wälder und Felder

Rand dieser *Eken-Schären* gelegen, fungiert das **Barockschloss** Läckö Slott (Tel. 0510/484660, www.lackoslott.se, Führungen jede volle Stunde Mai–Aug. tgl. 11–17 Uhr, Sept. tgl. 11–15 Uhr) als Besuchermagnet ersten Ranges. Ursprünglich erhob sich auf der Granitkuppe über einer Bucht des Vänern eine einfache Burg. Sie war im 13. Jh. für Brynolf Algotsson, den Bischof von Skara, erbaut worden, kam jedoch als königliches Lehen 1652 in den Besitz des Grafen Magnus Gabriel De la Gardie. Dieser lud bekannte Baumeister wie die Deutschen Matthias Holl und Franz Stiemer nach Läckö ein, um die Anlage auszubauen. So entstand der heutige majestätische Prachtbau mit den charakteristischen Rundtürmen, deren dunkle Schindeln sich so reizvoll von der weißen Fassade abheben.

Läckö Slott verfügt über insgesamt 248 Räume, einige von ihnen sind mit Deckenfresken und Täfelungen geschmückt, die Wände der *Königshalle* sind mit großflächigen Schlachtengemälden bedeckt. In einigen der Säle finden alljährlich von Juni bis August *Sommerausstellungen* zu zeitgenössischer Kunst statt.

24 Kinnekulle

Wanderung in reizvoller Hügellandschaft.

Östlich des Landstädtchens Lidköping prägen Wiesen, Felder sowie vereinzelte Laub- und Nadelwäldchen die Landschaft. Im Frühling bilden Kirschbäume, Schlüsselblumen, Anemonen und Orchideen regelrechte Blütenteppiche.

In unmittelbarer Nähe zum Vänern erhebt sich der **Plateauberg** Kinnekulle. Man erkundet das malerische, großteils bewaldete Kalkmassiv am besten über den 45 km langen Wanderweg **Kinnekulleleden**, der von Lidköping nach Mariestad führt. Die herausragendsten Naturattraktionen unterwegs sind die von Mönchen angelegten Laubwaldhaine von *Munkängarna*, der Wasserfall von *Martorp*, die *Österplana-Heide* mit ungewöhnlichen Steppenpflanzen und Karstbildungen sowie ein alter namenloser Steinbruch, der auch ›Grand Canyon en miniature‹ genannt wird. Die höchste Stelle des Wanderweges ist der **Högkullen**, der 306 m hohe Gipfel des Plateauberges. Von dem hier aus rot bemalten Bohlen errichteten, 19 m hohen Aussichtsturm genießt man einen weiten Rundblick über das ansonsten sehr flache Västergötland. Es heißt,

TOP TIPP

bei klarem Wetter könne man 28 Kirchturmspitzen erspähen.

Husaby

An den südöstlichen Ausläufern des Kinnekulle befindet sich das Dorf Husaby, dessen Name (zu deutsch etwa ›Haus des Königs‹) noch an die Taufe des Königs Olof Skötkonung im Jahre 1008 und die darauf folgende Erhebung des Ortes zum ersten Bischofssitz Schwedens erinnert.

TOP TIPP Unbedingt sehenswert ist die **Husaby Kyrka**. Für das Jahr 1020 ist an dieser Stelle eine hölzerne Stabkirche verbürgt. Das heutige romanische Gotteshaus aus Stein stammt aus dem 12. Jh., der frei stehende Turm geht wohl noch auf das 11. Jh. zurück. Die einschiffige schlichte Kirche birgt wertvolles Inventar, etwa einen geschnitzten *Bischofstuhl* aus dem 11. Jh. Das Gewölbe über dem Langhaus wurde im 15. Jh. eingezogen und mit kunstvollen Fresken ausgeschmückt. Sie zeigen in kreisförmigen Medaillons Szenen aus dem Leben Jesu.

i Praktische Hinweise

Restaurant

Kinnekullegården, Högkullen, Hällekis, Tel. 05 10/54 40 23, www.kinnekullegarden.com. Das beliebte Ausflugslokal serviert schmackhafte Mittagsgerichte.

25 Tivedens Nationalpark

TOP TIPP *Urwälder, Grotten und Höhlen im Süden Schwedens.*

Der 1983 eingerichtete **Nationalpark** umfasst gut 13 km^2 des waldreichen Gebietes zwischen den Seen Vänern und Vättern. Hier bildet das erdgeschichtlich sehr alte Tivedengebirge den Übergang zwischen den Provinzen Västergötland im Süden und Närke im Norden. Die Höhenunterschiede von bis zu 125 m innerhalb des Territoriums sind für Südschweden beträchtlich. Die urtümliche Landschaft des Parks wird durch 25 bis 50 m tiefe Risstäler geprägt. Schroffe Felsen, föhrenbestandene Gesteinsrücken und moorgefüllte Senken unterstreichen den urwaldähnlichen Charakter.

Die Gegend galt wegen der haushohen Granitblöcke und den darunter verborgenen Höhlen jahrhundertelang als verwunschen. Unzählige Geschichten erzählen von Fabelwesen, Trollen und Zwergen, die unter den Felsblöcken ihre Behausungen haben sollen. Die größte dieser Höhlen, **Stenkälla**, liegt unter einem 10 m hohen Felsblock verborgen und war in vorchristlicher Zeit eine Opferstätte. Ein weiterer Bergrücken mit ähnlichen Block- und Grottenformationen ist der **Tärnekullen** im Nordwesten des Parks.

Die Kirche von Husaby beeindruckt mit prachtvollem Freskenschmuck

Über Stock und Stein und zu romantischen Plätzen führt eine Wanderung durch den waldreichen Tivedens Nationalpark

Das Touristenbüro des nördlich am Park gelegenen Ortes *Laxå* [s. u.] unterhält an dem Wanderweg *Tivedsleden* ein kleines, nur in den Sommermonaten geöffnetes Besucherzentrum. Von dort gehen markierte Wanderwege aus, von denen einer in den südlichen Abschnitt des Schutzgebiets über den Felsrücken **Lilla Trollkyrkan** führt, der einen weiten Rundblick gewährt.

i Praktische Hinweise

Information

Laxå Turistbyrå, Midsommarberget, Laxå, Tel. 05 84/109 20, Fax 05 84/107 41, www.laxa.se

Camping

Camping Tiveden, Baggekärr, Tived, am Ufer des Unnen, ca. 10 km nordöstlich des Nationalparks, Tel. 05 84/47 40 83, Fax 05 84/47 40 44, www.campingtiveden.com. Geräumiger Platz für Zelte und Wohnmobile mit Kanuverleih und Hüttenvermietung.

Café

Tivedstorp, Tived (an der nördl. Zufahrtsstraße zum Nationalpark), Tel. 05 84/47 20 90, www.tivedstorp.se. In dem kleinen Waldcafé mit traulicher Stube kann man sich bei selbst gebackenen Kuchen stärken. In Hütten bestehen einfache Übernachtungsmöglichkeiten.

26 Göta Kanal

Naturgenuss und Technikfreude entlang der berühmten Wasserstraße.

Motala – Berg – Söderköping

Der Göta Kanal, Sinnbild schwedischer Ingenieurskunst des 19. Jh., ist zwischen den Orten Motala und Berg besonders schön zu befahren und geradezu ein ›Muss‹ für technisch Interessierte. Der Abschnitt ist nicht nur für Schiffsreisende empfehlenswert, man kann dem Kanal entlang der alten Treidelwege auch per Fahrrad oder zu Fuß folgen.

Bei **Motala** (42 000 Einw.) mündet der Kanal in den Vättern. Den fächerförmigen Grundriss der Hafenstadt entwarf Graf Baltzar von Platen (1766–1829), der Konstrukteur des Göta Kanals. 1822 gründete er hier mit der *Motala Verkstad* die älteste Maschinenfabrik des Landes. Besucher schätzen die freundliche **Ferienlandschaft** ringsum, die feinsandigen Ufer des Sees, die sich hervorragend als Badestrände eignen.

In zwei Pavillons am Kanal im Werftgebiet, zwischen den Schleusen von Borenshult und Motalas Hafen im Vättern, befindet sich die **Göta Kanalutställning** (Varvsgatan, Tel. 01 41/20 20 50, Juni–Aug. tgl. 10–18 Uhr), die die Entstehung des Kanals dokumentiert. Im ersten Pavillon informiert die Ausstellung ›Die Menschen und die Technik‹ über die am Kanalbau beteiligten Menschen, darunter Baltzar von Platen, Thomas Telford und die Brüder Jon und Nils Ericsson. Im zweiten Pavillon wird der Kanalbau anhand von nachgebauten Szenerien nachgestellt.

Am Übergang zum See Roxen liegt die TOP TIPP überaus eindrucksvolle Schleusenanlage von **Bergs Slussar**. Einer Fischtreppe gleich reihen sich hier sieben Schleusenkammern aneinander, die einen Niveauunterschied von 17 m ausgleichen. In einer guten halben Stunde haben *Schiffe* (Tel. 011/12 78 01, www.royalcruiseline.se, Mai–Sept.) die Strecke überwunden. Sehr schön kann man das Heben und Senken auch von der Brücke über der obersten Schleuse aus beobachten.

Nur wenige Meter von Bergs Slussar entfernt erheben sich die hellen Kalksteinmauern von **Vreta Kloster**, einem der ältesten Sakralbauten des Landes. Es wurde im Jahr 1120 als erstes Nonnenkloster Schwedens gegründet. Die zugehörige Klosterkirche mit dem gedrungen wirkenden viereckigen Uhrturm blieb im We-

Auf ›großer Fahrt‹ – durch den Schleusenreigen von Bergs Slussar auf dem Göta Kanal

Schwedens ›Blaues Band‹

Entlang des gesamten 600 km langen **Göta Kanals** (www.gotakanal.se) locken kulturelle Sehenswürdigkeiten, landschaftliche Schönheiten und der Charme der schwedischen Natur. Bei einer gemächlichen Fahrt gilt mehr denn je das Motto ›Der Weg ist das Ziel‹.

400 km der gesamten **Kanalstrecke** von Göteborg nach Stockholm führen durch natürliche Gewässer wie dem Fluss Götaälv, die Seen Vänern, Vättern, Viken, Boren, Roxen und Mälaren sowie durch den Abschnitt in der Ostsee zwischen Söderköping und Södertälje. Die restlichen 200 km verlaufen durch einen künstlichen Kanal. Zu seinem Bau bewegten 58 000 Arbeiter in den Jahren 1810–32 ohne maschinelle Hilfe 8 Mio. m³ Erdmassen und 200 000 m³ Fels – eine gewaltige Leistung. Ganze 58 **Schleusenanlagen** waren nötig, um die Niveauunterschiede auszugleichen. Das höchste Kanalstück liegt 92 m höher als das tiefste. In Forsvik zwischen Viken und Vätternsee befinden sich die ältesten Schleusenanlagen, während die leistungsfähigsten in Trollhättan zur Verfügung stehen. Ein kurioser Abschnitt folgt bei Töreboda, wo einige Meter des Kanals in den Fels hineingesprengt werden mussten.

Mit dem **International Historic Civil Engineering Landmark** würdigte die UNESCO die technische Leistung beim Bau des Kanals mit einer Auszeichnung, die zuvor Eiffelturm, Golden Gate Bridge und Freiheitsstatue zuteil geworden war.

sentlichen unverändert, seit im 13. Jh. *Chor und Querhaus* angebaut wurden: eine schlichte einschiffige zisterziensische Hallenkirche. Lediglich eine der drei außen liegenden *Grabkapellen* an ihrer Südseite stammt aus dem 17. Jh., die beiden kleineren werden auf das 12. Jh. datiert.

Bei der idyllischen Kleinstadt **Söderköping** endet der Göta Kanal und mündet in den Schärengarten der Ostsee. Die günstige Lage an einem weit ins Land hineinreichenden Fjord bewog im 12. Jh. wohl auch Lübecker Hansefahrer, an dieser Stelle einen Hafen zu errichten. Ihre Häuser fielen freilich größtenteils der dänischen Brandschatzung von 1567 zum Opfer. Doch auch die danach errichteten, bunt bemalten und entlang stiller Kanäle nah beieinander stehenden Holzhäuschen sind hübsch anzuschauen.

1823 gründete der Mediziner Johan Olof Lagberg in Söderköping an der S:t Ragnhild-Quelle das erste Heilbad Schwedens und verhalf mit dieser *Vattenkuranstalt* dem Örtchen zu wachsendem Ansehen. Nach wie vor bummeln Kurgäste durch die engen Gassen oder sehen den Schiffen zu, die auf dem Göta Kanal vorbeifahren. Das **S:t Ragnhilds Stadshistoriska Museum** (G. Skolgatan 10, Tel. 0121/21484, www.stragnhildsgille.se, Juli Di–So 11–17 Uhr, Mai/Juni, Aug./Sept. Mo–Fr 13–16 Uhr) erzählt anhand von Fotografien und Modellen die Stadtgeschichte. Das Museum liegt im Ortskern, unmittelbar neben der gotischen **St. Laurentii Kyrka**, einer dreischiffigen Hallenkirche aus Backstein, die Ende des 13. Jh. erbaut wurde.

i Praktische Hinweise

Information

Motala Turistbyrå, Motala Hafen, Motala, Tel. 0141/225254, Fax 0141/214557, www.motala.se

Hotels

****Göta Hotell**, Götagatan 2, Borensberg, Tel./Fax 0141/40060, www.gotahotell.se. Historischer schmucker Holzbau am Göta Kanal. Die kleinen, einfachen Zimmer sind proper eingerichtet.

Restaurant

Kanal Krogen, Bergs Slussar, Tel. 013/60076, www.kanalkrogen.net. Das nette Ausflugslokal neben der obersten Schleuse von Bergs Slussar bietet landestypische Spezialitäten.

27 Linköping

Alte Domstadt mit pittoresker Altstadt.

Bei Linköping kreuzen sich bedeutende Transitrouten wie die Autobahn E 4, die Eisenbahnlinie Göteborg–Stockholm sowie der Göta- und Kinda Kanal. Im 19. und 20 Jh. entwickelte sich die 97000 Einwohner zählenden **Bistumsstadt** zu einem bedeutenden Handelszentrum. So entschied sich z. B. 1937 der Auto- und Flugzeughersteller SAAB für Linköping als Firmensitz. In den 1970er-Jahren wurde die **Universität** gegründet, deren Studenten maßgeblich zur lebhaften Atmosphäre der modernen Stadt beitragen.

Nähert man sich dem in der Ebene gelegenen Linköping, grüßt schon von weitem die grün patinierte Turmspitze des Doms. Die Grundsteine dieser mächtigen **Domkyrkan** im Stil der Flamboyantgotik dürften im 11. Jh. in Form einer Holzkirche gelegt worden sein. Um 1120 begann man mit dem Errichten einer Steinkirche, die flächenmäßig bereits an den heutigen dreischiffigen Dom heranreicht. Die ältesten erhaltenen Bauteile sind der spätromanische Chor und das Querschiff aus dem 13. Jh. Es folgten mehrere Anbauten, etwa im 15. Jh. der Chorumgang mit den spätgotischen Kapellen sowie Nicolaus-, Marien- und Thomaschor. Die großen Fenster und das elegante Steingewölbe der Chöre gehören zu den architektonischen Besonderheiten des Doms. 1747/48 wurde ein niedriger barocker *Westturm* errichtet, der den mittelalterlichen Ziergiebel verstärkte. Als optischen Ausgleich erhielt der Turm 1880 seine von Helgo Zettervall in neogotischem Stil entworfene Spitze. Die beiden niedrigen *Osttürme*, mit deren Bau einst Meister Gerlach Mitte des 15. Jh. begonnen hatte, wurden erst 1967, jedoch nach alten Plänen fertig gestellt. Die **Innenausstattung** spiegelt die Baugeschichte nur noch mit wenigen Stücken, wie dem *Triumphkreuz* aus dem 14. Jh. Vieles stammt aus dem 20. Jh., etwa das 1934–36 von Henrik Sörensen geschaffene *Altarbild*.

Im Bezirk Valla im Südwesten der Stadt sind im frei zugänglichen Freilichtmuseum **Gamla Linköping** (Tel. 013/121110, ganzjährig Führungen möglich) mehr als 60 historische Gebäude des alten Linköping, die meisten aus dem 18. und 19. Jh., versammelt. Man versetzte sie von ihren ursprünglichen Stand-

Den Charme der guten alten Zeit pflegt das Freilichtmuseum Gamla Linköping

orten hierher und fügte sie liebevoll mit allen Details zu einer stimmungsvollen Altstadt zusammen. Gepflegte Vorgärten zieren die Häuser, in mehreren Gebäuden sind kleine *kulturgeschichtliche Museen* eingerichtet. Es gibt Kunsthandwerksgeschäfte, eine Silberschmiede, eine Schokoladenfabrik, Postamt, Bäckerei sowie mehrere Cafés. Zum besonderen Reiz tragen die kopfsteingepflasterten Gässchen, die alten Straßenschilder und die Gaslaternen bei. Im Sommer führen historisch gekleidete Menschen das Leben früherer Tage vor Augen.

i Praktische Hinweise

Information

Linköping Turistbyrå, Östgötagatan 5, Linköping, Tel. 013/20 68 35, Fax 013/20 66 19, www.linkoping.se

Hotels

********Scandic Frimurarehotellet**, Larsgatan 14, Linköping, Tel. 013/495 30 00, Fax 013/495 30 11, www.scandic-hotels.com/frimurarehotellet. Marmorsäulen und kostbare Ausstattung charakterisieren das Stadthotel. Restaurant und Schwimmhalle sind im Haus vorhanden.

******Radisson SAS Hotel**, Stora Torget 9, Linköping, Tel. 013/12 96 30, Fax 013/13 37 69, www.radissonsas.com. Nobelhotel in einem 1852 von Jonas Jonsson entworfenen, modernisierten Gebäude. Die Zimmer sind lichtdurchflutet. Mit Gourmetrestaurant Verandan im Haus.

Camping

Glyttinge Camping, Berggårdsvägen 6, Linköping, E 4 (Ausfahrt Centrum), Tel. 013/17 49 28, Fax 013/17 59 23, www.camping.se/plats/e28. Moderner Campingplatz in einem Wäldchen im Westen der Stadt mit Restaurant, Minigolf und Schwimmbad.

Restaurants

Restaurant Olympia, Platensgatan 3, Linköping, Tel. 013/12 33 66. Gepflegtes griechisches Restaurant im Herzen der Stadt, Grillspezialitäten im Garten im Sommer.

Wärdshuset Gamla Linköping, Gästgivaregatan 1, Linköping, Tel. 013/13 31 10, www.wardshuset.com. Das gemütliche Gasthaus ist in einem zweistöckigen Backsteinwohnhaus aus dem 18. Jh. eingerichtet. Serviert wird regionale Küche.

Café

Café Magnifiket, Drottningsgatan 22, Linköping, Tel. 013/24 98 21. Einladendes Gartencafé der Missionskirche mit Eis, Kuchen und frischem Brot.

28 Örebro

Gemütliche Stadt am Hjälmarensee mit monumentaler Festungsanlage.

An der Westspitze des etwa 1000 km² großen Sees **Hjälmaren** bildet Örebro (98 000 Einw.) das politische und wirtschaftliche Zentrum der Provinz Närke. Bereits früher schätzten Bergleute und Händler das Eisenerz der Umgebung, sodass Jarl Birger hier 1265 einen Handelsposten an einer kiesigen Furt (Öre = Kies) durch den Fluss **Svartån** gründete. Dieser Fluss dominiert noch immer das Bild der Stadt. Begleitet von Alleen, Parks und Grünstreifen schlängelt er sich durch Örebro. An ihm liegen bis auf die neugotisch überbaute *St. Nicolai Kyrka* aus dem späten 13. Jh. auch die wichtigsten Sehenswürdigkeiten der Stadt.

Rund um Örebro Slott zeigt sich das alte Handelsstädtchen von seiner nettesten Seite

Eine malerische Lage nimmt **Örebro Slott** (www.orebro.se/slottet) auf einer Insel im Fluss ein. Schon im 13. Jh. hatte Birger Jarl hier eine Wehrburg zum Schutz der Handelswege errichten lassen. Die Vasakönige bauten die Festung im 16. Jh. mit vier mächtigen Rundtürmen aus. Nachdem die Räume im 18. Jh. im Stil der Renaissance renoviert worden waren, zog der Provinzhauptmann ein. Bis heute nutzen Stadt- und Provinzverwaltung das Schloss.

Etwas flussabwärts lädt im großzügig angelegten *Stadsparken* das Kulturzentrum **Wadköping** (Tel. 019/21 62 20, tgl. 11–17 Uhr) zu einem Besuch ein. Das Freilichtmuseum besteht aus etwa 50 Wohnhäusern aus dem 18. und 19. Jh., die einst über das ganze Stadtgebiet verteilt waren, nun aber in der weitläufigen Grünanlage in einer reizvollen Anlage vereint sind. Wie überall entlang des Flusses laden auch hier Cafés und Ruhebänke zum Verweilen ein, im Sommer werden Tanzabende und Konzerte veranstaltet.

Das moderne Wahrzeichen von Örebro ist der pilzförmige Wasserturm **Svampen** (Tel. 019/611 37 35, www.svampen.nu, Mai–Aug. tgl. 11–18 Uhr, Sept.–April Sa/So 11–16 Uhr), der 1958 östlich des Zentrums erbaut wurde. In seinem ›Hut‹ befindet sich in 58 m Höhe ein Restaurant, von dem aus man einen unverstellten Blick über die Stadt genießt.

i Praktische Hinweise

Information

Destination Örebro, Örebro Slott, Örebro, Tel. 019/21 21 21, Fax 019/10 60 70, www2.orebro.se/turism

Hotels

******First Hotell Örebro**, Storgatan 24, Örebro, Tel. 019/611 73 00, Fax 019/10 39 05, www.hotellorebro.se. Sympathisches Hotel in zentraler Lage mit modern ausgestatteten Zimmern.

*****Hotell Göta**, Olaigatan 11, Örebro, Tel. 019/611 53 63, Fax 019/18 31 56, www.hotellgota.nu. Charmantes Hotel mit 20 Zimmern nahe dem Schloss.

Camping

Gustavsvik Camping, Sommarrovägen, 1 km südlich von Örebro, Tel. 019/19 69 50, Fax 019/19 69 61, www.gustavsvik.com. Ganzjährig geöffneter, großer Campingplatz an einem kleinen See mit Hüttendorf, großem Freizeitbad und Sportcenter

Stolz überragen die Türme der Sankta Maria Kyrka den Mastenwald im Hafen von Visby

Restaurant

Restaurang Svalan, Brunnsparken, Örebro, Tel. 019/24 00 66, www.svalan.nu. Modernes Restaurant mit reich gedecktem Abendbuffet.

29 Gotland

Sandstrände, Windmühlen, bizarre Kalksteinsäulen und das historische Vermächtnis der Hanse.

57 000 Menschen leben auf Gotland, das rund 120 km lang und 50 km breit ist. Die größte schwedische **Insel** umfasst 3140 km^2, ihre höchsten Gipfel erheben sich maximal 70 m über Meeresniveau.

Auf Gotland setzt die großartige **Natur** kraftvoll Akzente: felsige Steilküsten, weiße Sandstrände, imposante Kalksteinformationen, blumenbestandene Weiden, einsame Wacholderheiden und Kiefernwälder wechseln sich ab. Dazu kommen zahllose kunst- und kulturhistorische Zeugnisse, die unterschiedliche Siedlungsgruppen auf der Insel hinterließen, z. B. frühzeitliche Steinsetzungen, Runensteine der Wikinger oder kunstvoll ausgeschmückte Bauernkirchen.

Geschichte Hockergräber und andere steinzeitliche Zeugnisse belegen eine Besiedlung von Gotland bereits um 6000 v. Chr., aus der Bronzezeit sind nahezu 400 **Grabfelder** erhalten. Häufig findet man Bildsteine, Fluchtburgen und Hausfundamente aus vorgeschichtlicher Zeit. Unter den Wikingern entwickelte sich die gotländische Hauptstadt Visby im 8.–11. Jh. zum **nordischen Handelszentrum** schlechthin. Diese Funktion baute die **Hanse** im 12.–14. Jh. sogar noch aus und die Gotländer brachten als geschickte Seefahrer und Kaufleute große Reichtümer aus aller Welt auf ihre Insel.

Doch 1361 vernichtete der dänische König **Valdemar Atterdag** vor Visby das gotländische Bauernheer. Anschließend eroberte und plünderte er die Insel. Visby und mit ihm ganz Gotland verlor die bisherige Vormachtstellung im Ostseehandel, fiel gar einer gewissen Vergessenheit anheim und verödete zu einer ländlichen Provinz. Das änderte sich auch nicht, als die Insel 1645 im Frieden von Brömsebro – dem Friedensschluss mit Dänemark im Dreißigjährigen Krieg – erneut an Schweden fiel. Erst im 20. Jh. wurde Gotland von **Touristen** wieder entdeckt. Seither erlebt die ›Perle der Ostsee‹ eine Renaissance

Munter flattern schwedische Fahnen über der mittelalterlichen Stadtmauer von Visby

als Geheimtipp für wunderbare Sommerurlaube.

TOP TIPP Visby

Die **Handelsstadt** Visby (22 000 Einw.) gehört seit 1995 zum *Weltkulturerbe* der UNESCO. Die Hauptstadt Gotlands an der Westküste der Insel zieht seit ihrer Gründung im späten 10. Jh. Menschen aus aller Herren Länder an, zunächst wikingische und hanseatische, meist deutsche Hanse-Kaufleute, heute Touristen.

Eine Besonderheit ersten Ranges ist die hervorragend erhaltene **Stadtmauer** um Visby, an der seit 1270 rund 150 Jahre lang kontinuierlich gebaut wurde. Sie sollte die Bauern der Insel von der reichen Hafenstadt und den Kontoren der ausländischen Hanse-Kaufleute fern halten. Gegen den dänischen König Valdemar Atterdag half sie freilich nicht, dessen Heer 1361 angeblich durch Verrat in die Stadt gelangte und Visby plünderte – der Mauerring blieb unbeschadet. Um dem heutigen Ansturm an Touristen Herr zu werden, ist im Sommer die Altstadt für den **Autoverkehr** gesperrt. Parkmöglichkeiten finden sich außerhalb der Stadtmauer sowie am Fährhafen.

Das freundliche, einladende Visby besitzt 200 mittelalterliche Fachwerkhäuser, 13 Kirchenruinen, einen Dom und zwei Klöster. Während des jährlich im August stattfindenden **Medeltidsveckan** (www.medeltidsveckan.se), der Mittelalterwoche, leben alte Traditionen wieder auf. Dann verkleiden sich die Einwohner von Visby als Ritter, Gaukler, Burgfräulein oder Adlige und verwandeln ihre Stadt in eine einzige Bühne.

Bei einem Rundgang entlang der 3,5 km langen Stadtmauer, der **Ringmuren** 1, wird auch während des restlichen Jahres Geschichte greifbar. Der mächtige Steinwall ist bis zu 12 m hoch und von 44 unterschiedlich gestalteten Türmen und Pforten strukturiert. Sie tragen klingende Namen wie **Dalmansporten** 2 oder **Snäckgärdsporten** 3, es gibt einen Jungfrauenturm und eine Teerkocherei. Am südöstlichen Ende der Stadtmauer befinden sich die Ruinen der Burg von *Visborg*, einst eine der größten Schlossanlagen des Nordens, ehe sie 1679 von den Dänen gesprengt wurde.

Die Grünanlage **Almedalen** 4 erstreckt sich auf dem Gelände der historischen Hafenanlage und liegt daher außerhalb der Stadtmauer. Am südöstlich anschließenden *Donners Plats* stehen das **Burmeisterska Huset** 5, ein um 1650 für den Lübecker Kaufherrn Hans Burmeister errichteter Fachwerkbau, und das ebenfalls historische **Donnerska Huset** 6. Zu den schönsten Profanbauten innerhalb der Stadtmauern gehören die Gildehäuser nördlich des *Packhusplan*, etwa die Alte Apotheke **Gamla Apoteket** 7 in der Kyrkogatan. Das Landesmuseum **Fornsalen** 8 (Strandgatan 14, Tel. 04 98/29 27 00, www.lansmuseetgotland.se, Mitte Mai–Mitte Sept. tgl. 10–17 Uhr, Mitte Sept.–Mitte Mai Di–So 12–16 Uhr) beherbergt eine sehenswerte Ausstellung zur Geschichte der Insel. Sie zeigt mittelalterliche Kirchenkunst sowie mehrere auf der Insel gefundene vor- und frühchristliche Bildsteine. Besonders kunstvoll ist der *Klinte-Hunninge-Stein*, in den wikingische Künstler im 8. Jh. speertragende Reiter, Bogenschützen und Schiffe ritzten.

Inmitten der westlichen Altstadt ist **Sta. Maria Kyrka** 9 die einzige vollständig erhaltene historische Kirche von Visby. Sie liegt etwas erhöht auf einem Kalksteinplateau und auch an ihren drei auffälligen Türmen mit den schwarzen barocken Hauben erkennt man sie schon von weitem. Anfangs diente die 1225 geweihte dreischiffige Basilika den deutschen Kaufleuten als Standes-, später als Gemeindekirche für alle Deutschen in Visby. Zwischen 1250–60 wurden im Osten zwei Vierecktürme angefügt, die Mauern der Seitenschiffe nach außen versetzt und das Mittelschiff deutlich erhöht. Darüber entstand Mitte des 15. Jh. noch ein großer Speicherboden, komplett mit Luke und Lastkran, an der Südseite baute man eine Versammlungshalle an. Aus optischen Gründen wurden gleichzeitig die beiden Osttürme erhöht. 1572 folgt die Ernennung zur **Domkyrka**, in der zahlreiche Bodenplatten auf die hier bestatteten politischen und kirchlichen Würdenträger hinweisen. Die Innenausstattung ist nüchtern, lediglich die *Holzkanzel* aus dem Jahr 1684 ist reich geschnitzt.

Nördlich von Visby

Mehr als 90 Gotteshäuser soll Gotland besitzen, alle mit breiten Türmen und Giebeln. Die aufwendige Ausstattung der Steinkirchen mit Wandmalereien oder Glasfenstern spiegeln den Reichtum der

Während der Mittelalterwoche wird in Visby kräftig auf die Pauke geschlagen

Landbauern wie auch das gesamte Spektrum technischer Kunstfertigkeit des 12.–14. Jh. wider. Nach dem Niedergang der Bauernkultur im 14. Jh. fehlten die Mittel für weitere Umbauten und die Kirchen blieben im romanischen Stil erhalten. Zu den bedeutendsten dieser Art gehört das Gotteshaus von **Lummelunda** aus dem frühen 13. Jh. Der Chor wurde um 1350 an das Langhaus angebaut. Lohnend ist auch ein Besuch der nahen Tropfsteinhöhlen **Lummelundagrottorna** (13 km nördlich von Visby, Tel. 04 98/27 30 50, www.lummelundagrottan.se, tgl. 10–15 Uhr). Die bizarren Kalkgebilde entstanden im Laufe von Jahrmillionen und wachsen noch heute – etwa 1 mm in 20 Jahren. Im Rahmen von Führungen

kann man etwa die Hälfte des 2,6 km langen Höhlensystems erkunden.

Eine sehr schöne Innenausstattung zeigt die Kirche in **Lärbro** aus der zweiten Hälfte des 13. Jh. Seltenheitswert besitzt der achteckige Kirchturm, der im 14. Jh. angebaut wurde. Den Chorraum dominieren die Figuren von Maria und Johannes unter dem Golgathakreuz. Ein Fresko über dem Portal zur Sakristei zeigt einen Drachen, dessen Kopf plastisch als Konsole ausgebildet ist.

Fårö

Nördlich vor Gotland liegt die Insel Fårö. An ihren Küsten hat die Natur eigene Skulpturen geschaffen und zwar in Form von sog. **Raukar**. Das sind bizarr geformte Kalksteinsäulen, die übrig blieben, als Wind und Wetter über Zeitalter hinweg weichere Gesteinsschichten abtrugen. Sie gehören zu den unverwechselbaren Naturdenkmälern der Insel.

Südlich von Visby

3 km südlich von Visby liegt **Kneippbyn** (Tel. 04 98/29 61 50, www.kneippbyn.se, Mitte Mai–Aug. Kernzeit tgl. 10–17 Uhr). Hier kann man im Freizeitpark *Sommarland* mit Seilbahn, Kanu und Auto fahren oder aber eines der vielen Karussells ausprobieren. Nebenan lockt der Badepark *Vattenland* mit seinen Pools und Rutschen. Die größte Attraktion aber ist die *Villa Villekulla*, die Original-Villa Kunterbunt aus den klassischen Pippi Langstumpf-Filmen. Heute ist hier ein Museum eingerichtet ist, in dem man Pippi und ihren Freunden begegnen kann. Im Sommer wird auch Theater gespielt.

Wie mag das sein? Neugierig untersucht ein Gast in Visby die nostalgische Telefonzelle

In einem Wäldchen an der Ostküste, ca. 40 km von Visby entfernt, befindet sich die **Torsburgen**. Es handelt sich um ein kreisrundes Areal, das zum Meer hin durch steile Klippen, ansonsten durch bis zu 7 m hohe Mauern geschützt wird. Die Anfänge dieser größten Festungsanlage Skandinaviens gehen auf prähistorische Zeit zurück. Die Bevölkerung nutzte die Anlage bis ins 13. Jh. als Zufluchtsort. Südlich davon ist der Ort **Ljugarn** an der Ostküste seit dem 19. Jh. das beliebteste *Meerbad* Gotlands. Hier beginnen flache Sandstrände, die sich bis an die Südspitze Gotlands ziehen. Die ebene Landschaft eignet sich auch sehr gut für Fahrradtouren.

i Praktische Hinweise

Information

Gotlands Turistbrå, Skeppsbron 4–6, Visby, Tel. 04 98/20 17 00, Fax 04 98/ 20 17 170, www.gotland.info

Schiffsverbindungen

Destination Gotland, Visby, Tel. 07 71/ 22 33 00, www.destinationgotland.se. Regelmäßige Verbindungen zwischen Visby und Nynäshamn südlich von Stockholm (5 Std.), bzw. Oskarshamn (4 Std.).

Hotels

******Hotell Visby**, Strandgatan 34, Visby, Tel. 04 98/25 88 00, Fax 04 98/25 88 11, www.strandhotel.se. Hotel in restauriertem mittelalterlichem Gebäude. Die Zimmer sind komfortabel ausgestattet, in den Gewölben befinden sich Restaurant, Sauna und Pool.

*****Toftagården**, Tofta (20 km südlich von Visby), Tel. 04 98/29 70 00, Fax 04 98/ 26 56 66, www.toftagarden.se. Gemütliches Hotel im Schutze hoher Kiefern, 500 m vom Strand entfernt. Das hauseigene Restaurant ist ausgezeichnet.

Camping

Kneippbyn Camping, Kneippbyn, 3 km südlich von Visby, Tel. 04 98/29 61 50, Fax 04 98/25 10 15, www.kneippbyn.se. Vier-Sterne-Platz mit 350 Campingstellplätzen und 650 weiteren Unterkünften:

Rast am Fuß des Riesen – die von Wind und Wetter geschaffenen Raukar auf Gotlands nördlicher Nachbarinsel Fårö bieten der Fantasie allerlei Interpretationsmöglichkeiten

Ferienhäuser, Zweibettzimmer, Wohnwagen und Apartmenthotel mit Blick aufs Meer.

Restaurants

TOP TIPP **Donners Brunn**, Donners Plats 6, Visby, Tel. 04 98/27 10 90, www.donnersbrunn.nu. Das Feinschmeckerrestaurant ist im Keller eines historischen Stadthauses eingerichtet. Die Küche legt Wert auf frische Zutaten aus der Region. Zu den internationalen und gotländischen Spezialitäten gehören z. B. Muschelsuppe, Ochsenfilet oder Safranpfannkuchen (Mo–Sa ab 18 Uhr).

Värdshuset Lindgården, Strandgatan 26, Visby, Tel. 04 98/21 87 00, www.lindgarden.com. Gediegener Gasthof in einem Haus aus dem 17. Jh. mit romantischem Innenhof. Serviert werden feine Inselspezialitäten wie Gotlandlachs oder Multbeerenparfait. Auch Hotel.

Mittelschweden – Und ewig singen die Wälder

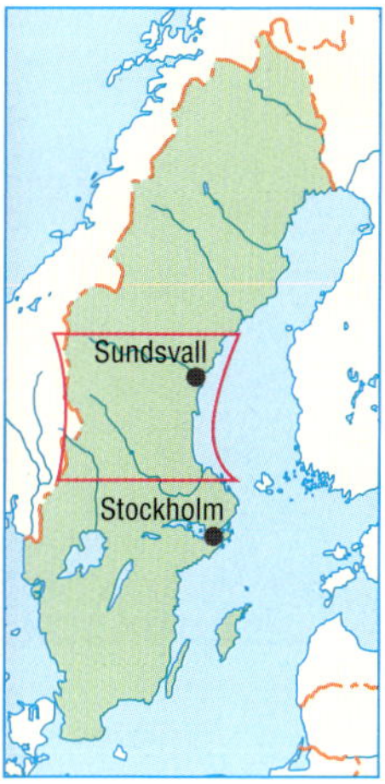

Mittelschweden beginnt mit dem waldreichen **Värmland**, das bereits den Auftakt zu den Wildmarken des Nordens bildet. Mit seinen lieblichen Ortschaften, gemächlichen Flüssen und sanften Bergrücken präsentiert es sich weitaus zugänglicher als der hohe Norden selbst.

Nördlich schließt sich die Region **Dalarna** an. Der Name bedeutet ›Täler‹ und steht für abwechslungsreiche Landschaften, die teilweise noch unberührte Natur zu bieten haben. Geschichtsreiche Städte wie *Mora* oder *Rättvik* liegen rund um den Siljansee und werden nicht nur von Traditionalisten als ›Herz Schwedens‹ bezeichnet. Den höher gelegenen Nordwesten Dalarnas charakterisieren ausgedehnte Wälder, zahllose tiefblaue Seen und nicht zuletzt Hunderte roter Holzhäuschen in und um die Wintersportorte. *Sälen* ist einer von ihnen, in dem jedes Jahr am ersten Sonntag im März der Vasalauf gestartet wird.

In der Provinz **Jämtland** schließlich dominieren wildreiche Fjälls und Buchenwälder, in denen der raue Atem des Nordens bereits zu spüren ist. Die Berge gewinnen an Höhe, der *Helags* z. B. erreicht 1796 m, und es gibt nur noch wenige Dörfer und Gehöfte. Jämtland ist eine alte Kulturregion, die bis 1645 zu Norwegen gehörte, ihre Hauptstadt *Östersund* befindet sich am Ufer des Storsjönsees. Im Winter tummeln sich Skifahrer auf den Pisten von *Åre*, das zu den bekanntesten Wintersportorten Schwedens gehört.

30 Värmland

Kunsthandwerk in waldreicher Provinz.

Blau schimmernde Berge, sattgrüne Mischwälder, unzählige Seen und kleine Dörfer mit traditionellen Handwerksbetrieben prägen das dünn besiedelte Värmland. **Arvika**, im Zentrum der westvärmländischen Seenplatte gelegen, ist ein belebtes Städtchen am Nordrand des Sees *Glafsfjorden*. Hier treffen sich Wanderer und Naturfreunde, bevor sie die Berge ringsum oder das 30 km südlich gelegene Naturreservat Glaskogen erkunden.

Die ansprechende Lage des Ortes zog zu Beginn des 20. Jh. einige bedeutende schwedische Künstler an. Der Bildhauer Christian Eriksson (1858–1935) etwa lebte und arbeitete im Herrenhof *Oppstuhage* am nahen *Racken-See*. Die Künstler von Arvika, besser bekannt als **Rackstadkolonin**, werden zur Gruppe der ›Schwedischen Impressionisten‹ gezählt, da ihre von der Natur inspirierten Arbeiten auch Züge von Jugendstil und Symbolismus aufweisen. Zu ihrem Kreis gehörte auch der Maler Gustaf Adolf Fjaestad (1868–1948), der vor allem stimmungsvolle Winterlandschaften schuf.

Es grünt so grün – Siedlung in den dichten Wäldern Mittelschwedens

Die im 17. Jh. von finnischen Einwanderern geprägte Kleinstadt **Torsby** im Norden des Frykentales ist beliebter Ausgangspunkt für eine *Floßfahrt* auf dem östlich verlaufenden, friedvoll dahingleitenden Fluss **Klarälven**. Die 110 km lange Strecke zwischen Sysslebäck und Ekshärad eignet sich ausgezeichnet zum Flößen. Auch ungeübte Passagiere können die stille Reise durch das schöne Värmland genießen – mit einer Durchschnittsgeschwindigkeit von 2 km/h.

Schneller voran geht es per Ski, die man in Torsby an 356 Tagen im Jahr laufen kann. Möglich macht dies ein **Skitun-**

Gäste auf Mårbacka empfing die Hausherrin Selma Lagerlöf im stilvollen Salon

nel (Valberg, 1,5 km nördlich von Torsby, Tel. 05 60/270 00, www.fortumskitunnel torsby.se) mit einer Langlaufstrecke über 1,3 km, die über zwei klassische und zwei Freistilloipen verfügt.

i Praktische Hinweise

Information

Arvika Turistbyrå, Storgatan 22, Arvika, Tel. 05 70/817 90, Fax 05 70/817 20, www.arvika.se

Flughafen

Torsby Flygplats, Vasserudsvägen 3, Torsby, Tel. 05 60/127 90, www.torsbyflygplats.se. Flugverbindung Mo–Fr zweimal tgl. von und nach Stockholm.

Sport

Vildmark i Värmland, Torsby, Tel. 05 60/140 40, Fax 05 60/130 68, www.vildmark.se. Floßfahrten auf dem Klarälven und weitere Aktivitäten.

Camping

Torsby Camping, Rattsjöberg 5, Torsby, Tel./Fax 05 60/710 95, www.torsbycam ping.se. Sehr schön am Westufer des herrlichen Frykensees gelegener Platz, teils im Hochwald, teils auf Gras. Kleiner Sandstrand am See, dazu Steg, Wasserrutschen und Liegewiese.

31 Mårbacka

Heimat von Schwedens großer Literatin, der Nobelpreisträgerin Selma Lagerlöf.

Auf einer flachen Landzunge zwischen den Seen *Övre* und *Mellan-Fryken* liegt das kleine, doch lebhafte **Sunne**. Der Ort steht ganz im Zeichen der Literaturnobelpreisträgerin von 1908, **Selma Lagerlöf**. Sie wurde 1858 im 8 km südöstlich gelegenen **Gutshof** Mårbacka geboren. Von Sunne aus ist das Gehöft auf der östlichen Seite des Mellan-Fryken über die stadtauswärts ausgeschilderte Straße zu erreichen, die von der 241 in Richtung Munkfors abzweigt.

Mårbacka liegt malerisch inmitten von Feldern und Wiesen. Während Hof und Garten öffentlich zugänglich sind, kann man das seit Lagerlöfs Zeiten unveränderte **Herrenhaus** (Mårbackastiftelsen, Tel. 05 65/310 27, www.marbacka.s.se, 10. Juni–6. Juli und 11.–31. Aug. tgl. 10–16, 7. Juli–10. Aug. tgl. 10–17, Sept. Sa, So 11–14, Okt.–Dez. Sa 14 Uhr, Führungen in deutscher Sprache 30. Juni–24. Aug. tgl. 14 Uhr) nur im Rahmen von Führungen besichtigen. Das zweistöckige Hauptgebäude wurde 1921–23 von Gustaf Clason im karolinischem Gutshofstil mit zwei Seitenflügeln umgebaut. Damals entstand auch der Portikus mit dem von fünf Säulenpaaren getragenen Balkon über dem Eingang. Die meisten der Innenräume wie Salon oder Arbeitszimmer sind mit Originalmöbeln der Schriftstellerin ausgestattet. Im oberen Stockwerk befinden sich u. a. Schlafgemach und Elkanzimmer, das Sophie Elkan, Reisebegleiterin und enge Freundin Selma Lagerlöfs, gewidmet ist. Selma Lagerlöf wurde auf dem Friedhof von **Östra Ämtervik**, 10 km südwestlich von Mårbacka, begraben.

Praktische Hinweise

Information

Sunne Turism, 41. Turistbyrån, Sunne, Tel. 05 65/167 70, Fax 05 65/167 85, www.varmland.org/sunne

Hotel

TOP TIPP ******Selma Spa**, Sundsbergsvägen 3, Sunne, Tel. 05 65/166 00, Fax 05 65/166 31, www.selmaspa.se. Sehr gutes Hotel in einem Herrenhof mit modernen Nebengebäuden. Geräumige, liebevoll eingerichtete Zimmer. Gutes Restaurant und Bäderzentrum anbei.

Restaurant

Länsmansgården, Ulvsby (etwa 3 km nördlich von Sunne), Tel. 05 65/140 10, www.lansman.com. In dem Gutshof werden edle, herzhafte värmländische Spezialitäten wie Elchbraten oder Lachs serviert. Auch einige Gästezimmer.

32 Gävle

Älteste Stadt Nordschwedens mit Flanierstraßen und pittoresken Holzhäusern.

Vielleicht sind es die Parks, Cafés und breiten Flanierstraßen, vielleicht die gelungene Mischung aus historischen und modernen Bauten, die die lebhafte **Hauptstadt** des Bezirks Gästrikland an der Mündung des Flüsschens Gavleån ins Bottnische Meer so anziehend macht. Das 1446 zur Stadt erhobene Gävle erhielt

Sogar die Nobelpreisträgerin Selma Lagerlöf wartete wohl gelegentlich an ihrem Schreibtisch auf Inspiration

Von Wildgänsen und einem weiten Land

Am 20. November 1858 kam **Selma Lagerlöf** auf dem väterlichen Hof von Mårbacka zur Welt. 1882 wurde das Anwesen verkauft und Selma ging als Lehrerin ins südschwedische Landskrona, wo sie zu schreiben begann.

Lagerlöf wählte national-romantische Themen und entwickelte ihre Charaktere psychologisch stimmig. Den Hintergrund zu ihren Romanen bilden die landschaftlichen Schönheiten Värmlands sowie die volkstümlichen Erzählungen der Region. Bereits ihr Erstling, die 1891 erschienene **Gösta Berlings Saga** wurde ein überwältigender Erfolg. Heute noch ist in der Nähe Mårbackas das nach einem Brand wieder aufgebaute Herrenhaus von Rottneros zu sehen, das in Lagerlöfs berühmtestem Roman als Vorlage für Schloss Ekeby diente. Die Tantiemen ermöglichten ihr fortan ein freies Schriftstellerinnendasein.

Berühmt wurde Lagerlöf 1905 mit einer Auftragsarbeit für die schwedische Schulverwaltung. Statt eines trockenen Heimatkundebuches verfasste sie **Die wunderbare Reise des kleinen Nils Holgersson mit den Wildgänsen**. Die Geschichte handelt vom verzauberten Däumling Nils, der auf der Hausgans Martin mit den Wildgänsen über Schweden fliegt, um das Land, seine Natur, Schönheit und Geschichte zu studieren.

1909 erhielt Selma Lagerlöf den **Literaturnobelpreis** für ihr Werk. Sie erfüllte sich einen Herzenswunsch und kaufte Mårbacka als Wohnsitz zurück, wo sie ab 1910 wieder lebte. Ihre zahlreichen Reisen verarbeitete die Autorin ebenfalls literarisch, etwa in dem 1914 erschienen Roman ›Der Kaiser von Portugal‹. Im selben Jahr wurde sie als erste Frau in die Schwedische Akademie für Sprache und Wissenschaft aufgenommen. Selma Lagerlöf starb am 16. März 1940 in Mårbacka, das heute als Museum ihr Gedächtnis bewahrt.

Seine leuchtende blaue Fassade macht das Konserthuset in Gävle unübersehbar

1670 Handelsprivilegien mit dem Baltikum und wuchs danach schnell zu einer blühenden **Handelsmetropole** heran. 1869 zerstörte ein **Großbrand** das Zentrum nördlich des Flusses, das anschließend modern und großzügig mit breiten Promenaden und rechtwinkligem Straßenraster wieder aufgebaut wurde.

Entlang der Nordseite des Gävleån reicht die Allee *Norra Strandgatan* vom Bahnhof nach Westen bis zum Monumentalbau des 1869 mit Zwiebelturm errichteten **Rådhuset**. Vom Rathaus führt die zum Einkaufsbummel einladende Kungsgatan nordwärts zum **Stadsteatern** (Teaterplan 1, Tel. 026/10 21 00, www.gavleteater.se). Dieses Stadttheater wurde 1878 von Axel Nyström im Stil der Neorenaissance errichtet und ist von imposanten Bürgerhäusern aus dem späten 19. Jh. umgeben. Den Westen des Stadtzentrums bildet der **Boulognerskogen**, einer der größten Stadtparks Schwedens. Gleich am Beginn bildet die moderne Glasfassade des von Architekt Bo Karlberg geplanten und 1988 eröffneten **Konserthuset** (Kungsbäcksvägen 22, Tel. 026/17 29 00, www.gavlekonserthus.se) einen interessanten Kontrast zu den historischen Bauten entlang des Flusses.

Am Südufer des Gavleån fällt das blockhafte gelbe **Slott** auf, ein auf das 16. Jh. zurückgehendes, doch mehrfach umgebautes Vasaschloss, in dem heute die Stadtverwaltung untergebracht ist. Östlich davon liegt **Gamla Gefle**, der aus idyllischen Holzhäusern des 18. Jh. bestehende historische Distrikt. Die Straßen zwischen den pittoresken Häuserzeilen wurden bereits im Mittelalter gepflastert. Früher wohnten hier hauptsächlich Fischer und Handwerker, heute haben sich viele Künstler in den Holzkaten angesiedelt. Am Fluss zeigt das **Länsmuseum** (Södra Strandgatan 20, Tel. 026/65 56 00, www.lansmuseetgavleborg.se, Ende Juni–Mitte Aug. Mo–Fr 11–17, Sa/So 12–16, Mitte Aug.–Ende Juni Di–Fr 10–16, Sa/So 11–16 Uhr) schwedische Gegenwartskunst und Werke des 17.–20. Jh.

Am Südrand der Stadt wartet das Eisenbahnmuseum **Sveriges Järnvägsmuseum** (Rälsgatan 1, Tel. 026/14 46 15, www.banverket.se/jarnvagsmuseum, Juni–Aug. tgl. 10–16 Uhr, Sept.–Mai Di–So 10–16 Uhr)

Tiefe Spuren hinterließ die Erzförderung in Falun, dem Ort, aus dem die dunkle rostrote Farbe des Faluröd stammt

Nationalfarbe Schwedens

Wer etwas in Schweden auf seine Holzhütte hält, streicht sie mit **Faluröd**, dem typischen dunklen Rostrot. Diese Fassadenfarbe entstand eigentlich als Nebenprodukt der Kupfererzeugung von **Falun**, 50 km südöstlich von Rättvik. Das heute als Warenzeichen geschützte Produkt besteht aus Pigmenten, die aus Resterzen der alten Faluner Grube gewonnen werden. Daraus wird eine so genannte **Schlämmfarbe** hergestellt, die einerseits gegen Regen schützt, andererseits das Holz atmen lässt. Man sagt, ein Anstrich halte mehr als 15 Jahre. Jedenfalls kann er leicht aufgetragen werden und verliert seine kräftige Färbung im Laufe der Zeit nicht. Trotz Schließung des Bergwerks in Falun wird das Faluröd noch immer in großen Mengen aus Resterzen der Abraumhalden produziert.

mit einer interessanten Sammlung historischer Lokomotiven und Waggons auf, darunter ein Salonwagen von 1920.

i Praktische Hinweise

Information

Gävle Turistbyrå, Galerie Nian, Drottninggatan 9, Gävle, Tel. 026/14 74 30, Fax 026/10 78 31, www.gavle.se

Hotel

Scandic CH, Nygatan 45, Gävle, Tel. 026/495 84 00, Fax 026/495 84 11, www.scandic-hotels.com/ch. Modernes Hotel im Zentrum. Die Zimmer sind komfortabel und hübsch eingerichtet. Mit Restaurant, Bar und Sauna.

Café

Café Mamsell, Berggrenska Gården, Kyrkogatan/Norra Strandgatan, Gävle, Tel. 026/12 34 01. Kaffeehaus mit Garten im ehem. Kontor des Reeders Anders Berggren von 1814. Man genießt hausgemachten Apfelkuchen, Zimtschnecken und andere süße Leckereien.

33 Rättvik

In der Hochburg der Volksmusik und Brauchtumspflege geht es zünftig zu.

Touristisches Zentrum am Ostufer des Siljansees ist Rättvik (5000 Einw.). Urlauber schätzen die wald- und seenreiche Umgebung, auch weil hier viele bäuerliche Traditionen lebendig geblieben sind.

Die kleine Kirche von Rättvik war lange Zeit das einzige Gotteshaus am Siljansee

In und um Rättvik bieten sich immer wieder Gelegenheiten, Trachten, Volkstänze, Kunsthandwerk und alte Baukunst des östlichen Dalarna kennen zu lernen. Am besten beginnt man damit im **Gammelgården** (Mitte Juni–Mitte Aug. tgl. 11–17 Uhr), dem Heimatmuseum in einem historischen Bauernhof nördlich der Kirche von Rättvik [s. u.]. Gezeigt werden Trachten und Hausrat der letzten 200 Jahre sowie Dala-Holzmalereien, naive Bauernkunst, für die die Region bekannt ist.

Wahrzeichen des beliebten Ortes ist **Rättviks Kyrka**, die auf einer Halbinsel im See steht. Die ältesten Teile der einschiffigen Kirche stammen aus dem 13. Jh., das

... zu dem die Gläubigen sonntags in festlich geschmückten Kirchbooten ruderten. Und trotz moderner Transportwege wird die Tradition aufrechterhalten

Ich glaub', ich seh' 'nen Elch! Ungewöhnlicher Blickfang im Garten eines der liebevoll mit Blumen geschmückten typischen Blockhäuser des reizenden Künstlerortes Tällberg

heutige Aussehen mit Querschiff und außen an den Chor angebautem weißem Viereckturm mit Haubendach geht auf das 18. Jh. zurück. Im Inneren fallen Holzskulpturen aus dem 14. Jh. auf, etwa am Eingang des linken Seitenschiffs die des hl. Stephanus, sowie auf einem Balken zwischen Langhaus und Chor ein 4 m hohes Triumphkruzifix. Die reich ornamentierte Kanzel links davon entstand 1636 im Renaissancestil und auch das Taufbecken rechts vom Chor stammt aus dem 17. Jh. In dieser Kirche bat 1520 Gustav Vasa die Männer Rättviks um Unterstützung für seinen Aufstand gegen die Dänen. Daran erinnert das **Vasa-Monument**, ein schlichter Gedenkstein, der 1893 am Seeufer südlich des Gotteshauses errichtet wurde.

Rings um die Kirche stehen 87 im 17. und 18. Jh. errichtete, steinerne **Kyrkstallar**, sog. Kirchställe, in denen sonntägliche Gottesdienstbesucher ihre Pferde einstellen konnten. Doch weil das Seeufer früher sehr unwegsam war, kamen viele Gläubige lieber mit *Kirchbooten* zur Sonntagsmesse. Diese Tradition wird noch heute gepflegt, vor allem zur Mittsommerzeit, aber auch im Juli und August. Dabei sind die Kirchgänger in traditionelle schwarz-weiße Trachten gekleidet und rudern singend zur Kirche.

Nicht zuletzt ist Rättvik berühmt als Zentrum der schwedischen **Volksmusik**. Zwischen Mittsommer und Mitte Juli finden zahlreiche Aufführungen von Folklore- und Volkstanzgruppen statt, die mit dem Festival *Musik vid Siljan* (www.musikvidsiljan.se), ›Musik am Siljansee‹, ihren Höhepunkt erreichen.

TOP TIPP Tällberg

13 km südlich von Rättvik liegt das idyllische **Dorf** Tällberg auf einer Halbinsel im Siljansee. Die schöne Aussicht über das Wasser, die liebliche Landschaft mit Wald und Wiesen sowie die typisch rot gefärbten Holzhäuschen des Ortes sind einfach bezaubernd. Da sich auch zahlreiche Künstler hier ansiedelten, gehören Ateliers, Galerien, Silber- und Goldschmieden ebenfalls zum Ortsbild.

i Praktische Hinweise

Information

Turistbyrå Rättvik, Riksvägen 40, Rättvik, Tel. 02 48/79 72 10, Fax 02 48/122 51, www.siljan.se

Schiff

M/S Gustaf Wasa, Rättvik, Tel. 070/542 10 25, www.wasanet.nu. Juni–Aug. mehrmals tgl. Seit 1876 befährt der Ausflugsdampfer auf dem Siljan-See die Strecke Rättvik– Mora–Leksand.

Sport

Rättviks Sommarrodelbana, Vålsvedsvägen, Rättvik, Tel. 02 48/5 17 50, Fax 02 48/5 12 37, www.rattviksbacken.nu, Juni–Aug. tgl. 11–19 Uhr. Sommerrodelbahn am Hausberg Rättviksbacken.

Camping

Swe Camp Rättviksparken, am Volkspark von Rättvik, Tel. 02 48/561 11, Fax 02 48/126 60, www.rattviksparken.fh.se. Der ganzjährig geöffnete baumbestandene Platz bietet 175 Stellplätze und 48 Hütten sowie eine Jugendherberge.

Hotels

*****Gärdebyhotellet Rättvik**, Hantverksbyn, Rättvik, Tel. 02 48/302 50, Fax 02 48/306 60, www.dalawardshus.se. Gediegenes Hotel am See. Das Restaurant serviert Gerichte aus regionalen Zutaten (von Mai bis Aug. geöffnet).

TOP TIPP *****Hotel Klockargården**, Tällberg, Tel. 02 47/502 60, Fax 02 47/502 16, www.klockargarden.com. Hübsches Areal mit komfortablen Blockhäusern im Folklorestil, die über große, charmant eingerichtete Zimmer verfügen. Mit Restaurant und Wellnessbereich .

34 Mora

Ruhmreicher Zielort des Vasalaufes.

20 000 Menschen leben in Mora, dem größten Ort am Siljansee. Moderne Wohnviertel und Stahl verarbeitende Industriebetriebe prägen die Außenbezirke der Stadt, doch sie ist auch reich an Tradition und **Handwerkskunst**. Großer Beliebtheit erfreut sich z. B. das *Dala-Pferdchen*, das als Souvenir quasi zum Symbol Schwedens wurde.

Nicht zuletzt der international anerkannte, reisefreudige Maler **Anders Zorn** (1860–1920) trug den kulturellen Ruhm seiner Heimatstadt Mora über die Provinz- und Landesgrenzen hinaus. Das 1939 im Ortskern eröffnete **Anders Zorn Museet** (Vasagatan 36, Tel. 02 50/59 23 10, www.zorn.se, Mitte Mai–Mitte Sept. Mo–Sa 9–17, So 11–17 Uhr, Mitte Sept.–Mitte Mai tgl. 12–17 Uhr) stellt neben den rauen Landschaftskompositionen des Meisters

Man könnte es bockbeinig nennen, trotzdem ist das Dala-Pferd sehr beliebt

Schwedische Kulturbotschafter

In allen Geschäften und Handwerksläden Dalarnas findet man meist rot grundierte **Holzpferde** in allen Größen, vom Taschen- bis zum Monumentalformat. Diese **Dala-Pferdchen** sind ein typisches Produkt der hier jahrhundertelang üblichen **Heimarbeit**. Die Bauern nutzten die langen Winterabende dazu, die zierlichen Figuren aus Holz zu schnitzen und mit familienspezifischer Ornamentik zu bemalen. Wann genau die ersten Pferdchen entstanden, ist unbekannt, doch sind sie seit Mitte des 18. Jh. belegt. Bei der **Weltausstellung** 1912 in New York erregte ein Dala-Pferdchen unter den schwedischen Schaustücken größtes Interesse und begründete einen **Exportboom** in alle Welt, der bis heute nicht abgeklungen ist.

Die meisten Stücke kommen aus dem kleinen Ort **Nusnäs** bei Mora, wo die Familie Olsson seit Beginn des 20. Jh. tätig ist. Schon ein Jahr nach der Weltausstellung verließen 20 000 Pferde Olssons Betrieb. Trotz industrieller Großproduktion erledigen die Schnitzer die Feinarbeit bei der Gestaltung der Pferde nach wie vor von Hand. Der ›Krüsmaler‹ verziert zum Schluss die grundierten Pferde mit Kürbismalerei, deren Motive und Ornamente jahrhundertealten Traditionen folgen. Einige Werkstätten kann man besichtigen. Infos:

Grannas A. Olsson Hemslöjd, Edåkersvägen 24, Nusnäs, Tel. 02 50/372 50, www.grannas.com. Mitte Juni–Mitte Aug. Mo–Fr 9–18, Sa/So 9–16 Uhr, Mitte Aug.–Mitte Juni Mo–Fr 9–16 Uhr.

Nils Olsson Hemslöjd, Edåkersvägen 17, Nusnäs, Tel. 250 372 00, www.nohemslöjd.se, Mitte Juni–Mitte Aug. Mo–Fr 8–18, Sa/So 8–17, Mitte Aug.–Mitte Juni Mo–Fr 8–17, Sa 10–14 Uhr

Im Sauseschritt zum Sieg – Sportler-Denkmal nahe der Ziellinie des traditionsreichen Vasalaufes in Mora

Laufen für den König

Der **Vasaloppet**, der 90 km lange Volkslanglauf zwischen Sälen und Mora, geht auf eine historische Flucht vor rund 500 Jahren zurück. 1520 rief der schwedische Adlige Gustav Vasa die Männer von Dalarna zum **Widerstand** gegen die dänische Herrschaft auf. Doch die Dalekarlier wollten nichts von Krieg wissen, woraufhin Vasa seine Ski anschnallte und vor seinen dänischen Häschern in Richtung norwegischer Grenze floh. Aber als kurz danach bekannt wurde, dass sich in Stockholm bereits Widerstand organisiert hatte, änderten die Landleute ihre Meinung. Sie schickten Gustav von Mora aus zwei ihrer besten **Skilangläufer** hinterher, die ihn bei Sälen einholten. Vasa kehrte unverzüglich zurück, besiegte mithilfe der Darekarelier die Dänen und bestieg 1523 den schwedischen Königsthron.

Zur Erinnerung an diese folgenreichen Tage in Dalarna fand am 19. März 1922 der erste **Vasalauf** statt und wird seitdem an jedem ersten Sonntag im März ausgetragen. Seit 1981 sind auch Frauen als Aktive zugelassen. Sie machen mittlerweile rund ein Drittel der mehr als 20 000 Profi- und Hobbysportler aus, die jedes Jahr am Rennen teilnehmen. Berühmt geworden ist Nils Karlsson aus Mora, der 1943–53 den Lauf neunmal gewann. Den **Streckenrekord** hält Peter Göransson, der 1998 eine Zeit von 3 Stunden, 38 Minuten und 57 Sekunden vorlegte.

auch seine Kunstsammlung aus. Im angrenzenden **Zorns Gård** (Tel. 02 50/59 23 10, Mitte Mai–Mitte Sept. Mo–Sa 10–16, So 11–16 Uhr, Mitte Sept.–Mitte Mai tgl. 12, 13, 14 und 15 Uhr, Besichtigung nur im Rahmen einer Führung), der einstigen Wohnkate seiner Großeltern mit dem idyllischen Garten ringsum, lebte der Künstler mit seiner Frau. Die Räumlichkeiten vermitteln eine Vorstellung vom privaten Umfeld des Künstlers.

Aus touristischer Sicht hat Mora vor allem als Ziel des **Vasaloppet** (www.vasaloppet.se), des berühmten Vasalaufs, Bedeutung. Er findet an jedem ersten Sonntag im März statt und gilt als traditionsreichster und größter *Volksskilanglauf* der Welt. Das sportliche Großereignis beginnt in Sälen [Nr. 35] und endet nach 90 km in der Hauptstraße von Mora. Beim Zieltor steht das moderne **Vasaloppsmuseet** (Mitte Juni–Mitte Aug. tgl. 10–17 Uhr, Mitte Aug.–Mitte Juni Mo–Fr 10–17 Uhr), in dem die Geschichte des Laufes anhand von Erinnerungsstücken und einem Film dokumentiert wird.

Der Streckenverlauf des Volkslanglaufes folgt weitgehend dem Wanderweg **Vasaloppsleden** (www.vasaloppsleden.se). Im Sommer kann man die 85,5 km lange Strecke in 4–5 Tagen bequem zu Fuß bewältigen. Die Route ist bestens markiert und zu durchquerende Sümpfe sind mit Holzbohlen gesichert. Die Touristenbüros der Region halten außerdem eine Wanderkarte bereit. Übernachten kann man in Holzhütten.

TOP TIPP

i Praktische Hinweise

Information

Mora Turistbyrå, Strandgatan 14, Mora, Tel. 02 50/59 20 20, Fax 02 50/59 20 21, www.siljan.se

Camping

Mora Camping, Kopparberg, Mora, Tel. 02 50/276 00, Fax 02 50/276 01, www.moraparken.se. Großer Platz, 1 km nördlich des Ortszentrums, schön am Fluss Österdalälven, nahe des Freibades gelegen. Mit Hotel und Restaurant.

Hotel

***__Kung Gösta__, Kristinebergsgatan 1, Mora, Tel. 02 50/150 70, Fax 02 50/150 78, www.trehotell.nu. Mittelklassehotel gegenüber dem Hauptbahnhof mit Restaurant und Schwimmbad.

Tausende Skilangläufer starten jedes Jahr im März zum Vasaloppet von Sälen nach Mora

35 Sälen

Ski fahren, Langlaufen, Rodeln – Schneespaß in allen Variationen.

Nur rund 600 Menschen leben ständig in Sälen und doch ist es mit mehr als 80 000 Hotelbetten der größte **Wintersportort** Schwedens. Der alte Ortskern liegt im sanft geschwungenen Talgrund des Västerdalälven, doch die Hotel- und Apartmentbauten erobern im Westen zunehmend die Hänge der **Transtrandsfjällen**. Das bis auf knapp 1000 m ansteigende Bergmassiv gilt von Mitte November bis in den April hinein als schneesicher, die Lifte können bis zu 70 000 Menschen pro Stunde befördern. Kein Wunder also, dass Sälen im Winter für Skifahrer und Langläufer ein Paradies ist. Im Sommer zieht es dann Wanderer auf die Höhen. Etwas weiter nördlich führt eine Nebenstraße zum **Näsfjället**, das gleichfalls für den Skitourismus erschlossen wurde.

Der zweite Grund, nach Sälen zu kommen, ist der **Vasalauf**, der 5 km südlich der Stadt beginnt. In den 1924 beim Starthaus aufgestellten **Vasaloppstenen**, zwei knapp mannshohe Säulen aus glattem rötlichem Marmor, sind in Goldlettern die Namen aller Sieger eingraviert.

Der rustikale Gasthof Gammelgården lockt mit seiner heimeligen Atmosphäre

Praktische Hinweise

Information

Sälens Turistbyrå, Centrumhuset (Straße 297), Sälen, Tel. 02 80/187 00, Fax 02 80/187 15, www.salen.se

Hotel

Gammelgården, Sälfjället, ca. 8 km außerhalb von Sälen, Tel. 02 80/877 00, Fax 02 80/274 40, www.topeja.se/gammelgarden. Der Gasthof in einem Gebäude des 16. Jh. ist als Ausflugsziel für Wanderer, Wintersportler und Liebhaber der hier nach alter Tradition gebackenen Waffeln oder der servierten Wildspezialitäten ideal.

36 Härjedalen

Die Wildnis beginnt mit einsamen Fjälls.

Sånfjällets Nationalpark – Klövsjö – Åsarna

Ausgedehnte dichte **Nadelwälder** und baumlose **Fjälls** bestimmen das Bild der dünn besiedelten Provinz Härjedalen, stellenweise noch durchzogen von weiten Tälern mit Weiden, Feldern und Dörfern. Orchideenwiesen, eine Herde von Moschusochsen und glatt geschliffene Felsen machen die Faszination dieser Gegend aus. Im Mittelalter gehörte Härjedalen zu Norwegen, seit 1810 zur schwedischen Provinz Jämtland.

Von Sveg aus durchquert die Reichsstraße 84 das Gebiet. Bei *Hede* zweigt eine Schotterstraße zum **Sånfjällets Nationalpark** ab. Das 1910 gegründete, 2,6 km^2 umfassende Schutzgebiet ist die Heimat einer relativ großen Kolonie von Braunbären. Andere Bewohner dieses unberührten Landstrichs sind Luchs, Vielfraß, Elch, Biber und Fischotter. Einige Wanderpfade durchziehen die Wildnis ab **Nysätern** an der Westgrenze des Parks.

Die Straße 315 führt weiter ins liebliche **Klövsjö**. Bei dem romantischen Bauerndorf lockt ein Golfplatz und ein Skigebiet mit zwölf Liften. Nach wie vor besticht aber vor allem die reizvolle Lage auf den sonnenreichen Wiesenterrassen oberhalb des Sees Klövsjön. Mit **Tomtangården** (Tel. 070/675 16 94, www.klovsjo.com/aventyr, im Sommer Führung nach Anmeldung) findet man einen typischen Nordlandhof aus dem 16. Jh. mit vier zu einem Karree zusammengestellten Wohn- und Wirtschaftsgebäuden.

Von Klövsjö führt die Straße 316 zur Hauptroute nach Östersund und passiert dabei **Åsarna** am Fluss Ljungan. Der Ort trägt den Beinamen *Guldbyn*, Golddorf,

◁ *Im Sommer zeigt sich die Provinz Härjedalen, hier bei Vemdalen, von ihrer lieblichsten Seite*

stammen von hier doch berühmte Skilangläufer und Olympiasieger wie Thomas Wassberg oder Torgny Mogren. Die stolze lokale Sportgeschichte ist im Wintersportmuseum im **Åsarna Skicenter** (Tel. 06 87/302 30, www.asarnaskicenter.se, Juni–Aug. tgl. 8–22 Uhr, Sept.–Mai tgl. 8–20 Uhr) aufbereitet, in dem Fotografien, Pokale, Medaillen und historische Ski zu sehen sind.

i Praktische Hinweise

Information

Klövsjö Turistbyrå, Posthuset, Klövsjö, Tel. 06 82/41 36 60, www.klovsjo.com

Hotel

*****Hotel Klövsjöfäll**, 5 km südlich von Klövsjö am Svartåstjärnen, Tel. 06 82/41 31 00, Fax 06 82/41 31 99, www.klovsjofjall.se. Hotel mit Apartments und Suiten unmittelbar an einem Skigebiet.

37 Östersund

Jamtli und Nessie in der letzten großen Stadt auf dem Weg nach Lappland.

Obwohl Östersund (60 000 Einw.) etwa in der **geografischen Mitte** Schwedens liegt, ist es doch die letzte größere Stadt, ehe die menschenleeren Weiten Lapplands beginnen. Die zahlreichen Geschäfte bieten Reisenden, die in Richtung Norden unterwegs sind, Gelegenheit, die Ausrüstung zu vervollständigen und sich mit Proviant einzudecken.

Gustav III. ließ Östersund 1786 terrassenförmig am Ostufer des Sees Storsjön anlegen. Bemerkenswerten Aufschwung nahm die Stadt aber erst im 19. Jh. mit Anschluss an die Eisenbahnlinie. Aus dieser Zeit sind im Zentrum das 1884 aus Holz erbaute Theater erhalten, das mächtige Rathaus von 1912 und einige Bürgerhäuser entlang der Fußgängerzone.

TOP TIPP Hauptsehenswürdigkeit von Östersund ist **Jamtli – Jämtlands Länsmuseum** (Tel. 063/15 01 10, www.jamtli.com, 20. Juni–25. Aug. tgl. 11–17, sonst Di–So 11–17 Uhr), ein Freilichtmuse-

Mit geometrisch stilisierten Motiven empfängt das ›Jamtli‹ seine Besucher

Anschaulich erläutert das Naturkundemuseum im ›Jamtli‹ die nordische Gebirgswelt, die dort heimischen Tierarten sowie ihre wirtschaftliche Nutzung durch den Menschen

um aus mehr als 60 historischen Häusern und Höfen im Norden der Stadt. Mit ihrer in weiten Teilen originalen Ausstattung zeigen sie Facetten des schwedischen *Alltagslebens* im 18. und 19. Jh. Im Sommer beleben Schauspieler in historischen Gewändern die Szenerie, für Kinder werden Spiele veranstaltet, man kann Waffeln mit Erdbeermarmelade kaufen oder Kutschfahrten unternehmen. Im Haupthaus am Eingang des Areals zeigt eine regionalgeschichtliche Sammlung kulturhistorisch bedeutsame Schaustücke, etwa den vollständig erhaltenen *Wandteppich* aus Överhogdal, der um 1000 n. Chr. gewebt wurde. Auf ungebleichtem Leinen sind geometrische Motive sowie figurenreiche Gruppen von Reitern, Pferden, Hirschen u. v. m. zu sehen.

Ausgezeichnet erhalten ist der um 1050 errichtete Runstenen auf Frösön

Frösön

Gegenüber von Östersund liegt die über eine Fußgänger- und Autobrücke erreichbare **Insel** Frösön im Storsjön. Sie ist nach einer germanischer Fruchtbarkeitsgottheit benannt und war bereits in der Bronzezeit bewohnt. Das belegen tierische Knochenreste, die bei Ausgrabungen unterhalb der **Frösö Kyrka** gefunden und als heidnische Opfergaben gewertet wurden. Die Ende des 12. Jh. darüber errichtete Kapelle könnte die Stelle eines früheren Thingplatzes einnehmen. Ihren schmucken Zwiebelturm erhielt sie 1754. 8 km von der Kirche entfernt, berichtet der um 1050 aufgestellte **Runstenen**, Schwedens nördlichster Runenstein, von der Christianisierung der Gegend durch ›Östman, den Sohn Gudfasts‹.

i Praktische Hinweise

Information

Östersunds Turistbyrå, Rådhusgatan 44, Östersund, Tel. 063/14 40 01, Fax 063/ 12 70 55, www.turist.ostersund.se

Schiff

S/S Thomée, Sjötorget-Båthamn, Östersund, Tel. 063/14 40 01. Rundtouren auf dem Storsjön mit dem ältesten Dampfer Schwedens im Linienverkehr.

Camping

Frösö Camping, Insel Frösön, 4,5 km westlich der Brücke nach Östersund, Tel. 063/432 54, Fax 063/438 41, www.ncsab.se. Weitläufiges Wiesengelände mit Stellplätzen und Hüttendorf. Radwege führen nach Östersund.

Hotels

******Hotel Gamla Teatern**, Thoméegränd 20, Östersund, Tel. 063/51 16 00, Fax 063/13 14 99, www.gamlateatern.se. Luxushotel in zentraler Lage. Die Zimmer sind im Stil des frühen 19. Jh. eingerichtet. Mit Bar und Restaurant.

******Scandic-Hotel Östersund**, Krondikesvägen 97, Östersund, Tel. 063/685 86 00, Fax 063/685 86 11, www.scandic-hotels.com/ostersund. Freundliches Mittelklassehotel im Zentrum.

Restaurant

Restaurant Hov, Jamtli – Jämtlands Länsmuseum, Tel. 063/51 01 03. In dem Gasthaus aus dem frühen 20. Jh. serviert man bodenständige Hausmannskost, sommers auch im Garten.

Das Ungeheuer im Storsjön

Wie die Schotten ihre Nessie, haben auch die Schweden ein **Seeungeheuer** – und das soll im Storsjön hausen. Es wird in unregelmäßigen Abständen gesichtet, besonders in der Dunkelheit und bei Nebel. Die ersten Berichte gehen auf den Pfarrer Mogens Pedersen aus Herdal zurück, der seine Beobachtungen 1635 aufschrieb. Der **Sage** nach sollen zwei Hexen am Strand des Storsjön in einem Kessel ein Gebräu gerührt haben, aus dem ein wunderliches schwarzes Tier gekrochen und in den Tiefen des Sees verschwunden sei. Mittlerweile soll das Ungeheuer so groß sein, dass es sich rund um die Insel Frösön windet. Im Jamtli – Jämtlands Länsmuseum sind angebliche **Eier** und ein in Vitriol gelegter **Embryo** des Storsjön-Ungeheuers ausgestellt.

Wanderer und Wintersportler bringt die Seilbahn bequem auf den Åreskutan

38 Åre

Bergluft bringt Höhenlust: Wandern und Skifahren im nördlichen Jämtland.

Das Bild des mondänen **Wintersportortes** Åre (2000 Einw.) wird immer noch von den alten Holzbauten geprägt, zu denen sich jedoch inzwischen zahlreiche moderne Nobelhotels und Hüttendörfer gesellt haben. Die Siedlung liegt eingebettet zwischen meist kahlen Fjälls, die der winterliche Schnee in perfekte Pisten verwandelt. Für die vielen Skifahrer, Wanderer und Mountainbiker, die in die luftigen Höhen drängen, gibt es eine moderne *Großraum-Kabinenbahn* (www.skistar.com/are). Außerdem wurden die Skipisten und Liftanlagen für die Alpine Ski-WM 2007 großzügig ausgebaut. Die Bergstation liegt 1274 m hoch auf dem **Åreskutan**, der mit 1420 m einer der höchsten Berge Jämtlands ist. Von seinem Gipfel genießt man bei klarem Wetter einen fantastischen Rundblick auf die umgebenden Bergkuppen und den See *Kallsjön* im Norden.

Unten im Ort steht die kleine turmlose romanische **Åre Gamla Kyrka**. Die Kirche war im 13. Jh. Etappe am traditionsreichen Olav-Pilgerweg, der durch das Tal des Andrelsälven in Richtung Trondheim verlief. Sie birgt eine mittelalterliche Olavsstatue, deren verloren gegangene Krone im 18. Jh. durch einen Hut ersetzt wurde.

Praktische Hinweise

Information

Åre Turistbyrå, St: Olavsväg 35, Åre, Tel. 06 47/177 20, Fax 06 47/177 12, www.areturistbyra.com

Hotel

*****Åre Continental Inn**, Björnänge, E 14, 6 km östlich von Åre, Tel. 06 47/171 70, Fax 06 47/171 71, www.areinn.se. Aussichtsreiches Hotel über dem Indalsälven mit 200 geräumigen Zimmern. Restaurant, Fitnessraum und Solarium im Haus.

39 Sundsvall

›Steinstadt‹ an der Bottenhavet-Küste.

Sundsvall an der **Bottenhavet-Küste**, die von den Åland-Inseln bis Umeå reicht, ist mit 50 000 Einwohnern ein urbanes Zentrum Nordschwedens, dessen Erscheinungsbild von Backsteinbauten aus dem 19. Jh. geprägt wird. Zu Sundsvall gehört auch die von Sandstränden gesäumte liebliche Insel *Alnön*, die durch eine Brücke mit dem Festland verbunden ist.

Geschichte Sundsvall wurde 1621 von Gustav II. Adolf gegründet und erhielt 1624 Stadtrechte. Trotz der verkehrsgünstigen Lage am Alnösund blieb es lange Zeit ein nur regional bedeutsames **Handelszentrum**. Doch im 19. Jh. erwachte das unternehmerische Interesse an den Wäldern im Hinterland und 1849 leitete der Bau einer ersten Säge den wirtschaftlichen Aufschwung der Stadt zur **Holzmetropole** ein. In der Folge entstand um Sundsvall der größte **Sägewerksdistrikt** der Welt mit 40 Anlagen. Die Geschicke der Stadt bestimmten reiche Unternehmer, die so genannten **Holzbarone**, die für ihren aufwendigen Lebensstil bekannt waren.

Im Juni 1888 brannte das überwiegend aus Holz erbaute Sundsvall beinahe vollständig ab. Doch die Bürger konnten es sich leisten, ihre Stadt innerhalb kurzer Zeit völlig neu wieder aufzubauen, diesmal aus **Backstein** und vergleichsweise einheitlich im Stil der Neogotik, der Neorenaissance und des Neobarock. In der Folgezeit nahm die Bedeutung der Holzindustrie beständig ab und heute ist im Stadtgebiet nur noch eine Sägemühle aktiv. Trotzdem behielt Sundsvall seine Vormachtstellung im Norden und baute sie als moderne **Handels-** und **Universitätsstadt** sogar aus.

Besichtigung Lebhaft geht es am Hafen im Nordosten zu. Dort befindet sich das **Kulturmagasinet** (Packhusgatan 4, Tel. 060/19 18 00), Nordschwedens größtes Kulturzentrum. Es besteht aus vier historischen fünfstöckigen Lagerhäusern, die umgebaut und durch einheitliche Glasfassaden sowie ein gemeinsames Dach zusammengefasst wurden. Sie beherbergen neben Stadtbibliothek, Ausstellungsräumen und Café auch das **Sundsvalls Museum** (Packhusgatan 4, Tel. 060/19 18 03, Mo–Do 10–19, Fr 10–18, Sa/So 11–16 Uhr). Es dokumentiert den Werdegang der lokalen Holzwirtschaft und zeigt naturkundliche, geologische und archäologische Sammlungen.

Vom Hafen führt die Fußgängerzone **Storgatan** schnurgerade nach Westen. Sie wird von prunkvollen Bürgerhäusern gesäumt, etwa dem mondänen **Hotel Knaust** (Storgatan 13, Tel. 060/608 00 00, www.elite.se). Es entstand nach dem Brand von 1888 als Stadtpalais eines der Holzbarone, der u. a. eine Innentreppe aus Carraramarmor einbauen ließ. Heute ist es ein prachtvolles Luxushotel.

Ein weiterer Prachtbau von Sundsvall ist **Hedbergska Huset**, das 1890 in der Kyrkogatan 26 für den Industriellen J. A. Hedberg als Privathaus und Kontor errichtete wurde. Mosaikböden, Deckenmalereien, schmiedeeiserne Gitter und gravierte Glastüren künden vom Reichtum des ersten Hausherrn.

Auf dem **Norra Berget**, dem 150 m hohen nördlichen ›Hausberg‹ von Sundsvall, befindet sich der Stadtpark **Fornhemmet** (Tel. 060/15 40 00, www.norraberget.sundsvall.se, tgl. 11–16 Uhr), auf dem ein Freilichtmuseum historische Wirtschaftsgebäude aus dem 18. und 19. Jh. zeigt. Im Handwerksmuseum nebenan führen Schuh- und Urmacher ihre Arbeitstechniken vor. Am 250 m hohen **Södra Berget** im Süden von Sundsvall laden im Winter Pisten und Loipen zum Skifahren ein.

Praktische Hinweise

Information

Sundsvalls Turistbyrå, Stora Torget, Sundsvall, Tel. 060/61 04 50, Fax 060/12 72 72, www.sundsvallturism.se

Mitte des 19. Jh. machte die florierende Holzwirtschaft Sundsvall zu einer reichen Stadt, wovon die damals entstandenen Prachtbauten in der Storgatan noch heute zeugen

Hotels

******First Hotel Strand**, Strandgatan 10, Sundsval, Tel. 060/64 19 50, Fax 060/61 92 02, www.firsthotels.com. Hotel mit exzellentem Service im zentralen Stadtteil Stenstaden.

*****Scandic Sundsvall City**, Esplanaden 29, Sundsval, Tel. 060/785 62 00, Fax 060/785 62 11, www.scandic-hotels.com. Mittelklassehotel in der Prachtstraße Sundvalls mit freundlichen Zimmern, Sauna und Solarium

Restaurant

Idyllen, Åstön (20 km nördlich von Sundsvall), Tel. 060/480 20, www.portercafe.se. In dem Wirtshaus genießt man in historischem Ambiente des ausgehenden 19. Jh. delikate Fischgerichte, etwa ›Baltischer Hering‹ mit Kartoffeln, Zwiebeln und Mandeln.

Nordschweden – Mitternachtssonne am Polarkreis

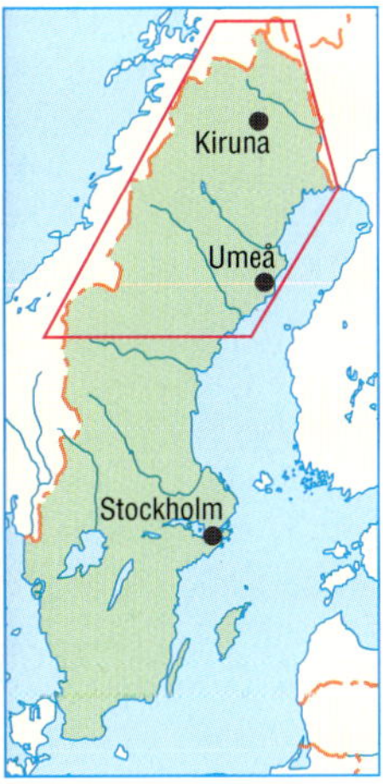

Sagt man Nordschweden, meint man gemeinhin **Lappland**, die mit 110 000 km² größte, doch am dünnsten besiedelte Provinz des Landes. Lappland zählt seit 1996 zum Weltkulturerbe der UNESCO, entlang der Straße 45 gibt es einige Informationsparkplätze hierzu. Lappland gilt als letzte Wildnis Europas, hier scheint von Anfang Juni bis Ende Juli durchgehend die Mitternachtssonne und durch weite Tundra ziehen Sami, Ureinwohner Lapplands, mit ihren Rentierherden.

Die einsamen **Hochgebirge** dagegen sind großteils von Menschenhand unberührt und abgesehen von wenigen Verkehrsrouten nur über Weitwanderwege wie etwa den **Kungsleden** zugänglich. Er führt vom *Abisko Nationalpark* am Torne Träsk rund 500 km nach Süden bis Hemavan. Auf dem Weg durch die nördlichen **Nationalparks** wie den Sarek durchquert man karge Fjälls, ausgedehnte Wälder und Moore, rauschende lachsreiche Flüsse und zauberhafte, blumenerfüllte Täler. Nur rund 150 000 Menschen siedeln in diesem weiten Land, das trotz zunehmender Erschließungen bis heute nichts an Urwüchsigkeit verloren hat. Viele der Ortsnamen wie Arjeplog, Arvidsjaur, Jokkmokk oder Kvikkjokk sind samischen Ursprungs und bezeichnen frühere Lager- bzw. Marktplätze für den Verkauf von Rentieren. Industriezentrum ist **Kiruna**, in dessen Umland hochwertiges **Eisenerz** abgebaut wird. In den **Hafenstädten** des Bottnischen Meerbusens herrscht zweckmäßige Nüchternheit und industrielles Flair. **Umeå** etwa, die Stadt der Birken, ist ein wichtiger Fährhafen in Richtung Finnland. Das etwas weiter nördlich gelegene **Luleå** erlangte seine Bedeutung als größter schwedischer Export

40 Umeå

Reger Hafen am Bottnischen Meerbusen.

Höga Kusten heißt die zerklüftete Schärenküste von Veda an der Mündung des Ångermanälven bis zur Skagsudde nördlich von Örnsköldsvik. Sie ist bei Seglern sehr beliebt, doch auch die parallel zur Küste verlaufende E 4 ermöglicht immer wieder genussreiche Ausblicke auf das Labyrinth aus Land und Wasser.

Die Straße führt nach Umeå (100 000 Einw.), **Hauptstadt** des Bezirks Västerbotten am Mündungsdelta des Umeälven. Bei ihrer Gründung im Jahr 1622 zählte man gerade mal 37 Siedler. 1888 fielen zwei Drittel der Gebäude der Stadt einem **Großbrand** zum Opfer. Aus Brandschutzgründen teilte man beim Wiederaufbau das Zentrum durch zwei breite Esplanaden ab, an deren Seiten **Birken** gepflanzt wurden, die noch heute stehen. Die Alleen wurden zum Wahrzeichen Umeås, das den Beinamen ›Stadt der Birken‹ erhielt.

Etwa 1 km östlich des Ortskerns sind auf dem Museumsgelände des **Gammlia** (Mitte Juni–Mitte Aug. tgl. 10–17 Uhr) alte västerbottnische Holzbauten mit orginaler Innenausstattung zu sehen. Ältestes Gebäude ist das Herrenhaus *Sävargården* aus dem Jahr 1806, das 1920 hier aufgestellt wurde. Nahebei widmet sich das sehenswerte **Västerbottens Museum** (Tel.

Eine in weiten Teilen unberührte Natur ist die größte Attraktion des Nordens
Oben: *An einem See bei Jokkmokk*
Unten: *Im Skuleskogen Nationalpark*

090/17 18 00, www.vasterbottensmuseum.se, Di–Fr 10–16, Sa 12–16, So 12–17 Uhr) der kulturhistorischen Geschichte der Region. Dazu gehört auch das *Skidmuseet*, in dem u. a. der älteste Ski der Welt zu sehen ist, der um 3200 v. Chr. gefertigt wurde.

Praktische Hinweise

Information

Umeå Turistbyrå, Renmarkstorget 15, Umeå, Tel. 090/16 16 16, Fax 090/12 82 70, www.umea.se

Hotel

******Scandic Plaza**, Storgatan 40, Umeå, Tel. 090/205 63 00, Fax 090/205 63 11, www.scandic-hotels.com/plazaumea. Modernes Komforthotel im Zentrum. Zum Haus gehören eine Bar, zwei Restaurants sowie Sauna und Solarium.

Restaurants

Restaurant Viktor, Restaurant Viktor, Vasagatan 11, Umeå, Tel. 090/71 11 15, www.restaurangviktor.com. Ausgezeichnetes Gourmetrestaurant.

Scharinska, Storgatan 65, Umeå, Tel. 090/12 99 80, www.scharinska.se. Restaurant, Bar und Club mit Livemusik. Es gibt Pizza, Pasta und Salat.

41 Blå Vägen

Durch imposante Berglandschaften führt der ›Blaue Weg‹ auf Fjällhöhen.

Storuman – Tärnaby – Hemavan – Tärna Fjällpark – Vindelfjället Naturreservat

Entlang des Flusses *Umeälven* windet sich die E 12 als **Gebirgsstraße**, genannt Blå Vägen, der ›Blaue Weg‹, durch die Region des Vindelfjället bis ins Tärna-Gebirge und weiter nach Norwegen. Ausgangspunkt ist das Versorgungsstädtchen **Storuman** am lang gezogenen See Storuman. Angesichts der weiten tiefblauen Wasserfläche und des etwas helleren, oft schieferfarbenen Himmels darüber versteht man, wie die Straße an seinem Ufer zu ihrem Namen kam.

Die nächsten 120 km werden die Berge beständig höher und die Vegetation karger. Mit **Tärnaby** erreicht man einen der bekanntesten schwedischen Skiorte und Heimat von Ingemar Stenmark (* 1956), mehrmaliger Gewinner des alpinen Weltpokals sowie 1980 Olympiasieger im Slalom und Riesenslalom.

Im Norden der Siedlung erheben sich die Hänge des **Laxfjället**. Das Fjäll steigt auf bis zu einer Höhe von 1400 m an, im

Winzig klein fühlt sich der Mensch in der scheinbar unendlichen Weite des Nordens, nicht nur hier am Vindelfjället

Winter sind hier etliche Kilometer Langlaufloipen gespurt, der Sommer gehört den Wanderern. Ein etwa 5 km langer markierter Pfad umrundet den Gipfel des Laxfjällets. Bequem ist der Aufstieg mit dem Lift von Tärnaby aus.

Vom etwas weiter nördlich gelegenen Wintersportort **Hemavan** (www.hemavan.nu) führt eine Kabinenseilbahn in die Bergwelt. Von der aussichtsreichen oberen Station bricht man zu Wanderungen ins Fjäll auf. Ein Endpunkt des berühmten Fernwanderwegs *Kungsleden* [s. S. 125] etwa befindet sich an der nahen Station des **Tärna Fjällpark**. Vor kurzem entstand hier ein neues Ausstellungsgebäude. Eine Glasröhre bildet die wettersichere Verbindung zum am Hang angelegten **Fjällbotaniska Trädgården** (www.fjallbotaniska.se, tgl. 0–24 Uhr, Führungen Ende Juni–Ende Aug. tgl. 10.30 Uhr), dem nördlichsten Botanischen Garten weltweit. Er zeigt 400 Pflanzenarten der nördlichen Gebirge in ihrer natürlichen Umgebung und bildet gleichzeitig den Eingang zum 1974 eingerichteten **Vindelfjället Naturreservat**. Dieses ist das große Naturschutzgebiet Schwedens und bewahrt ein 5500 km² umfassendes zusammenhängendes Fjällgebiet Die höchste Erhebungen ist nördlich des Sees *Tärnasjön* der 1767 m aufragende *Norra Sytertoppen*. Im Sommer ziehen Rentierherden der Fjällsami über das Vindelfjället.

Praktische Hinweise

Information

Tärnafjällens Turistbyrå, Västra Strandvägen 1, Tärnaby, Tel. 09 54/104 50, Fax 09 54/145 30, www.tarnaby.se

Hotels

*****Högfjällshotellet Hemavan**, Hemavan, Tel. 09 54/301 50, Fax 09 54/303 08. Das Hotel liegt in herrlicher Lage am Berghang. Mittlere Preisklasse.

*****Hotell Toppen**, Blå Vägen 238, Storuman, Tel. 09 51/777 00, Fax 09 51/121 57, www.hotelltoppen.se. Hübsches Hotel mit gutem Restaurant.

*****Tärnaby Fjällhotell**, Östra Vägen 16, Tärnaby, Tel. 09 54/104 20, Fax 09 54/106 27. Das angenehme Sporthotel bietet neben Zimmern auch kleinere Apartments. Mit Cafeteria, Bar und Restaurant.

Arvidsjaur entstand um die adrette hölzerne Missionskirche in der Weite Lapplands

Camping

Tärnaby Camping, Ljungvägen 3, 3 km östlich von Tärnaby, Tel. 09 54/100 09, Fax 09 54/105 58, www.tarnabycamping.com. Schöner, am See Gäuta gelegener Platz.

42 Arvidsjaur

Kirchdorf im Zentrum des Sami-Landes.

Moderne holzverarbeitende Betriebe und Verwaltungsgebäude bestimmen das Ortsbild des Städtchens Arvidsjaur. Wo sich heute die Straßen 45, 94 und 95 kreuzen, befand sich schon im 17. Jh. ein bedeutender Marktplatz der **Waldsami**. An dieser Stelle ließ König Karl. IX. 1607 eine Kirche bauen, Auftakt zur folgenden Zwangschristianisierung des Urvolkes.

Um das nach wie vor bestehende Kirchlein errichteten einige samische Familienverbände Anfang des 19. Jh. hölzerne Wohn- und Vorratshäuser, die noch heute in Gebrauch sind. Die so entstandene ›Lappenstadt‹ **Lappstaden** (Tel. 09 60/175 00, Führungen Ende Juni–Ende Aug. tgl. 17 Uhr) gilt als bedeutendstes Kulturgut der Waldsamenkultur. Auf dem Gelände, das wie ein Freilichtmuseum wirkt, stehen 27 Holzkaten und 52 Vorratshütten in Reih und Glied eng nebeneinander. Die Sami hielten und halten sich hier vor allem zur Zeit der Märkte um den letzten Sonntag im August auf. Dann verwandelt sich das ansonsten verschlafene Arvidsjaur in einen Jahrmarkt, wenn Tausende Menschen ihre Zelte aufbauen, kaufen und verkaufen. Angeboten werden Felle, Marmeladen, Schnitzarbeiten und Kleider. Eigentlicher Anlass für das bunte Treiben ist das Zusammentreiben der Rentierherden, die das vorangegangene Jahr in den Weiten Lapplands weideten. Besonders eindrucksvoll sind das Zählen und die Kennzeichnung der Kälber, wozu die Sami ihre traditionellen Trachten tragen.

Im Pfarrhof nahe der Kirche widmet sich das kleine Heimatmuseum **Prästgården** (Magnus Berlinvägen, Tel. 09 60/124 28, tgl. 10–16 Uhr) der Kultur der Samen sowie dem Leben der schwedischen Siedler in den Weiten Lapplands.

Arjeplog

Noch kleiner als Arvidsjaur ist die hübsche, gut 80 km westlich gelegene Siedlung Arjeplog. Die wenigen Holzhäuser drängen sich auf einer Landenge zwischen den Seen Uddjaure und dem 226 m tiefen Hornavan. Silber prägte die Geschichte des Ortes, denn in den umliegenden Wäldern begann man bereits im 16. Jh. mit dem Silberabbau, der heute eingestellt ist. Im **Silvermuseet** (Torget, Tel. 09 61/612 90, www.silvermuseet.arjeplog.se, Mitte Juni–Mitte Aug. tgl. 9–18 Uhr, Mitte Aug.–Mitte Juni Mo–Fr 10–12 und 13–16, Sa 10–14 Uhr) von Arjeplog dreht sich alles um das Silber, vom Abbau bis zur Verarbeitung zu großflächigen, durchbrochenen Schmuckstücken, dem so genannten ›Lappensilber‹. Daneben befasst sich die Ausstellung mit dem Alltagsleben der Samen und der schwedischen Neusiedler.

i Praktische Hinweise

Information

Arvidsjaur Turistbyrå, Östra Skolgatan 18 c, Arvidsjaur, Tel. 09 60/175 00, Fax 09 60/136 87, www.arvidsjaur.se

Arjeplog Turistbyrå, Torget 1, Arjeplog, Tel. 09 61/222 30, Fax 09 61/222 39, www.polcirkeln.nu

Hotels

*****Hotell Silverhatten**, Ölberget, Arjeplog, Tel. 09 61/107 70, Fax 09 61/614 26, www.silverhatten.se. 2 km außerhalb der Stadt am Berghang gelegenes Hotel mit herrlicher Aussicht auf Seen und Wälder.

*****Laponia**, Storgatan 45, Arvidsjaur, Tel. 09 60/555 00, Fax 09 60/555 99, www.hotell-laponia.se. Freundliches Hotel mit 85 farbenfrohen Zimmern und reichhaltigem Frühstücksbuffet.

43 Luleå

Bezirkshauptstadt mit Industriehafen und freundlicher Altstadt.

Alle größeren Orte an der Norrbottenküste lagen ursprünglich etwas weiter landeinwärts, wo zum Zeitpunkt ihrer Gründung noch die Küste verlief. Allerdings gibt es das Phänomen der immer noch andauernden **skandinavischen Landhebung**, d. h. das Land steigt beständig aus dem Meer. So lagen im Laufe der vergangenen Jahrhunderte viele der alten Stadtkerne bald im wahrsten Sinne des Wortes ›auf dem Trockenen‹, während Kaufleute und Fischer ihre Wohnsitze an die neue Küstenlinie verlegten.

Auch Luleå (45 000 Einw.) macht da keine Ausnahme. Die **Hauptstadt** des Bezirks liegt heute auf einer Halbinsel im Mündungsdelta des Flusses Luleälven in den Bottnischen Meerbusen, der an dieser Stelle Hunderte von kleinen **Inseln** aufweist. Das ›alte‹ Luleå, die heutige

In Winterlagern (hier in Lappstaden) bauen Sami traditionelle winterfeste Holzkaten

Er hat gut lachen, nennt der junge Same doch ein prächtiges Rentier sein eigen

Die mit den Rentieren leben

Im Deutschen heißen sie Samen, sie selbst nennen sich **Sami**, ›Sumpfleute‹. Die Vorfahren dieser skandinavischen Urbevölkerung wanderten in vorchristlicher Zeit von Süden her in die nordischen Weiten ein, wo heute rund 60 000 Sami leben, etwa 15 000 davon in Schwedisch-Lappland.

Man stellt sich Sami meist als kleine Menschen in bunter Tracht vor, die mit ihren Rentierherden durch die Weiten des Nordens ziehen. In der Tat lebten sie bis ins 19. Jh. hauptsächlich von der **Rentierzucht**, wobei sich zwei verschiedene Systeme herausbildeten, die heute noch angewandt werden. Die **Waldsami** betreiben in ihren Heimatregionen ortsgebundene Zucht, wogegen die **Fjällsami** in nomadischen Familienverbänden mit ihren Herden über die Hochebenen ziehen. Einmal im Jahr findet an wechselnden Orten im Tiefland ein großes Herdentreffen statt, bei dem man Bestände zählt und Jungtiere markiert.

Rentierzüchtende Sami sind in **Cearru** organisiert, wirtschaftliche und verwaltungstechnische Genossenschaften, die einem Dorfverband ähneln. Damit knüpfen sie an ihre **Sippentradition** an, die jedoch vom 17. bis 19. Jh. ebenso wie die samische Sprache und ihre schamanistische Religion von der staatlichen Obrigkeit unterdrückt wurde. Zwar sind die Sami mittlerweile schwedische Staatsbürger, doch wenn sie und ihre Kultur überleben sollen, müssen spezifische **Existenzgrundlagen** erhalten bleiben: Rentierzucht, Fischen und freie Jagd. Als Nebenerwerb hat sich die Herstellung von traditionellem **Kunsthandwerk** wie Knochenschnitzereien oder Lederarbeiten als Souvenirs für Touristen etabliert.

Gammelstad, wurde im 14. Jh. knapp 8 km nordwestlich als Hafen- und Marktort gegründet. Als es 1621 Stadtrechte erhielt, zog es Kaufleute aus ganz Nordschweden und sogar aus Stockholm an. Doch 1647 musste Luleå nach Osten hin verlegt werden, weil der damalige Hafen wegen der Landhebung zusehends verlandete und größere Handelsschiffe nicht mehr einfahren konnten. Das damalige Hafenbecken, **Gammelstadsviken**, ist heute gänzlich vom Meer abgetrennt und steht als Brutgebiet für Vögel unter Naturschutz. Die benachbarten annähernd 450, meist kunstvoll aus weißen und roten Bruchsteinen gemauerten Häuschen von Gammelstad wurden 1996 von der UNESCO als *Weltkulturerbe* eingestuft. Der Kirchturm stammt aus dem Jahr 1851, doch das steinerne Gotteshaus daneben wurde bereits im frühen 15. Jh. errichtet. Im Inneren birgt es einen Schnitzaltar, der um 1500 in Antwerpen gefertigt wurde.

Das neue Luleå konnte zunächst nicht an den Erfolg des alten anknüpfen. Doch 1888 war die **Eisenbahntrasse** nach Gällivare fertig gestellt, und fortan wurde das dort geförderte Eisenerz über Luleå verschifft. Allerdings nur im Sommer, denn der **Hafen** friert sieben Monate im Jahr zu und dann muss die Arbeit ruhen. Das 1940 gegründete Stahlwerk *Norrbottens Järnverk* machte aus dem bloßen Umschlagplatz den Industriestandort, der Luleå bis heute geblieben ist. Das **Norrbottens Museum** (Storgatan 2, Tel. 09 20/24 35 02, www.norrbottensmuseum.nu, Di–Fr 10–16, Sa/So 12–16 Uhr) beim Hermelinparken am westlichen Zentrumsrand befasst sich mit dem Leben an der Norrbottenküste in früherer Zeit und zeigt wechselnde Kunstausstellungen.

Während der kalten Jahreszeit ruht der Hafenbetrieb in Luleå

Ausflug

Rund 60 km südlich von Luleå bei Piteå liegt die Touristenanlage **Pite Havsbad** (an der E 4, 10 km südlich von Piteå, Tel. 09 11/327 00, www.pite-havsbad.se) mit Hotels, Spa, Restaurant, Kino und einem großen Erlebnisbad. Im Sommer lockt vor der Tür ein langer flacher Sandstrand zu Beachvolleyball und Badefreuden.

i Praktische Hinweise

Information

Luleå Turistinformation, Skeppsbrogatan 17, Luleå, Tel. 09 20/45 70 00, Fax 09 20/45 70 01, www.lulea.se

Hotel

********Nordkalotten****, Lulviksvägen 1, Luleå, Tel. 09 20/20 00 00, Fax 09 20/20 00 90, www.nordkalotten.com. Hoteldorf im Blockhausstil, gebaut aus 800-jährigem Kiefernholz, 4 km südlich der Stadt. 108 komfortable Hütten, manche mit Sauna.

Restaurant

Margaretas Värdshus, Lulevägen 2, Luleå, Tel. 09 20/25 42 90, www.margaretas vardshus.se. Das Feinschmeckerrestaurant im Kyrkbyn-Anwesen in der Gammelstad bietet internationale und traditionell schwedische Küche.

44 Jokkmokk

›Hauptstadt der Sami‹ und traditioneller Februarmarkt der Rentierzüchter.

Das nette kleine Jokkmokk liegt direkt am Polarkreis und ist Mittelpunkt der flächenmäßig zweitgrößten Gemeinde Schwedens. Auf deren 19 474 km² leben aber nur knapp 7000 Menschen, gut 3000 von ihnen in Jokkmokk, einem wichtigen Zentrum für die in der Region ansässigen **Lule-Sami**. 1950 gründeten sie als ihre offizielle Vertretung den Svenska *Samernas Riksförbund (SSR)*. Zu dessen soziokulturellen Aktivitäten gehören auch Volkshochschulkurse in Jokkmokk in samischer Sprache.

Faszinierende Lichtspiele zaubert das Nordlicht an den nächtlichen Himmel

Taghelle Nacht am Polarkreis

Aurora borealis taufte der französische Wissenschaftler Pierre Gassendi im 17. Jh. die Erscheinung des **Nordlichts**. In klaren Herbst- oder Winternächten erfüllt es den Himmel, meist nördlich des Polarkreises, mit einem pulsierenden Aufflammen von Farbnebeln oder mit grünweißlich-blauen bis rot-violetten Lichtfahnen.

Wissenschaftler sprechen unromantisch von Protonen und Elektronen, die als ›Sonnenwind‹ aus dem Weltall zur Erde strömen. Sie können das Magnetfeld der Erde nur an den Polkappen durchdringen, wo es am schwächsten ist. Doch das Eintreten in die Erdatmosphäre bremst die Teilchen, Energie wird frei, die Luftmoleküle ionisiert und so zum Leuchten bringt.

Abgesehen vom ästhetischen Genuss gab dieses Farbenspiel von jeher Anlass zu Märchen und **Mythen**. Die nordischen Völker sahen in den Lichterscheinungen Götterfackeln, den Widerschein tanzender Fischschwärme oder Botschaften Verstorbener.

Der Ort selbst entstand im 16. Jh. um einen Winterlagerplatz, an dem Sami jedes Jahr ihre Rentierherden zusammentrieben. Bis auf den heutigen Tag werden hier beim **Renskiljning** im Spätherbst die großen Herden getrennt und den verschiedenen Besitzergruppen zugeteilt.

Bereits um 1602 fand hier der erste **Jokkmokk Vintermarknad** (www.jokkmokksmarknad.com) statt. Dieser Markt wird auch heute noch jedes Jahr am ersten Donnerstag im Februar um die 1888 errichtete *Nya Kyrkan* abgehalten. Dann befinden sich bis zu 40 000 Menschen in der Stadt. Bei ›Südländern‹ besonders begehrt sind *Sami Duodji*, samisches Kunsthandwerk, Holz- und Hornschnitzereien, Lederwaren und Zinnschmuck.

TOP TIPP Die größte Sehenswürdigkeit Jokkmokks ist das **Fjäll- och Samemuseum Ájtte** (Tel. 09 71/170 70, www.ajtte.com, Mai–Mitte Juni und Mitte Aug.–21. Sept. Mo–Fr 10–16, Sa, So 11–15 Uhr, Mitte Juni–Mitte Aug. tgl. 9–18 Uhr, 22. Sept.–April Di–Fr 10–15 Uhr). Die moderne Anlage wurde nach ihrem architektonischen Vorbild benannt: Ájtte ist eine Holzkate auf vier Pfählen, die Waldsami als Vorratshütte nutzen. Didaktisch hervorragend aufbereitet, präsentiert das Museum Ausstellungen zu samischer Kultur und Lebensweise sowie zu Lapplands Wäldern, Flüssen und Fjälls. Die Dauerausstellungen sind innerhalb des Gebäudes in einem Ring angeordnet, außen sind strahlenförmig weitere Räume für Wech-

Ein Blick in die grün-blaue Unendlichkeit – die Aussicht vom Skierffe über das weite Rapadalen mit dem Delta des Ráhpaädno im Sareks Nationalpark lohnt den Aufstieg

selausstellungen angebaut. Der Konzeption nach soll das Museum ständig wachsen und sich verändern.

i Praktische Hinweise

Information

Jokkmokks Turistbyrå, Stortorget 4, Jokkmokk, Tel. 09 71/222 50, Fax 09 71/222 59, www.turism.jokkmokk.se

Hotel

Jokkmokks Camping Center, Jokkmokkvägen, 3 km östlich von Jokkmokk, Tel. 09 71/123 70, Fax 09 71/124 76, www.jokkmokkcampingcenter.com. Die Anlage neben dem städtischen Campingplatz verfügt über Hütten und einfache Zimmer. Hinzu kommen Konferenzhäuschen, Sauna, Café und ein Hallenbad.

Restaurant

Ájtte Restaurangen, Kyrkogatan 3 (im Ájtte), Jokkmokk, Tel. 09 71/170 91. Das samische Lokal bietet Spezialitäten der einheimischen Küche wie Rentierschinken in Fladenbrot.

45 Sareks Nationalpark

Alpine Landschaft und Braunbären.

Mehrmals täglich fährt ein Bus von Jokkmokk in das rund 100 km westlich gelegene **Kvikkjokk**. Das Dorf bildet den idealen Ausgangspunkt zur Erkundung des nördlich gelegenen Sareks Nationalparks. Außerdem kann man hier in den Fernwanderweg *Kungsleden* [s. S. 125] einsteigen.

Der gebirgige Sareks Nationalpark ist weitgehend unerschlossen und gilt als letzte Wildnis Europas. Der **Nationalpark** umfasst 1970 km², bildet jedoch mit den direkt nördlich anschließenden, etwas weniger rauen Parknachbarn *Stora Sjöfallet* (1268 km²) und *Padjelanta* (1984 km²) ein riesiges, mehr als 5200 km² umfassendes Schutzgebiet.

Der Sarek ist der einzige Nationalpark in Skandinavien, in dem kein Pfad von **Menschenhand** angelegt wurde. Mit Ausnahme einiger schmaler, von Tourengängern ausgetretener Steige ist man innerhalb des Parkgebietes auf Querfeldeinwandern angewiesen. Unter den meh als 200 Gipfeln der grandiosen alpinen Landschaft ist der **Sarektjåhkkå** mit 2090 m der höchste. Ein unvergleichliches Bild bieten im Frühsommer die von Blumen übersäten Täler im Kontrast zu den weiß schimmernden vergletscherten Bergrücken. Das mächtige Trogtal **Rapadalen** ist wohl der bekannteste Ausschnitt des Nationalparks. Es wird von Sareks längstem Fluss, dem 45 km langen *Ráhpaädno* durchflossen, der nach Aufnahme des Sarvesjåhkå eine der schönsten Wasserlandschaften Europas bildet. Bei der STF-Touristenstation **Aktse** (www.stfturist.se) beginnt ein Pfad auf den Aussichtsberg **Skierffe**, von dem aus man das Rapadalen überblicken kann. In Sarek gibt es auch *Braunbären*. Sie bevölkern die Waldgebiete und Flusstäler des Parks.

i Praktische Hinweise

Unterkunft

STFs Turiststation, Kvikkjokk, Tel. 09 71/210 22, Fax 09 71/210 39, www.stfturist.se. Die Station bietet Reisenden neben detaillierten Informationen zum Park ein Hüttenlager und Mehrbettzimmer. Mit Restaurant und kleinem Laden.

Bahn

Inlandsbanan, Tel. 063/19 44 00, Fax 063/19 44 06, www.inlandsbanan.se, www.grandnordictravel.se. Mitte Mai–Anfang Sept. 1 x tgl. zwischen Östersund und Gällivare, Fahrzeit ca. 18 Stunden. Die historische Bahnverbindung ist für Touristen wieder in Betrieb.

Helikopter

Lapplandsflyg, Kvikkjokk, Tel. 09 71/210 40, Fax 09 71/210 65, www.lapplandsflyg.se. Ende Juni–Aug. 2 x tgl. Flüge von Kvikkjokk nach Staloluokta in den Padjelanta-Nationalpark.

46 Kiruna

Die ›Stadt des Schneehuhns‹ lebt vom und für den Bergbau.

Der Name ›Kiruna‹ stammt vom samischen Wort *Giron* ab und bedeutet Schneehuhn. Dieses Tier ist auch im Stadtwappen zu finden. 20 000 km² Fläche gehören zur Gemeinde von Kiruna, aber auf ihnen leben nur 26 000 Einwohner.

Schwedens nördlichste Stadt wird vom **Erzabbau** und den damit zusammenhängenden Industriebetrieben beherrscht. Von jedem Punkt in Kiruna sieht man den mächtigen Erzberg im Westen des Zentrums und die Luft ist erfüllt vom Rattern der Eisenbahnwaggons, die das Erz nach Luleå oder Narvik bringen. Mit 25 Mio. Tonnen Erz pro Jahr ist die **Grube** von Kiruna die größte der Welt, in der 2000 Arbeiter mit modernsten Methoden Erz schürfen. Untertage ist inzwischen eine richtiggehende Stadt von unglaublicher Größe entstanden. Im **Besucherstollen** (Tel. 09 80/188 80, Juni–Aug. tgl. Führungen) erfährt man alles über die verschiedenen Abbaumethoden.

Die riesigen **Erzlager** in dieser Gegend waren bereits um 1730 bekannt, doch erst der Bau der Erzbahn nach Narvik, der 1899 fertig gestellt wurde, machte den Abbau rentabel. Tausende Grubenarbeiter strömten nach Kiruna, dem ›Ort der Zukunft‹. Diesen Anspruch unterstreicht auch die vorherrschende Hochhausarchitektur, die dem sonst üblichen schwedischen Holzhausstil widerspricht. Außer zweckmäßigen Läden und Einkaufszentren bietet Kiruna wenig Sehenswertes. Zwar kommen im Sommer immer mehr Touristen in die Stadt, aber nur, weil von hier aus die Reiserouten in den Norden führen.

Dass die gigantische Grube auch ihre Schattenseite hat, zeigt der Beschluss des Stadtrats von Januar 2007. Damit Kiruna nicht durch Einstürze gefährdet wird, muss das gesamte Stadtzentrum innerhalb der nächsten Jahrzehnte um 4 km versetzt werden. Die Verschiebung betrifft alle größeren Gebäude, die Eisenbahnlinien, den Bahnhof, den Flughafen, die Autobahn und Wohnungen. Bis 2023 soll die Umsiedlung abgeschlossen sein.

Kebnekaise

68 km westlich von Kiruna liegt am Ende einer Stichstraße die Samensiedlung **Nikkaluokta**, der beste Ausgangspunkt zum höchsten Berg Schwedens, dem 2123 m hohen Kebnekaise. Alpintechnisch gesehen ist er leicht zu besteigen, den schwierigsten Faktor stellt das unsichere Wetter dar. Selbst bei günstigen Bedingungen sollte man für den Aufstieg über Fjällstation und *Toppstugorna*, die kleinen Schutzhütten am Beginn des Plateaus, bis zum 2117 m hohen Südgipfel mindestens 5–6 Std. einplanen. Oben belohnt die Alpinisten ein schöner **Rundblick** über die Bergwelt des Sareks Nationalparks, über das Tarfala-Fjäll und die Fjälls des Stora Sjöfjällets Nationalpark.

Häufig kann man im Abisko Nationalpark grasende Rentierherden beobachten

Praktische Hinweise

Information

Kiruna Turistbyrå, Folkets Hus, Lars Janssongatan 17, Kiruna, Tel. 09 80/ 188 80, Fax 09 80/182 86, www.lappland.se

Hotels

TOP TIPP **Icehotel**, Jukkasjärvi, 15 km östlich von Kiruna, Tel. 09 80/668 00, Fax 09 80/668 90, www.icehotel.com, Mitte Dez.–April geöffnet. Wohl das einzige Hotel, das jedes Jahr neu aufgebaut werden muss, denn es ist eine 6000 m^2 große Märchenwelt aus Schnee und Eis mit Zimmern in einzelnen Iglus. Die Gäste übernachten in Schlafsäcken aus Rentierfellen. Es gibt sogar eine Kapelle aus Eis.

Hotell Vinterpalatset, Järnvägsgatan 18, Kiruna, Tel. 09 80/677 70, Fax 09 80/130 50, www.vinterpalatset.se. Angenehmes Hotel im Zentrum mit 20 Zimmern, Sauna, Pool und Restaurant.

47 Abisko Nationalpark

TOP TIPP *Nordische Fjälls mit arktischer Flora.*

Der für reiche Gebirgsflora und schöne hochnordische Fjälllandschaft bekannte Abisko Nationalpark wurde bereits 1909 als erster europäischer **Nationalpark** eingerichtet. Auf einer Fläche von 77 km^2 umfasst das Schutzgebiet vor allem das birkenbewachsene Tal rund um den **Abiskueatnu**. Weitere Sehenswürdigkeiten bilden der See *Abiskujávri*, die üppig blühenden Bergwiesen des Berges *Njulla*, die Schlucht des Flusses *Abiskueatnu* sowie sein Delta an der Mündung in den See Torneträsk. Letzteres darf allerdings zum Schutz der hier brütenden Vögel zwischen Mai und Juni nicht betreten werden. Alpine Fjällheiden und Zwergbirkenwäldern gehören zu den wertvollen Lebensräumen des Parks, Heimat für Elche, Füchse, Vielfraße und Luchse.

Eingerahmt wird der leicht zugängliche Abisko Nationalpark von gewaltigen Fjälls, im Südosten von der sog. Lappenpforte, **Lapporten**, einem mächtigen Trogtal, und im Norden vom **Torneträsk**, der mit einer Länge von 70 km Skandinaviens größter Gebirgssee ist. In Abisko beginnen einige Fjällwanderungen, vor allem der berühmte **Kungsleden**, der von hier aus südwärts durch die lappländische Gebirgsnatur verläuft.

Das Besucherzentrum **Abisko Naturum** (Tel. 09 80/788 60, www.abiskonaturum.nu) liegt nahe der E 10 von Kiruna nach Narvik, die den Park an seiner Nordseite durchquert. Es stellt Lebensräume des Parks sowie Tier- und Pflanzenarten vor. Im Sommer finden abends auch Filmvorführungen statt. Das fachkundige Personal gibt Auskünfte zu Wanderrouten oder Wegbeschaffenheit. Am hölzernen Eingangstor zum Park beginnen auch mehrere **Tagestouren** durch den Park, darunter die Naturlehrpfade *Kanjonstigen* (1 km) und *Rallarstigen* (2 km).

Von einer Talstation 1 km südlich der E 10 führt ein Sessellift (*linbana*) auf den 1169 m hohen **Njulla**, der als ›Blumenberg‹ im Frühsommer Ziel vieler Botaniker ist. Vom Gipfel genießt man einen eindrucksvollen Rundblick auf den umliegenden Nationalpark mit dem See Torneträsk und der Lappenpforte im Hintergrund. Hier oben kann man vom 30. Mai bis 16. Juli die Mitternachtssonne beobachten, die am Naturum nur vom 12. Juni bis 4. Juli zu sehen ist. Vom 5. Dezember bis 9. Januar herrscht Polarnacht

Riksgränsen

Der Ort Riksgränsen (www.riksgransen.nu) nahe der Grenze zu Norwegen, etwa 35 km westlich von Abisko, ist ein beliebter Ausgangspunkt für Gebirgswanderungen. Außerdem liegt er inmitten eines kleinen aber feinen Skigebiets, das man auch im Schein der Mitternachtssonne abfahren kann.

i Praktische Hinweise

Information

Abisko Turiststation, Abisko, Tel. 09 80/402 00, Fax 09 80/401 40, www.abisko.nu. Wanderer finden hier auch einfache Unterkünfte, ein Restaurant und einen Zeltplatz.

Hotels

*****Hotell Fjället**, Björkliden, 8 km nordwestlich von Abisko, Tel. 09 80/641 00, Fax 09 80/410 80, www.bjorkliden.com. Hotelanlage im Blockhüttenstil mit allem Komfort und dem Panoramarestaurant *Lapporten* mit samischen Spezialitäten.

*****Riksgränsen**, Riksgränsvägen 15, Riksgränsen, Tel. 09 80/400 80, Fax 09 80/431 25, www.riksgransen.nu. Komfortables Hotel und Hüttendorf, auch für Selbstversorger.

Wanderungen durch den Norden Schwedens sind ein hervorragendes Training für Körper und Geist. Hier brechen Tourengänger von der Kebnekaise Fjällstation auf

Königspfad durch die Wildnis

TOP TIPP

Schwedens bekanntester Weitwanderweg, der **Kungsleden**, führt bestens markiert rund 500 km vom Abisko Nationalpark im Norden nach Hemavan im Süden. Dabei durchquert er wunderschöne hochnordischen Gebirgsregionen, ursprüngliche Fjällgebiete, tiefe Trogtäler sowie bekannte Nationalparks wie Sareks oder Padjelanta.

Der besondere **Reiz** einer Kungsleden-Wanderung liegt einerseits im Erleben von Weite, Einsamkeit und Wildnis. Genauso reizvoll aber ist, unter der 24 Stunden am Tag scheinenden Mitternachtssonne einen ganz eigenen Gehrhythmus zu entwickeln. Zudem machen Hütten, die 15–24 km voneinander entlang des Weges liegen, eine Zeltausrüstung überflüssig. Die beste Zeit für eine Wanderung sind die drei letzten Wochen im August, wenn es bei angenehmen Temperaturen nicht mehr so viele Mücken gibt wie im Hochsommer. Ende August setzt im Abisko Nationalpark der hier **Ruska** genannte Herbst ein und taucht das Laub der Birken und Zwergsträucher in leuchtende Farben.

Weitere Informationen zum Kungsleden gibt der Schwedische Tourismusverband:

Svenska Turistföreningen, Box 25, 10120 Stockholm, Tel. 08/463 21 00, Fax 08/678 19 58, www.stfturist.se

CAFÉ &
ÖL-
RESTAURANT
LUNCH
MIDDAG
SUPÉ

Schweden aktuell A bis Z

Vor Reiseantritt

ADAC Info-Service:
Tel. 018 05/10 11 12, Fax 018 05/30 29 28 (0,14 €/Min.)

Unter dieser Telefon- bzw. Faxnummer oder bei den ADAC Geschäftsstellen können ADAC Mitglieder auch umfangreiches und kostenloses Informations- und Kartenmaterial über Schweden anfordern.

ADAC im Internet:
www.adac.de
www.adac.de/reisefuehrer

Schweden im Internet:
www.visitsweden.com
www.sweden.se

Informationen über Schweden sind erhältlich bei:

Visit Sweden, Stortorget 3, Östersund

aus Deutschland: Tel. 069/22 22 34 96, germany@visitsweden.com

aus Österreich: Tel. 01 92/867 02, austria@visitsweden.com

aus der Schweiz: Tel. 044/580 6294, switzerland@visitsweden.com

Allgemeine Informationen

Reisedokumente

Personalausweis oder Reisepass für Reisende aus Deutschland und Österreich, Reisepass für Schweizer. Kinder unter 16 Jahren, die nicht im Elternpass eingetragen sind, benötigen einen Kinderausweis.

Kfz-Papiere

Es genügen der Führerschein und die Zulassungsbescheinigung Teil 1 (vormals Fahrzeugschein). Die Mitnahme der Internationalen Grünen Versicherungskarte wird empfohlen.

Krankenversicherung und Impfungen

Mit einem Auslandskrankenschein können Deutsche und Österreicher die Leistungen schwedischer Kassenärzte in Anspruch nehmen. Da allerdings für Arztbesuche und Rezepte eine Selbstbeteiligung zu leisten ist, empfiehlt sich der Abschluss einer privaten Reisekrankenversicherung.

Für **Hunde** und **Katzen** ist bei Reisen innerhalb der EU ein gültiger, vom Tierarzt ausgestellter EU-Heimtierausweis vorgeschrieben, ebenso Kennzeichnung mit Mikrochip oder Tätowierung. Bis zum Jahr 2011 gelten Übergangsregelungen. In den Ausweis müssen eingetragen sein: eine gültige Tollwutimpfung, ein Tollwut-Antikörpertest, durchgeführt frühestens 120 Tage und spätestens 365 Tage nach der letzten Tollwut-Impfung sowie eine maximal 10 Tage vor Einreise durchgeführte Behandlung gegen Bandwurm mit einem Mittel, das Praziquantel enthält. An der Grenze muss der EU-Heimtierausweis dem Zoll vorgelegt werden.

*Entspannte schwedische Lebensart: beim Rättviksdansen Folklore Festival, beim Kaffeetrinken (**oben**), im Straßenverkehr (**Mitte**), beim Wandern in freier Natur oder beim Museumsbesuch in Gamla Linköping (**unten**)*

Zollbestimmungen

Im privaten Reiseverkehr innerhalb der EU dürfen Waren zum eigenen Verbrauch unbegrenzt mitgeführt werden. Für einige Waren gelten bei der Einfuhr nach Schweden jedoch Höchstmengen:

Lebensmittel innerhalb der EU sind zollfrei erlaubt: 800 Zigaretten, 200 Zigarren, 10 l Spirituosen, 20 l alkoholische Getränke bis 22 % Alkoholgehalt, 90 l Wein und 110 l Bier. Tabakwaren sind nur für Personen ab 18 Jahre, alkoholische Getränke nur für Personen ab 20 Jahre gestattet.

Bei Einfuhr von zollfrei eingekaufter Ware oder Ware aus **Nicht-EU-Ländern** sind die erlaubten Mengen an Alkohol und Tabak geringer, außerdem gibt es Höchstgrenzen für Tee, Kaffee, Parfüm und andere Waren.

Fisch und **Fischprodukte** dürfen bis 15 kg eingeführt werden. Die Mitnahme von

Rindfleisch von in Großbritannien geschlachteten Tieren ist verboten.

Weitere Informationen erteilt das schwedische Hauptzollamt

Tullverket, Tel. 0771/52 05 20, www.tullverket.se.

Geld

Währungseinheit ist die *Schwedische Krone* (SEK), die sich in 100 Öre teilt. Sie ist in Banknoten zu 20, 50, 100 und 500 SEK im Umlauf sowie in Münzen zu 1, 5 und 10 Kronen sowie zu 50 Öre. Schweden ist der Europäischen Währungsunion nicht beigetreten.

Die gängigen *Kreditkarten* werden in Banken, Hotels und zahlreichen Geschäften akzeptiert.

An *Geldautomaten* kann man mit einer Maestro/EC-Karte rund um die Uhr Geld abheben. Das Netz ist jedoch nicht so dicht wie in Deutschland, so dass nicht an jedem Ort Automaten zur Verfügung stehen.

Wechselstuben (tgl. 8–22 Uhr) heißen u. a. Forex und sind in Bahnhöfen, Fährhäfen sowie in Flughäfen zu finden.

Tourismusämter im Land

Die lokalen Tourismusbüros (*Turistbyrå*) sind im Hauptteil unter Praktische Hinweise genannt. Hilfreiche Informationen gibt auch der Schwedische Tourismusverband:

Svenska Turistföreningen (STF), Box 25, 10120 Stockholm, Tel. 08/463 21 00, Fax 08/678 19 58, www.stfturist.se

Notrufnummern

Einheitlicher Notruf: Tel. 112 (EU-weit, auch mobil: Polizei, Unfallrettung, Feuerwehr)

Pannenhilfe in Schweden:
Assistancekåren, Tel. 020/91 29 12

Falck, Tel. 087/67 90 00

ADAC-Notrufzentrale München:
Tel. 00 49/89/22 22 22 (rund um die Uhr)

ADAC-Ambulanzdienst München:
Tel. 00 49/89/76 76 76 (rund um die Uhr)

Österreichischer Automobil Motorrad und Touring Club
ÖAMTC Schutzbrief-Nothilfe:
Tel. 00 43/(0)1/251 20 00

Touring Club Schweiz
TCS Zentrale Hilfsstelle:
Tel. 00 41/(0)2 24 17 22 20

Diplomatische Vertretungen

Deutschland
Botschaft der Bundesrepublik Deutschland, Artillerigatan 64, 11445 Stockholm, Tel. 08/670 15 00, Fax 08/670 15 72, www.stockholm.diplo.de

Österreich
Österreichische Botschaft, Kommendörsgatan 35/V, 11458 Stockholm, Tel. 08/665 17 70, Fax 08/662 69 28, www.aussenministerium.at/stockholm

Schweiz
Schweizer Botschaft, Valhallavägen 64, 10041 Stockholm, Tel. 08/676 79 00, Fax 08/21 15 04, www.eda.admin.ch/stockholm

Besondere Verkehrsbestimmungen

Tempolimits (in km/h): innerorts 50, außerorts für Kfz bis 3,5 t je nach Beschilderung 70–90, auf Autobahnen 110. Kfz über 3,5 t außerorts 80, auf Autobahnen 90.

Es herrscht **Anschnallpflicht**. Auch tagsüber muss das **Abblendlicht** eingeschaltet sein. Die Straßenbahn hat immer Vorfahrt. Die **Promillegrenze** liegt bei 0,2; bei Übertreten drohen strenge Strafen.

Datumzon gibt an, zu welcher Tageszeit das **Parken** gebührenpflichtig ist (meist 8/10–18 Uhr). *Viltstängsel Upphör* bedeutet **Wildwechsel**; Achtung: Rehe, Rentiere und Elche sind nicht nur in der Dämmerung aktiv.

Anreise

Auto

Man kann mit dem Auto von Dänemark über Fünen und Seeland nach Schweden reisen. Dabei passiert man die mautpflichtige **Öresundbrücke** zwischen Malmö und dem dänischen Kopenhagen.

Bahn und Autozug

Fahrplanauskunft:
Deutschland
Deutsche Bahn, Tel. 118 61 (persönliche Auskunft, gebührenpflichtig), Tel. 08 00/150 70 90 (sprachgesteuert, kostenlos), www.bahn.de

Deutsche Bahn AutoZug, Tel. 018 05/24 12 24, www.autozug.de

Österreich
Österreichische Bundesbahn, Tel. 05 17 17, www.oebb.at

Schweiz
Schweizerische Bundesbahnen, Tel. 09 00 30 03 00, www.sbb.ch

Flugzeug

Von Deutschland, Österreich und der Schweiz aus bestehen Direktverbindungen zu den schwedischen Flughäfen *Stockholm Arlanda*, und *Göteborg-Landvetter*. Ryanair fliegt *Stockholm Skavska* an.

Stockholm Arlanda, E 4 Richtung Uppsala (40 km nördlich von Stockholm), Tel. 08/797 61 00, Fax 08/797 62 40, www.lfv.se

Stockholm Skavska, 100 km südwestlich von Stockholm, Tel. 01 55/28 04 00, Fax 01 55/28 04 26, www.skavsta-air.se

Göteborg-Landvetter, 25 km südöstlich von Göteborg (über E 40 – Boråsvägen), Tel. 031/94 10 00, Fax 031/94 10 99, www.lfv.se

Schiff

Direktverbindungen bieten u. a.:

Scandlines Deutschland, Am Warnowkai 8, 18147 Rostock-Seehafen, Tel. 03 81/207 33 17 – Fährhafen Sassnitz, 18546 Sassnitz, Tel.038 39/26 44 20, www.scandlines.de. Rostock–Trelleborg (6 Std.) und Saßnitz–Trelleborg (4 Std.)

Stena Line, Schwedenkai 1, Kiel, Tel. 018 05/91 66 66 (0,14 €/Min.), www.stenaline.de. Kiel–Göteborg (13–14 Std.)

TT-Line, Zum Hafenplatz 1, Lübeck-Travemünde, Tel. 45 02/801 81, www.tt-line.de. Travemünde–Trelleborg (7 Std.), Rostock–Trelleborg (6 Std.)

Bank, Post, Telefon

Bank

Banken sind in der Regel Mo–Mi und Fr 9.30–15, Do 9.30–18 Uhr geöffnet.

Post

Postämter sind in der Regel Mo–Fr 9–18, Sa 9–12 Uhr geöffnet. Briefe und Postkarten können langsamer, jedoch billiger *(Economique)* oder schneller, aber dafür teurer *(Prioritaire)* befördert werden.

Telefon

Internationale Vorwahlen:
Schweden 00 46
Deutschland 00 49
Österreich 00 43
Schweiz 00 41

Es folgt die Ortsvorwahl ohne Null.

Öffentliche Fernsprecher funktionieren meist mit Telefonkarte *(Telefonkort)*, die man an Zeitungskiosken *(Pressbyrå)*, in Telefonshops *(Telebutiken)* oder in Postämtern kaufen kann. Bei entsprechend gekennzeichneten Telefonzellen kann man auch mit gängigen Kreditkarten telefonieren. Münzfernsprecher findet man dagegen auch in den Städten kaum noch.

Mit einem handelsüblichen **GSM-Mobiltelefon** kann man sich problemlos in die schwedischen Netze einwählen. Das Mobilfunknetz ist fast im gesamten Land sehr gut ausgebaut, Netzlücken bestehen nur in den Nationalparks im äußersten Norden, wo es keine Siedlungen gibt.

Einkaufen

Öffnungszeiten

Die Ladenöffnungszeiten ändern sich je nach Region und Jahreszeit. In der Regel sind Geschäfte Mo–Sa 10–18, im Sommer bis 20/21 Uhr geöffnet. Vor allem im Norden kann man in Lebensmittelläden an Tankstellen oft bis Mitternacht einkaufen, manchmal auch rund um die Uhr.

Souvenirs

Zu den beliebtesten Reiseandenken gehören die bunten **Dala Pferdchen** aus der Ortschaft *Nusnäs* am Siljansee [s. S. 105]. Zentrum der schwedischen **Glasmanufaktur** ist die Provinz *Småland*. In berühmten Glashütten wie *Kosta*, *Pukeberg* oder *Orrefors* kann man den Glasbläsern bei der Arbeit zusehen und schöne Stücke meist günstiger als im Laden erwerben. *Höganäs* an der Westküste ist bekannt für seine **Keramikproduktion**. Hier werden Kacheln und Fliesen, aber auch Tafelgeschirr hergestellt. Eine gute Adresse für schwedisches Kunsthandwerk, Handarbeiten wie Web- oder Klöppelerzeugnisse sowie Hauhaltsgegenstände sind die *Hemslöjd-Geschäfte*, die man im ganzen Land findet. Sie sind nicht gerade billig, bieten aber hervorragende Qualität. Beliebte Souvenirs sind weiterhin **Trekking-** und **Campingartikel** der schwedischen Ausrüster *Fjällräven* und *Haglöfs*. Auch landestypische Delikatessen wie Räucherlachs oder Moltebeerenmarmelade eignen sich gut als Mitbringsel.

Essen und Trinken

Oft besteht das Frühstück, **Frukost**, aus einem *Getreide-Obst-Müsli* mit Joghurt oder Dickmilch. Es gehört auch bei den reichhaltigen *Frühstückbuffets* der Hotels immer dazu. An Brot wird meist Knäcke- oder Toastbrot serviert, Schwarzbrot gibt es eher seltener.

Zum Mittagessen, **Lunch**, bieten zahlreiche Restaurants und Imbissstuben 11–14 Uhr preiswerte Tagesgerichte an. Zu diesen *Dagens Rätt* gehören meist Salat sowie der abschließende Kaffee. Auch abends, **Middag**, wird in Schweden gern warm gegessen.

Zur Mittsommerzeit kommen oft Matjes mit Sahnesauce und Dillkartoffeln auf den Tisch, danach werden frische Erdbeeren mit Sahne gereicht. Im August genießt man gerne Krebse. Zu den **Spezialitäten** der schwedischen Küche zählen neben Fisch und Meeresfrüchten auch Elch und Rentier. Für diese Gerichte muss man in Restaurants allerdings tiefer in die Tasche greifen als für eines der einfachen **Nationalgerichte** wie *Pytt-i-panna*, gewürfelte Kartoffeln, Wurst und Zwiebeln, die in der Pfanne geröstet werden. Typisch schwedische Gerichte sind auch *Köttbullar*, kleine Hackfleischbällchen, oder *Janssons Frestelse*, ein Auflauf aus Kartoffeln, Sardellen und Sahne. Sehr beliebt sind *Eintöpfe*, etwa gekochtes Eisbein mit Rübenmus, Hammelfleisch mit Kohl oder Schweinefleisch mit Erbsen.

Bei keiner Mahlzeit darf der **Kaffee** fehlen. Meist erhält man in Cafés und Restaurants zur ersten Tasse eine zweite gratis dazu, das nennt man *Påtår*. **Wein** und **Bier** sind nur in voll lizensierten Lokalen erhältlich und sehr teuer. Zu kaufen gibt es Alkohol nur in *Systembolaget*, den staatlich kontrollierten Abgabestellen. An kalten Tagen in der Advents- und Weihnachtszeit hilft ein **Glögg**, der schwedische Glühwein aus Rotwein, Schnaps und Gewürzen, die Kälte zu vertreiben.

In geschlossenen Räumen von Cafés, Bars und Restaurants gilt in Schweden seit 2005 **Rauchverbot**.

Schwedens Küche bietet das Beste aus dem Meer, z. B. köstlichen Graved Lachs

Essen gut, alles gut

Das schwedische **Smörgåsbord** bedeutet übersetzt soviel wie ›Tisch mit Butterbroten‹. Doch was hier aufgetischt wird, ist viel mehr, nämlich ein Buffet mit einer überwältigenden Ansammlung an warmen und kalten Fisch- und Fleischgerichten, Salaten, Gemüse und süßen Nachspeisen.

Das Smörgåsbord hat eine ganz bestimmte Abfolge, die selbst den hungrigsten Magen überfordert. Es beginnt mit Spezialitäten des **Schärengartens** wie Senfhering, Strömmingsrolle, Strömmingssteak und Schärenbrot, eine Art Knödelbrot. Der zweite Gang besteht aus **Fischdelikatessen**, etwa leicht gesalzenem Lachs und Rogen, dazu Dillkartoffeln und ein kühles Bier. Danach kommen die Salate: Rote Bete, Tomaten, Pilze, je nach Saison. Darauf folgen die **kalten Fleischgerichte** mit einer bunten Mischung aus Leberpastete, Roastbeef, Putenfleisch und ein wenig Mixed Pickles. Nun erst kommt die **warme Hauptspeise**. Beliebt sind z. B. gedünsteter Fisch mit Tomatensauce und Reis oder gegrilltes Rindfleisch mit Kartoffelgratin, heller Kräutersauce und Ratatouille-Gemüse.

Ein **Käseteller** leitet das Ende des Smörgåsbord ein. Krönender Abschluss des Festmahls ist ein Stück **Mandeltårta** (Mandeltorte) oder anderer Kuchen. Wahlweise versüßt auch Obstsalat die Erinnerung an das kulinarische Erlebnis.

Feste und Feiern

Feiertage

1. Januar (Neujahr/Nyårsdagen), 6. Januar (Dreikönigstag/Trettondedag Jul), Kar-

freitag, Ostersonntag, Ostermontag/Långfredag, Påksdagen, Annandag Påsk, 1. Mai (Tag der Arbeit/Första Maj), Christi Himmelfahrt/Kristi Himmelsfärdsdag, Pfingsten (Annandag Pingst), 1. Freitag nach dem 21. Juni (Mittsommer/Midsommarafton), Samstag, der dem 1. November am nächsten kommt (Allerheiligen/Alla Helgons Dag), 25./26. Dezember (Weihnachten, Juldagen/Annandag Jul).

Der schwedische Nationalfeiertag (6. Juni) ist ein normaler Arbeitstag.

Feste

Januar

Kiruna (Ende Januar): *Snöfestival*, Schneefest mit Eisskulpturen-Schnitzen und Hundeschlittenrennen (www.snowfestival.se).

Februar

Jokkmokk (Anfang des Monats): *Jokkmokk Marknad*, der große ›Samenmarkt‹ für Kunsthandwerk und Viehhandel, wird seit Anfang des 17. Jh. begangen (www.jokkmokksmarknad.com).

Stockholm (Anfang des Monats): Beim *Vikingarännet*, dem Wikingerlauf, dienen zugefrorene Seen zwischen Uppsala und dem Riddarfjärden in Stockholm Schlittschuhläufern als 80 km lange Rennstrecke (www.vikingarannet.com).

März

Mora (1. Märzwochenende): Der *Vasaloppet*, der Vasalauf, führt mehrere Tausend Skilangläufer über eine Strecke von 90 km von Sälen nach Mora (www.vasaloppet.se).

April

Ganz Schweden (30. April): Am *Valborgsmässoafton*, der Walpurgisnacht, werden Feuer entzündet, um den Winter zu vertreiben.

Juni

Stockholm (Anfang Juni): *Skärgårdens Dag*, der Tag der Schärendampfer, wird mit nostalgischen Ausfahrten in die Schären von Stockholm begangen.

Ganz Schweden (Samstag, der dem 24. Juni am nächsten kommt): Höchstes weltliches Fest ist das Mittsommernachtsfest *Midsommar*. In Dalarna etwa schmücken Dorfbewohner ihre Haustüren mit frischen Birkenzweigen. Im Ort wird eine Art Maibaum errichtet, anschließend sind Musik und Tanz bis zum nächsten Morgen angesagt.

Juli

Gotland (2. Juliwochenende): Bei den *Stångaspelen*, den ›Olympischen Spielen‹ der archaischen Sportarten, messen sich die Sportler in Disziplinen wie Baumweitwurf (www.gotland.net/stangaspelen).

Östersund (Ende Juli): Beim *Storsjöyran* verwandeln Straßenmusikanten die gesamte Innenstadt in eine einzige riesige Bühne (www.storsjoyran.se).

Rättvik (Ende Juli): Das *Rättviksdansen Folklore Festival* bietet internationale Volksmusik und Volkstänze (www.folklore.se).

August

Ganz Schweden (Anfang Aug.): Mit dem Fest *Kräftskiva* leitete man früher die Fangsaison für Flusskrebse ein. Obwohl diese seit 1994 ganzjährig gefischt werden dürfen, behielt man das Fest bei und trifft sich mit Freunden zum Krebse-Essen.

Visby (Anfang Aug.): Während der Mittelalterwoche *Medeltidsveckan* bevölkern Kaufleute, Mönche und Gaukler in prächtigen Kostümen die alte Hansestadt (www.medeltidsveckan.com).

Gävle (Mitte des Monats, Do–So): Vier Tage lang herrscht auf dem *Gävle City Festival* eine ausgelassene Stimmung bei Konzerten und Jahrmarktbuden (www.cityfesten.se).

Dezember

Stockholm (1.–3. Advent): *Julmarknad*, Weihnachtsmarkt, im Freilichtmuseum Skansen. In den Werkstätten wird Kunsthandwerk hergestellt, in den Backstuben weihnachtliches Gebäck.

Ganz Schweden (13. Dezember): Am *Luciadagen* zu Ehren der hl. Lucia ziehen Mädchen in langen weißen Kleidern und mit einem Lichterkranz im Haar durch die Städte.

Klima und Reisezeit

Die beste **Reisezeit** für Schweden ist Mitte Juni bis Ende August, obwohl es im Juli und August häufig regnet. Südschweden ist aufgrund milder Temperaturen bis Ende September gut zu bereisen.

Die **Mitternachtssonne** scheint in Kiruna z. B. vom 4. Juni bis 12. Juli, in Abisko vom 27. Mai bis 15. Juli. In Stockholm geht die Sonne im Juni nur zwischen 22 und 2 Uhr unter. Richtig dunkel wird es dann aber nicht, höchstens dämmrig.

Im Winter herrschen in Schweden große klimatische Unterschiede. Während Ost- und Nordsee im Süden und Westen des Landes für mildes Klima mit wenig Schneefall sorgen, sind der Osten und Norden für ihre strengen schneereichen Winter bekannt. Für einen **Winterurlaub** ist der März zu empfehlen, da die extreme Kälte in Mittelschweden bereits abgeklungen ist und die Sonne schon wieder länger scheint.

Klimadaten Stockholm

Monat	Luft (°C) min./max.	Wasser (°C)	Sonnen-std./Tag	Regen-tage
Januar	-5/-1	3	1	10
Februar	-5/-1	1	2	7
März	-4/2	1	5	6
April	-1/8	2	7	7
Mai	6/15	5	9	7
Juni	10/19	10	10	8
Juli	14/22	15	9	9
August	13/20	15	7	10
September	9/15	13	6	9
Oktober	5/9	10	3	9
November	1/4	7	1	10
Dezember	-2/2	4	1	11

Kultur live

Februar

Umeå (Mitte Februar): Auf dem **Umefolk** Festival gibt es Volks- und Weltmusik-Konzerte, Tanzaufführungen und sogar Kurse (www.umeafolkmusik.se).

Juni

Rättvik (Juni–Sept.): Auf der Freilichtbühne in einem stillgelegten Steinbruch wird das *Dalhalla Festival* mit Opern, Konzerten und Feuerwerk veranstaltet (www.dalhalla.se).

Stockholm (Juni–Mitte September): Die Veranstaltungsreihe *Musik på Slottet*, Musik im Schloss, bietet Kammermusikkonzerte im stilvollen Ambiente des Stadtschlosses (www.royalfestivals.se).

Rättvik und Leksand (Ende Juni/Anfang Juli): Das Festival *Musik vid Siljan* bietet in der stimmungsvollen Atmosphäre des Siljan-Sees Musik für alle Geschmäcker, Rock, Pop, Jazz und auch Kammermusik (www.musikvidsiljan.se).

Juli

Hälsingland (Anfang bis Mitte Juli): *Hälsinge Hambon*, Tanzspektakel in mehreren Orten, eine wahre Volkstanz-›Rallye‹ (www.halsingehambon.se).

Gotland (Ende Juli/Anfang August): In der Ruine der St. Nikolaikirche finden die Kammermusikkonzerte des *Gotland Chamber Music Festival* statt (www.gotland-chamber-music-festival.info)

August

Göteborg (Mitte August): Das *Göteborg Jazzfestival* bietet internationale Jazzmusik (www.gothenburgjazzfestival.com).

Stockholm (Mitte August): Bei *Stockholms Kulturfestival* feiert die ganze Stadt mit Künstlern, DJs und Musikern aus aller Welt (www.kulturfestivalen.stockholm.se).

November

Stockholm: Schwedische und internationale Film- und Videoproduktionen kann man beim *Stockholm International Film Festival* ansehen (www.filmfestivalen.se).

Nachtleben

Schweden ist nicht gerade berühmt für sein Nachtleben, was auch daran liegen mag, dass Alkohol sehr teuer ist. Doch finden Nachtschwärmer in den Großstädten des Südens eine Reihe guter Klubs, Bars und Diskotheken. In Stockholm sind z. B. die Bezirke Södermalm, Vasastan und Kungsholmen zu empfehlen.

Sport

Angeln

Die zahllosen Seen und Flüsse Schwedens sind ausgesprochen fischreich. Touristenbüros und Sportgeschäfte vor Ort stellen Angelscheine aus. Als bester Lachsfluss Europas gilt der *Kalixälv* im Norden. In den fünf größten Seen des Landes, *Vänern*, *Vättern*, *Mälaren*, *Hjälmaren* und *Storsjön*, ist das Angeln ebenso wie entlang der Küsten ohne Genehmigung erlaubt. Infos:

Fiskeriverket, Ekelundsgatan 1, Box 423, 40126 Göteborg, Tel. 031/743 03 00, Fax 031/743 04 44, www.fiskeriverket.se

Golf

Golf ist in Schweden Volkssport, das Land besitzt neben den USA und Großbritannien die meisten Golfplätze, mit dem 9-Loch-Platz in *Björkliden* gar den zweitnördlichsten der Welt. Plätze, die dem Schwedischen Golfverband angeschlossen sind, dürfen nur von Spielern genutzt werden, die einem Golfklub angehören. Die meisten anderen stehen auch Tagesgästen offen. Infos

Svenska Golfförbundet (SGF), Kevingestrand 20, Box 84, 18211 Danderyd, Tel. 08/622 15 00, Fax 08/755 84 39, www.sgf.golf.se, www.golf.se

Kanu fahren

Dalsland, *Värmland* und *Südwest-Småland* sind hervorragende Kanureviere, doch man kann fast überall in Schweden diesem Sport nachgehen, ob man eine beschauliche Fahrt oder eine Wildwassertour beabsichtigt.

Auskünfte über Kanuverleiher und Routenbeschreibungen erteilt der Schwedische Kanuverband. Infos:

Svenska Kanotförbundet, Rosvalla, Nyköping, Tel. 0155/20 90 80, Fax 0155/20 90 81, www.kanot.com

Segeln

Schweden mit seinem rund 2700 km langen Küstenstreifen und seinen über 90 000 Seen ist ein wahres Paradies für Segler und Freizeitkapitäne. Besonders die *Schärenküsten* sind ein abwechslungsreiches, sehr beliebtes Segelrevier. In mehr als 400 Gästehäfen entlang der Küsten können Touristen mit ihren Segelbooten anlegen, die Liegeplatzgebühren sind relativ günstig.

Ein Verzeichnis der Gästehäfen ist erhältlich beim Schwedischen Tourismusverband **Svenska Turistföreningen (STF)** [s. S. 128]. Weitere Infos über:

Svenska Seglarförbundet, Pontins Väg 6, Hus 1, Stockholm, Tel. 08/459 09 90, Fax 08/459 09 99, www.svensksegling.se

Im Binnenland fährt man gern auf dem *Göta Kanal* (Mai–Sept.). Infos:

AB Göta Kanal, Box 3, 59121 Motala, Tel. 01 41/20 20 50, Fax 01 41/21 55 50, www.gotakanal.se

Trekking

Tausende Kilometer markierter Wege bieten ein anspruchsvolles Terrain für alle Wanderer. Für die meisten Touren benötigt man jedoch mehrere Tage. Unterwegs stehen Hütten für Verpflegung und Übernachtung zur Verfügung. Neben dem bekannten *Kungsleden* [s. S. 125] in Lappland gibt es auch in Süd- und Mittelschweden zahlreiche lohnende Wanderwege, etwa den *Siljanleden* rund um den Siljan-See in Dalarna, den *Kinnekulleleden* am Vänernsee, den *Vasaloppsleden* von Sälen nach Mora oder den *Österlenleden* von Ystad bis Simrishamn. Lohnende Fjällgebiete für Mehrtagestouren sind etwa das *Vålådalen*, das *Sylarna-Fjäll* sowie die einsamen Regionen des *Vindelfjälls*.

Der Schwedische Tourismusverband **Svenska Turistföreningen (STF)** [s. S. 128] unterhält einfache Fjällhütten und hotelähnliche Fjällstationen. Dort können Übernachtungen mit Frühstück oder Vollpension im Voraus gebucht werden.

Wintersport

Die Wintersportregionen in Mittel- und Nordschweden gelten von November bis Ende April als schneesicher. Da die Winter sehr kalt und im Dezember/Januar sehr dunkel sind, empfiehlt sich ein **Winterurlaub** ab Ende Februar.

Skilanglauf ist Volkssport Nr. 1, Loipen gibt es häufig. **Alpiner Skilauf** wird vor allem in den Fjälls von West-Dalarna bis zu den Bergen rund um Åre betrieben. *Sälen*, das *Idre-Fjäll* und die Region *Åre-Duved* zählen zu den größten Skigebieten des Landes und sind bestens erschlossen.

Statistik

Geographie: Schweden umfasst ca. 450 000 km^2, die Süd-Nord-Ausdehnung erreicht fast 1600 km, von Westen nach Osten sind es nur knapp 500 km. Im Südwesten grenzt Schweden an Skagerrak und Kattegat, die gegenüber liegende Ostseeküste reicht bis zum Bottnischen Meerbusen. Schwedens Küste sind rund 40 000 Schäreninseln vorgelagert, die gesamte Küstenlänge beträgt mit Schären etwa 7500 km.

51 % der Landesfläche sind von Wäldern bedeckt, fast 9 % von Flüssen und Seen. Höchste Erhebung ist der Kebnekaise im Norden mit 2111 m. Südlich des Siljansees beginnt die mittelschwedische Senke, die bis ins Gebiet der großen Seen Vänern und Vättern reicht. Südschweden ist flach bis sanft hügelig.

Bevölkerung: 85 % der 9,1 Mio. Einwohner Schwedens leben südlich der Linie Gävle-Mora, 1,5 Mio. allein im Großraum um die Hauptstadt Stockholm. Der Nor-

Schicke Suite aus Schnee und Eis im Icehotel vom Jukkasjärvi bei Kiruna

den ist mit knapp drei Einwohnern pro km² extrem dünn besiedelt. Dort leben noch etwa 15 000 Sami und eine finnische Minderheit, die etwa 250 000 Menschen umfasst.

Religion: Mehr als 75 % der Bevölkerung gehören der evangelisch-lutherischen Staatskirche an. Die restlichen 10 % sind Mitglieder weiterer protestantischer Gemeinschaften, Katholiken, Muslime, Juden und Hinduisten.

Verwaltung: Schweden ist eine konstitutionelle Monarchie mit parlamentarischer Regierungsform, die sich auf einen gesetzgebenden Reichstag stützt. Die Mehrheit des Reichstags wählt einen Ministerpräsidenten, der seinerseits die Regierung ernennt.

Verwaltungstechnisch ist Schweden in 21 Provinzen *(Län)* aufgeteilt.

Wirtschaft: Schweden ist ein moderner Industriestaat. Namhafte Firmen wie Ericsson, Electrolux, Atlas Copco, ASEA/ABB oder Volvo exportieren in alle Welt. In den letzten Jahren gewannen auch IT- und Pharmaindustrie an Bedeutung. Die meisten Menschen sind in Handel, Verkehr, Verwaltung und Dienstleistungsgewerbe beschäftigt. Auch die Landwirtschaft macht – im Gegensatz zur Fischerei – einen erheblichen Teil der Volkswirtschaft aus, obwohl nur 10 % der Landesfläche dafür nutzbar sind. Der Bergbau geht beständig zurück, wenngleich die Erzminen von Kiruna und Gällivare noch immer zu den größten Europas gehören. Wichtig ist auch die Holz verarbeitende Industrie, deren größte Betriebe am Bottnischen Meerbusen liegen.

Unterkunft

Camping

Schwedische Campingplätze liegen meist in landschaftlich schöner Umgebung an einem See oder Fluss, sind teilweise allerdings nur in den Sommermonaten geöffnet. Die Plätze gehören zu den saubersten und komfortabelsten in Europa, verlangen aber auch oft stolze Preise. Für die Übernachtung benötigt man eine *Campingkort*. Man erhält sie auf den Plätzen. Weitere Infos:

Sveriges Camping- och Stugföretagares Riksorganisation, Mässans Gata 10, Box 5079, 40222 Göteborg, Tel. 031/355 60 00, Fax 031/355 60 03, www.scr.se, www.camping.se

Der jährlich neu erscheinende **ADAC Camping Caravaning Führer** (auch als CD-ROM), Band *Deutschland–Nordeuropa*, informiert detailliert über Preise, Ausstattung und Öffnungszeiten einer repräsentativen Auswahl (www.adac.de/campingfuehrer).

Ferienhäuser

In Deutschland bieten mehrere Reiseveranstalter Hütten und Häuser an, meist in *Småland*, *Värmland* oder *Dalarna*. Man sollte früh buchen (bis Februar) und bei der Auswahl sorgfältig auf die Beschreibung achten. Vermietet wird in der Regel wochenweise. Vor Ort kann man sich bei den Touristenbüros informieren.

Hotels

Grundsätzlich ist Reisen in Schweden nicht billig und Hotels können insbesondere in den Großstädten sehr teuer sein. Es lohnt sich, auf günstige Wochenendangebote oder Pauschalpreise für Familien zu achten.

Ein jährlich aktualisiertes Hotelverzeichnis versendet **Visit Sweden** [s. S. 127], Hilfe bietet auch das Internet: www.hotels insweden.net, www.hihostels.com.

Vandrarhem

Die schwedische Variante der Jugendherberge steht jeder Altersgruppe offen. Die Preise sind für schwedische Verhältnisse sehr günstig, doch muss Bettwäsche selbst mitgebracht werden. Infos:

Sveriges Vandrarhem i Förening, Box 9, 45043 Smögen, Tel./Fax 04 13/55 34 50, www.svif.se

Verkehrsmittel im Land

Bahn

Das schwedische Eisenbahnnetz ist im Südteil des Landes sehr gut ausgebaut. Nördlich von Stockholm werden die Strecken rarer. Ab Östersund gibt es nur noch eine Route, die über Kiruna zur norwegischen Grenze verläuft (Reservierung dringend empfohlen).

Der preislich recht günstige **ScanRail Pass** (www.scanrail.com) ermöglicht kostenlose Zugfahrten in Skandinavien.

Ende Juni–Anf. Aug. verkehrt die schon nostalgische Inlandsbanan auf der gut 1000 km langen Strecke zwischen Östersund bzw. Mora am Siljansee und dem lappländischen Gällivare. Infos:

Inlandsbanan, Box 561, 831 27 Östersund, Tel. 063/19 44 00, Fax 063/19 44 06, www.inlandsbanan.se

Freies Land für mündige Bürger

Den Aufenthalt des Menschen in der Natur regelt in Schweden das **Allemansrätten** (www.allemansratten.se), das sog. **Jedermannsrecht**. Das ungeschriebene Gewohnheitsrecht ermöglicht es Reisenden, private Wege zu Fuß oder mit dem Fahrrad zu benutzen, auf Seen und Flüssen mit dem Boot zu fahren und am Ufer anzulegen, wild wachsende Beeren und Pilze zum unmittelbaren Verzehr zu pflücken, mit herumliegenden abgestorbenen Ästen unter Beachtung größter Vorsicht ein Feuer zu machen und in freier Natur auch ohne Einwilligung des Grundbesitzers für eine Nacht zu zelten. Für einen längeren Aufenthalt ist allerdings dessen Erlaubnis einzuholen.

Voraussetzung für die Aufrechterhaltung des Allemansrätt, das grundsätzlich auch für Touristen gilt, ist jedoch Rücksichtnahme auf Anwohner und behutsamer Umgang mit der Natur: **Nicht stören, nicht zerstören**, lautet die Devise.

Bus

Mit Überlandbussen sind alle größeren Orte zu erreichen, man muss aber Zeit und Geduld mitbringen. Das größte schwedische Busunternehmen ist Swebus, das allein im Norden des Landes ein Streckennetz von 7800 km bedient. Infos:

Swebus, Solna Strandväg 78, 17154 Solna, Tel. 08/54 63 00 00, Fax 08/54 63 00 30, www.swebus.se

Flugzeug

Dreh- und Angelpunkt auch für innerschwedische Flüge ist der Flughafen *Stockholm Arlanda*. Fast alle größeren Orte des Landes werden mehrmals täglich von SAS oder regionalen Fluggesellschaften angeflogen. Infos:

SAS, Frosundaviks Allé 1, Stockholm Tel. 08/797 00 00, www.flysas.com

Mietwagen

In Stockholm sowie den meisten größeren Städten und Ferienzentren sind die großen internationalen und diverse regionale Anbieter mit ihrer Fahrzeugflotte präsent. Für Mitglieder bietet die **ADAC Autovermietung GmbH** günstige Konditionen. Buchungen sind über die ADAC Geschäftsstellen oder unter Tel. 018 05/31 81 81 (0,14 €/Min.) möglich.

Schiff

Schiffe und Fähren sind im wasserreichen Schweden beliebte, wenngleich langsame Fortbewegungsmittel. So ist z. B. zwischen Stockholm und Göteborg eine Schiffsreise über den Göta Kanal und die Seen Vänern und Vättern möglich. Reedereien und weitere relevante Fährstrecken sind bei den entsprechenden Orten im Haupttext aufgeführt.

Sprachführer

Schwedisch für die Reise

Das Wichtigste in Kürze

Ja/Nein	*Ja/Nej*
Bitte/Danke	*Varsågod/Tack*
In Ordnung!/ Einverstanden!	*Ok (okey)!/ Det är ok!*
Entschuldigung!	*Ursäkta!*
Wie bitte?	*Vad sa du?*
Ich verstehe Sie nicht.	*Jag förstår inte vad du säger.*
Ich spreche nur wenig Schwedisch.	*Jag kan bara lite svenska.*
Können Sie mir bitte helfen?	*Kan du hjälpa mej?*
Das gefällt mir (nicht).	*Det låter (inte) bra*
Ich möchte …	*Jag skulle vilja …*
Gibt es …?	*Finns det …?*
Wie viel kostet …?	*Vad kostar …?*
Kann ich mit Kreditkarte bezahlen?	*Kan jag betala med kreditkort?*
Wie viel Uhr ist es?	*Hur mycket är klockan?*
Guten Morgen!	*God morgon!*
Guten Tag!	*God dag!*
Guten Abend!	*God kväll!*
Gute Nacht!	*God natt!*
Hallo!/Grüß dich!	*Hej!*
Wie ist Ihr Name, bitte?	*Vad heter du?*
Mein Name ist …	*Jag heter …*
Wie geht es Ihnen?	*Hur mår du?*
Auf Wiedersehen!	*Adjö!*
Tschüs!	*Hejdå!*

Zahlen

0	*noll*	20	*tjugo*
1	*ett*	21	*tjugoett*
2	*två*	22	*tjugotvå*
3	*tre*	30	*trettio*
4	*fyra*	40	*fyrtio*
5	*fem*	50	*femtio*
6	*sex*	60	*sextio*
7	*sju*	70	*sjuttio*
8	*åtta*	80	*åttio*
9	*nio*	90	*nittio*
10	*tio*	100	*etthundra alt. hundra*
11	*elva*		
12	*tolv*	200	*tvåhundra*
13	*tretton*	1 000	*ettusen alt. tusen*
14	*fjorton*	2 000	*tvåtusen*
15	*femton*	10 000	*tiotusen*
16	*sexton*	100 000	*etthundratusen alt. hundratusen*
17	*sjutton*		
18	*arton*	1/4	*en fjärdedel*
19	*nitton*	1/2	*en halv*

gestern/heute/morgen	*igår/idag/i morgon*
am Vormittag/ am Nachmittag	*på förmiddagen/ på eftermiddagen/*
am Abend/ in der Nacht	*på kvällen/ på natten*
um 1 Uhr/um 2 Uhr …	*klockan 1/klockan 2 …*
um Viertel vor (nach) …	*kvart i (över) …*
um … Uhr 30	*klockan … och trettio*
Minute(n)/Stunde(n)	*minut(er)/timme (timmar)*
Tag(e)/Woche(n)	*dag(ar)/vecka (veckor)*
Monat(e)/Jahr(e)	*månad(er)/år (år)*

Wochentage

Montag	*måndag*
Dienstag	*tisdag*
Mittwoch	*onsdag*
Donnerstag	*torsdag*
Freitag	*fredag*
Samstag	*lördag*
Sonntag	*söndag*

Monate

Januar	*januari*
Februar	*februari*
März	*mars*
April	*april*
Mai	*maj*
Juni	*juni*
Juli	*juli*
August	*augusti*
September	*september*
Oktober	*oktober*
November	*november*
Dezember	*december*

Maße

Kilometer	*kilometer*
Schwed. Meile (10 km)	*mil*
Meter	*meter*
Zentimeter	*centimeter*
Kilogramm	*kilo*
Pfund	*ett halvt kilo*
Gramm	*gram*
Liter	*liter*

Unterwegs

Nord/Süd/West/ Ost	*norr/söder/väster/ öster*

oben/unten	*uppe/nere*
geöffnet/geschlossen	*öppet/stängt*
geradeaus/links/ rechts/zurück	*rakt fram/vänster/ höger/tillbaka*
nah/weit	*nära/långt*
Wie weit ist …?	*Hur långt är det …?*
Wo sind die Toiletten?	*Var finns toaletterna?*
Wo ist die (der) nächste	*Var finns närmaste*
Telefonzelle/	*telefonkiosk/*
Post/	*post/*
Bank/	*bank/*
Geldautomat/	*bankomat/*
Polizei?	*polisstation?*
Bitte, wo ist …	*Var är …*
der Hauptbahnhof/	*stationen/*
der Busbahnhof/	*busstationen/*
die Bushaltestelle/	*busshållplatsen/*
die Tramstation/	*spårvagnshåll-platsen/*
der Flughafen?	*flygplatsen?*
Wo finde ich …	*Var hittar jag …*
eine Apotheke/	*ett apotek/*
eine Bäckerei/	*ett bageri/*
Fotoartikel/	*fotoartiklar/*
ein Kaufhaus/	*ett varuhus/*
ein Lebensmittel-geschäft/	*en livsmedelsaffär/*
den Markt?	*torget?*
Ist das der Weg/ die Straße nach …?	*Är det vägen till …?*
Ich möchte mit …	*Jag vill ta …*
dem Bus/	*bussen/*
der Tram/	*spårvagnen/*
dem Schiff/	*båten/*
der Fähre/	*färjan/*
dem Zug/	*tåget/*
dem Flugzeug	*flygplanet*
nach … fahren.	*till …*

Hinweise zur Aussprache

In Schweden gebraucht man im Allgemeinen die Anrede ›du‹. Diese übliche Form wird auch in diesem Sprachführer verwendet.

å	wie ›o‹, Bsp.: tw**å**
u	wie ›**ü**‹, Bsp.: etth**u**ndra
o	wie im Deutschen, manchmal auch wie ›**u**‹, Bsp.: g**o**d
k	vor ›**ö**‹, ›**y**‹, ›**ä**‹, ›**i**‹ wie ›**sch**‹, Bsp.: **k**ilometer
v	wie ›**w**‹, Bsp.: **v**ad
dj, lj	wie ›**j**‹, Bsp.: a**dj**ö
rs	wie ›**sch**‹, Bsp.: va**rs**ogod, u**rs**äkta
tj	wie ›**sch**‹, Bsp.: **tj**uogo
sk	am Wortanfang wie ›**sch**‹, Bsp.: **sk**icka
sj	wie ›**sch**‹, Bsp.: **sj**utton
…tion	wie ›**schun**‹, Bsp.: sta**tion**

Gilt dieser Preis für Hin- und Rückfahrt?	*Är det priset för tur och retur?*
Wie lange gilt das Ticket?	*Hur länge är biljetten giltig?*
Wo finde ich …	*Var hittar jag …*
das Fremdenver-kehrsamt/	*turistbyrån/*
ein Reisebüro?	*en resebyrå?*
Ich benötige eine Hotelunterkunft.	*Jag behöver ett hotellrum.*
Wo kann ich mein Gepäck lassen?	*Var kan jag lämna mitt bagage?*
Ich habe meinen Koffer verloren.	*Jag har förlorat min resväska.*

Zoll/Polizei

Ich habe etwas (nichts) zu verzollen.	*Jag har något (inget) att förtulla.*
Ich habe nur persönliche Dinge.	*Jag har endast personliga saker med mej.*
Hier ist die Kaufbescheinigung.	*Här är köpbeviset.*
Hier ist mein(e) …	*Här är …*
Geld/	*mina pengar/*
Pass/	*mitt pass/*
Personalausweis/	*min legitimation/*
Kfz-Schein/	*mitt registerings-bevis/*
Versicherungskarte.	*mitt försäkrings-bevis.*
Ich fahre nach …	*Jag åker till …*
und bleibe …	*och stannar …*
Tage/	*dagar/*
Wochen.	*veckor.*
Ich möchte eine Anzeige erstatten.	*Jag vill göra en polisanmälan.*
Man hat mir …	*Någon har stulit …*
Geld/	*mina pengar/*
die Tasche/	*min väska/*
die Papiere/	*mina dokument/*
die Schlüssel/	*mina nycklar/*
den Fotoapparat/	*min fotoapparat/*
den Koffer gestohlen.	*min resväska*
Verständigen Sie bitte das Deutsche Konsulat.	*Var god och kontakta tyska ambassaden.*

Freizeit

Ich möchte ein …	*Jag skulle vilja låna …*
Fahrrad/	*en cykel/*
Mountainbike/	*en mountainbike/*
Motorrad/	*en motorcykel/*
Surfbrett/	*en surfbräda/*
Pferd mieten	*en häst*
Gibt es ein(en) …	*Finns här …*
Freizeitpark/	*en fritidspark/*
Freibad/	*en simbassäng/*
Golfplatz	*en golfplats*
in der Nähe?	*i närheten?*

Wo ist die (der) nächste Bademöglichkeit/ Strand?	*Var finns närmaste möjlighet att bada stranden?*
Wann hat ... geöffnet?	*När är ... öppet/öppen?*

Bank, Post, Telefon

Ich möchte Geld wechseln.	*Jag skulle vilja växla pengar.*
Brauchen Sie meinen Ausweis?	*Behöver du min legitimation?*
Wo soll ich unterschreiben?	*Var ska jag skriva under?*
Ich möchte eine Telefonverbindung nach ...	*Jag skulle vilja ha en telefonförbindelse till ...*
Wie lautet die Vorwahl für ...?	*Vilket är riktnumret för ...?*
Wo gibt es ...	*Var kan jag köpa*
Telefonkarten/	*telefonkort/*
Briefmarken?	*frimärken?*

Tankstelle

Wo ist die nächste Tankstelle?	*Var är närmaste bensinstation?*
Ich möchte ...	*Jag behöver ...*
Liter ...	*liter ...*
Benzin/	*bensin (94 oktan)/*
Super/	*98 oktan/*
Diesel/	*diesel/*
bleifrei/	*blyfri/*
verbleit.	*blyad.*
Volltanken, bitte!	*Full tank, tack!*
Bitte prüfen Sie ...	*Var god kontrollera ...*
den Reifendruck/	*däcktrycket/*
den Ölstand/	*oljenivån/*
den Wasserstand/	*vattennivån/*
das Wasser für die Scheibenwisch anlage/	*vattnet för spolarvätskan/*
die Batterie.	*batteriet.*
Würden Sie bitte ...	*Kan du ...*
den Ölwechsel/ den Radwechsel vornehmen/	*göra ett oljebyte/ byta däcken?*
die Sicherung austauschen/	*byta ut säkringen/*
die Zündkerzen erneuern/	*byta ut tändstiften/*
den Wagen waschen?	*tvätta bilen?*

Panne

Ich habe eine Panne.	*Jag har fått motorstopp.*
Der Motor startet nicht.	*Motorn startar inte.*
Ich habe die Schlüssel im Wagen gelassen.	*Jag har lämnat nycklarna i bilen.*
Ich habe kein Benzin/ Diesel.	*Jag har ingen bensin/ diesel.*
Gibt es hier in der Nähe eine Werkstatt?	*Finns en verkstad i närheten?*
Können Sie meinen Wagen abschleppen?	*Kan du bogsera bort min bil?*
Können Sie mir einen Abschleppwagen schicken?	*Kan du skicka efter bärgningstjänsten?*
Können Sie den Wagen reparieren?	*Kan du reparera min bil?*
Bis wann?	*Hur lång tid tar det?*

Mietwagen

Ich möchte ein Auto mieten.	*Jag skulle vilja hyra en bil.*
Was kostet die Miete ...	*Vad kostar det ...*
pro Tag/	*per dag/*
pro Woche/	*per vecka/*
mit unbegrenzter km-Zahl/	*med obegränsat antal kilometer/*
mit Kaskoversicherung/	*med kaskoförsäkring/*
mit Kaution?	*med självriskeliminering?*
Wo kann ich den Wagen zurückgeben?	*Var kan jag lämna tillbaka bilen?*

Unfall

Hilfe!	*Hjälp!*
Achtung!/Vorsicht!	*Se upp!/Varning!*
Rufen Sie bitte schnell ...	*Ring snabbt efter ...*
einen Krankenwagen/	*en ambulans/*
die Polizei/	*polisen/*
die Feuerwehr.	*brandkåren.*
Es war (nicht) meine Schuld.	*Det var (inte) mitt fel.*
Geben Sie mir bitte Ihren Namen und Ihre Adresse.	*Kan jag få ditt namn och din adress.*
Ich brauche die Angaben zu Ihrer Autoversicherung.	*Jag behöver uppgifterna för min bilförsäkring.*

Krankheit

Können Sie mir einen guten Deutsch sprechenden Arzt/ Zahnarzt empfehlen?	*Kan du rekommendera en läkare/ tandläkare som talar bra tyska?*
Wo ist die nächste Apotheke?	*Var är närmaste apotek?*
Ich brauche ein Mittel gegen ...	*Jag behöver en medicin mot ...*
Durchfall/	*diarré/*
Halsschmerzen/	*ont i halsen/*
Fieber/	*feber/*
Insektenstiche/	*insektsbett/*
Verstopfung/	*förstoppning/*
Zahnschmerzen.	*tandvärk.*

Im Hotel

Können Sie mir ein Hotel/eine Pension empfehlen?	*Kan du rekommendera ett hotell/ inackorderingsställe?*
Ich habe bei Ihnen ein Zimmer reserviert.	*Jag har reserverat ett rum hos er.*
Haben Sie …	*Har ni …*
ein Einzelzimmer/	*ett enkelrum/*
ein Doppelzimmer …	*ett dubbelrum …*
mit Bad/Dusche/	*med badkar/dusch/*
für eine Nacht/	*för en natt/*
für eine Woche?	*för en vecka?*
Was kostet das Zimmer	*Vad kostar rummet*
mit Frühstück/	*inklusive frukost/*
mit Halbpension/	*med halvpension/*
mit Vollpension?	*med helpension?*
Wie lange gibt es Frühstück?	*Hur länge kan man få frukost?*
Ich möchte um … Uhr geweckt werden.	*Jag skulle vilja bli väckt klockan …*
Wie ist hier die Stomspannung?	*Vilken elspänning har ni här?*
Ich reise heute Abend/ morgen früh ab.	*Jag reser i kväll/ i morgon bitti.*

Im Restaurant

Wo finde ich ein gutes/ ein günstiges Restaurant?	*Var hittar jag en bra/ en prisvärd restaurang?*
Die Speisekarte/	*Kan jag få matsedeln/*
Getränkekarte, bitte.	*dryckeskartan, tack.*
Welches Gericht können Sie besonders empfehlen?	*Vilken rätt kan du du rekommendera?*
Ich möchte das Tagesgericht/ Menü (zu …).	*Jag skulle vilja ha dagens rätt/ menyn (för …).*
Ich möchte nur eine Kleinigkeit essen.	*Jag skulle bara vilja ha någon liten rätt.*
Haben Sie …	*Har ni …*
vegetarische Gerichte/	*vegetariska rätter/*
offenen Wein/	*ett glas vin/*
alkoholfreie Getränke/	*alkoholfria drycker/*
Mineralwasser mit/ohne Kohlensäure?	*mineralvatten med/utan kolsyra?*
Das Steak bitte …	*Steken skulle jag vilja ha …*
englisch/	*engelsk/*
medium/	*medium/*
durchgebraten.	*genomstekt.*
Kann ich bitte …	*Kan jag få …*
ein Messer/	*en kniv/*
eine Gabel/	*en gaffel/*
einen Löffel haben?	*en sked, tack?*
Darf man rauchen?	*Får man röka?*
Die Rechnung, bitte/ Bezahlen, bitte!	*Notan tack/jag skulle vilja betala!*

Essen und Trinken

Apfel	*Äpple*
Austern	*Ostron*
Barsch	*Aborre*
Bier	*Öl*
Birne	*Päron*
Braten	*Stek*
Brot	*Matbröd*
Brötchen	*Småfranska*
Butter	*Smör*
Ei	*Ägg*
Eiscreme	*Glass*
Elchfleisch	*Älgkött*
Erdbeere	*Jordgubbar*
Essig	*Ättika/Vinäger*
Fisch	*Fisk*
Flasche	*Flaska*
Fruchtsaft	*Juice*
Geflügel	*Fågel*
Gemüse	*Grönsaker*
Gurke	*Gurka*
Heilbutt	*Hälleflundra*
Himbeere	*Hallon*
Huhn	*Kyckling*
Hummer	*Hummer*
Kaffee, schwarz und ohne Zucker	*Kaffe, utan grädde och socker*
Kaffee mit Milch	*Kaffe med kaffegrädde*
Kalbfleisch	*Kalvkött*
Kartoffeln	*Potatis*
Käse	*Ost*
Kirschen	*Körsbär*
Krabben	*Räkor*
Lachs	*Lax*
Meeresfrüchte	*Skaldjur*
Mineralwasser	*Mineralvatten*
Muscheln	*Musslor*
Nachspeisen	*Efterrätter*
Öl	*Olja*
Pfeffer	*Peppar*
Pflaumen	*Plommon*
Pilze	*Svamp*
Rentierfleisch	*Renkött*
Rindfleisch	*Nötkött*
Salat	*Sallad*
Salz	*Salt*
Schinken	*Skinka*
Scholle	*Flundra*
Schweinefleisch	*Fläskkött*
Stockfisch	*Lutfisk*
Süßigkeiten	*Sötsaker*
Tee	*Te*
Tintenfisch	*Bläckfisk*
Vorspeisen	*Förrätter*
Wein	*Vin*
Weißwein	*Vitt Vin*
Rotwein	*Rött Vin*
Roséwein	*Rosévin*
Weintrauben	*Vindruvor*
Zucker	*Socker*

ADAC Reiseführer – die besten, die wir je gemacht haben.

144 bzw. 192 Seiten, je Band 6,50 € (D), 6,70 € (A), 12,– sFr.

Ägypten
Algarve
Allgäu
Amsterdam
Andalusien
Australien
Bali & Lombok
Baltikum
Barcelona
Berlin
Bodensee
Brandenburg
Brasilien
Bretagne
Budapest
Bulg. Schwarzmeerküste
Burgund
City Guide Deutschland
City Guide Germany
Costa Brava & Costa Daurada
Côte d'Azur
Dänemark
Dominikanische Republik
Dresden
Dubai, Vereinigte Arabische Emirate, Oman
Elsass
Emilia Romagna
Florenz
Florida
Franz. Atlantikküste
Fuerteventura
Gardasee
Golf von Neapel
Gran Canaria
Hamburg
Harz
Hongkong & Macau
Ibiza & Formentera
Irland
Israel
Italienische Adria
Italienische Riviera
Jamaika
Kalifornien
Kanada – Der Osten
Kanada – Der Westen
Karibik
Kenia
Korfu & Ionische Inseln
Kreta
Kuba
Kroatische Küste – Dalmatien
Kroatische Küste – Istrien & Kvarner Golf
Kykladen
Lanzarote
Leipzig
London
Madeira
Mallorca
Malta
Marokko
Mauritius & Rodrigues
Mecklenburg-Vorpommern
Mexiko
München
Neuengland
Neuseeland
New York
Niederlande
Norwegen
Oberbayern
Österreich
Paris
Peloponnes
Piemont, Lombardei, Valle d'Aosta
Polen
Portugal
Prag
Provence
Rhodos
Rom
Rügen, Hiddensee, Stralsund
Salzburg
Sardinien
Schleswig-Holstein
Schottland
Schwarzwald
Schweden
Schweiz
Sizilien
Spanien
St. Petersburg
Südafrika
Südengland
Südtirol
Sylt
Teneriffa
Tessin
Thailand
Toskana
Türkei – Südküste
Türkei – Westküste
Tunesien
Umbrien
Ungarn
USA – Südstaaten
USA – Südwest
Usedom
Venedig
Venetien & Friaul
Wien
Zypern

Weitere Titel in Vorbereitung.

ADAC Reiseführer Jubiläumsbände – Maxi-Umfang! Mini-Preis!

348 bzw. 450 Seiten, je Band 9,95 € (D), 10,25 € (A), 17,50 sFr.

Deutschland
Freizeitparadies Alpen
Italien

ADAC Reiseführer plus – Top-Reiseführer mit perfekten Urlaubskarten.

144 bzw. 192 Seiten, je Band 8,95 € (D), 9,20 € (A), 16,80 sFr.

Ägypten
Allgäu
Amsterdam
Andalusien
Australien 8/2008
Baltikum
Barcelona
Berlin
Berlin (engl.)
Bodensee
Brandenburg
Budapest
Côte d'Azur
Dänemark
Deutschland – Die schönsten Autotouren
Dresden
Dubai 8/2008
Elsass 8/2008
Französische Atlantikküste
Fuerteventura
Gardasee
Gran Canaria
Golf von Neapel
Hamburg
Harz
Irland
Italienische Adria
Italienische Riviera
Kanada – Der Westen
Kanada – Der Osten
Kenia
Korfu/Ionische Inseln
Kreta
Kuba
Kroatische Küste – Dalmatien
Kroatische Küste – Istrien & Kvarner Golf
Leipzig
London
Madeira
Mallorca
Malta
Mecklenburg-Vorpommern
München
New York
Norwegen
Oberbayern
Österreich
Paris
Polen
Portugal
Prag
Rhodos
Rom
Rügen, Hiddensee, Stralsund
Salzburg
Sardinien
Schleswig-Holstein
Schwarzwald
Schweden
Schweiz
Sizilien
St. Petersburg
Südtirol
Südengland
Sylt
Teneriffa
Thailand 8/2008
Toskana
Tunesien
Türkei – Südküste
Türkei – Westküste
Usedom
Venedig
Wien
Zypern

Weitere Titel in Vorbereitung.

ADAC Reiseführer Audio – umfassende Information und einzigartiges Hörerlebnis.

144 bzw. 192 Seiten, mit TourSet auf CD, 9,95 € (D), 10,25 € (A), 17,50 sFr.

Barcelona 8/2008
Berlin
Dresden
Hamburg
London 8/2008
München
New York 8/2008
Paris 8/2008
Rom
Wien

Weitere Titel in Vorbereitung.

Register

L

M

N

O

P

R

S

mpressum

'edaktionsleitung: Dr. Dagmar Walden
_ektorat und Bildredaktion:
'lisabeth Schnurrer, Augsburg
'ktualisierung: Astrid Rohmfeld
'arten: Computerkartographie Carrle, München
'erstellung: Martina Baur
'ruck, Bindung: Stürtz GmbH, Würzburg
'rinted in Germany

'nsprechpartner für den Anzeigenverkauf:
'ommunalverlag GmbH & Co KG,
'ediaCenterMünchen, Tel. 089/92 80 96-44

SBN 978-3-89905-504-7
SBN 978-3-89905-293-0 Reiseführer Plus

'edruckt auf chlorfrei gebleichtem Papier

'eu bearbeitete Auflage 2008

Bildnachweis

Umschlag-Vorderseite: Schwedische Schärenromantik auf der Insel Tjörn.
Foto: Huber, Garmisch-Partenkirchen
Umschlag-Vorderseite Reiseführer Plus: Bilderbuchstädtchen Visby auf Gotland.
Foto: Look, München (Hauke Dressler)

Titelseite
Oben: Drottningholms Slott mit seinen Gärten (Wh. von S. 32/33)
Mitte: Sommerliche Landschaft um Vemdalen (Wh. von S. 108/109)
Unten: Fischerhäuser an der Westküste im Bohuslän (Wh. von S. 48)

AKG, Berlin: 12 (2), 13 links und Mitte, 46, 119 unten – dpa Picture Alliance, Frankfurt: 66 (KPA/Günter Reck), 107 oben (epa Scanpix Ulf Palm) – Barbara Fellerhoff, München: 24, 31, 36, 126 rechts Mitte – Ralf Freyer, Freiburg: 9 unten, 11 unten, 19, 25, 29 (2), 30 unten, 33, 35 unten, 37 oben, 73, 76 unten, 130 – Gammelgården Hotell & Restaurang, Sälen: 107 unten – Huber, Garmisch-Partenkirchen: 6 (N. N.), 70 (S. Damm), 130 (R. Schmid) – IFA-Bilderteam, München: 8 oben (BCI), 10 Mitte (Steinberger), 57 oben, 57 unten (P. Graf), 43, 67 (B. Möller), 58 unten (Comnet), 81, 98 (Lahall), 96 (G. Hahn), 120 (Noczynski) – Roland E. Jung, Bad Sassendorf: 80, 83 (2), 126 rechts oben – Laif, Köln: 21 unten (F. Zanettini), 26 (hemis), 134 (Galli) – LOOK, München: 16/17 Elan Fleisher), 45, 47 oben (Max Galli), 51, 58 oben, 60, 93, 95 unten, 100, 121 (Hauke Dressler) – Mauritius, Mittenwald: 7 oben (Mehlig), 10 unten (age fotostock), 73 (Hillestad) – Peter Mertz, A-Innsbruck: 4 unten, 5 links, 7 unten, 9 oben, 11 oben, 21 oben, 27 oben, 28, 30 oben, 32, 35 oben, 37 unten, 38, 39, 40, 41 oben, 42, 47 unten, 48 oben, 50, 52 (2), 53, 54, 55, 59, 61, 62, 68, 69 (2), 70, 71, 74, 76 oben, 85, 88, 102 (2), 103 (2), 104, 105, 106, 108, 109, 110 (2), 111, 113, 114 (2), 116/117, 122, 124, 125, 126 links oben – Photo Press, Stockdorf/München: 48 unten, 92, 118, 119 oben (Schlierbach) – Hubert Stadler, Fürstenfeldbruck: 5 rechts, 8 unten, 10 oben, 20, 63 (2), 75 oben, 81 oben, 86/87, 95 oben, 97, 126 links Mitte – Ullstein Bild, Berlin: 13 rechts, 14, 15, 78 (2), 82, 101, Hanna Wagner, Wörth: 43 oben, 65, 75 unten, 79, 84, 87, 89, 91, 126 unten (2)

ADAC-Autovermietung
EUROPA
Mit uns kommen Sie weiter!
Wohnmobile:
Deutschlandweit mieten, europaweit reisen
Ferienmietwagen:
Zuhause buchen, am Zielort durchstarten.
Informationen und Buchung:
www.adac.de/autovermietung
☎ (0 89) 76 76 20 99
und überall beim ADAC
ADAC
Besser drin. Besser dran.
VERSICHERUNG ▪ TOURISTIK ▪ FINANZDIENSTLEISTUNG ▪ MOBILITÄT